身体语言读心术

彬子◎编著

H.P.H 哈尔滨出版社
HARBIN PUBLISHING HOUSE

图书在版编目（CIP）数据

身体语言读心术／彬子编著. —哈尔滨：哈尔滨出版社，
2010.1（2021.1重印）
ISBN 978-7-80753-907-0

Ⅰ. 身… Ⅱ. 彬… Ⅲ. 身势语－基本知识 Ⅳ. H026.3

中国版本图书馆CIP数据核字（2009）第198680号

书　　名：身体语言读心术
SHENTI YUYAN DUXINSHU

作　　者：彬　子　编著
责任编辑：尉晓敏　李维娜
责任审校：李　战
封面设计：华夏视觉

出版发行：哈尔滨出版社（Harbin Publishing House）
社　　址：哈尔滨市松北区世坤路738号9号楼　　邮编：150028
经　　销：全国新华书店
印　　刷：天津文林印务有限公司
网　　址：www.hrbcbs.com　　www.mifengniao.com
E-mail：hrbcbs@yeah.net
编辑版权热线：（0451）87900271　87900272
销售热线：（0451）87900202　87900203

开　　本：787mm × 1092mm　1/16　印张：17.25　字数：260千字
版　　次：2010年1月第1版
印　　次：2021年1月第2次印刷
书　　号：ISBN 978-7-80753-907-0
定　　价：49.80元

凡购本社图书发现印装错误，请与本社印制部联系调换。　服务热线：（0451）87900278

目　录

CONTENTS

CONTENTS

目　录

目 录

CONTENTS

CONTENTS

目　录

目 录

CONTENTS

目　录

CONTENTS

目 录 CONTENTS

CONTENTS

目　录

第一章 无处不在的身体语言

神奇而实用的身体语言

谈到成功，人们总会不约而同地想到天赋、性格、能力、知识等方面的因素，认为这些才是成功的必备条件，但却忽视了身体语言。身体语言对人类而言，犹如心灵乐章的演奏者，人类内心一丝一毫的情绪波动，都会通过身体语言奏出无声的旋律，每个看似普通的眼神、手势和动作，都真实演绎着人们的内心世界。

那么到底什么是身体语言呢？身体语言又称体语，即通过表情、手势、站姿、坐姿、空间距离等非语言行为表达一定的意义。早在一百万年前，口语还未出现时，身体语言就曾在人类生活中起着举足轻重的作用，无论是合力捕捉猎物、母亲哺育婴儿，还是传授生火经验，人类都是通过身体语言实现的。即使在口语诞生后，身体语言依旧在生活中扮演着重要角色。母亲需要通过身体语言了解婴儿的需求；身处陌生的非洲大草原，在不懂任何当地语言的情况下，人们完全可以通过身体语言得到当地居民的帮助；同时，利用身体语言传达信息不仅便捷，而且信息量丰富，相当于有声语言的数倍。

艾伯特·梅拉比安研究发现，一条信息的传达，只有 7% 靠语言，38% 靠声音，55% 靠身体语言。后来的研究者也有类似的结论，雷·L. 伯德惠斯特尔估计，人类平均每天实际使用语言的时间是 10~11 分钟，平均每句话只用 2.5 秒钟。也就是说，人们每天面对面交谈的时间不到 35%，大部分时间都是利用身体语言交流。

哺乳　母亲哺乳时，通过身体语言与婴儿交流

卓别林的经典银幕形象 头顶大礼帽，脚蹬尖头鞋，一撮小胡子，绷紧的上衣，宽松的裤子，手里舞着一根荆条似的细拐杖，配合生动丰富的身体语言，塑造了卓别林的经典银幕形象——流浪汉

除此之外，身体语言的重要之处，还源于它的自发性与可靠性。通过有声语言说出的谎言，往往可以从身体语言那里找到真实答案，虽然有时候人们也会有意识地伪装自己，但是无论怎么努力，都无法做到天衣无缝，身体语言常在不经意间充当了泄密者，所以学会解读身体语言对于洞察他人的真实想法、探知有声语言背后的秘密有积极意义。

谈到对身体语言的运用，就不得不提卓别林的无声电影，从某种意义上说，卓别林是运用身体语言的先行者。作为20世纪享誉世界的电影艺术家，卓别林在电影方面的贡献不可磨灭，至今，他堪称经典的无声电影仍旧在荧屏上频频亮相，备受人们喜爱。他通过丰富的表情、滑稽的动作，以及灵动的眼神，再配上只言片语的字幕提示，表达了丰富的情感，机智幽默的表演常常使观众捧腹大笑，而在表现小人物的不幸命运时，滑稽的表演中又透着悲凉，使人禁不住泪流满面。卓别林借助音乐、画面和色彩，配合演员们完美的肢体语言，把电影演绎到了极致，在身体语言的运用上，卓别林是当之无愧的先驱。

卓别林在电影《摩登时代》中的剧照

在当今社会，身体语言更是不容忽视，积极有效地运用身体语言更有助于人们走向成功。在面试中，消极的身体语言可能会使你丧失一份满意的工作；在商业谈判中，不懂得察言观色，对症下药，双方就很难达成共识，到头来可能会竹篮打水一场空；在第一次约会时，无意识的举止或许会扼杀一段美满的姻缘；而推销员一个不经意的微笑，一个积极的眼神，很可能瞬间成交一张百万销售大单。身体语言就是这么神奇，它无处不在，无时不在，等待着那些有心人来发掘，并帮助他们走向成功。

人类对身体语言的探索

身体语言始终伴随着人类，同人类历史一样源远流长，但是人类对身体语言的研究及正确认识却是近些年的事。1790 年朱利叶斯·法斯特的一本关于身体语言研究的专著问世后，人们才开始意识到身体语言现象的存在。直到 20 世纪中期，有关身体语言的研究才开始大规模展开。所以至今身体语言在人们的意识中仍是一个陌生概念，至于对身体语言的运用就更谈不上了。

●**身体语言的早期研究**

德斯蒙德·莫里斯

英国著名动物学家、人类行为学家

1644 年约翰·布尔沃的著作《手势研究：手部的自然语言》一书出版，该书针对手部动作表达的意义展开了开创性的研究；到了 19 世纪，人们开始研究演员在戏剧中如何运用面部表情和身体动作来表达情绪和感受；20 世纪初，德国现代实验心理学创始人——威廉斯·文特在《道德心理学》一书中用一章篇幅论述了身体的姿势语言。

《裸猿》中文版封面

德斯蒙德·莫里斯的一部惊世骇俗的学术专著，他把人称为“裸猿”，作为动物来研究。该书出版后在社会上引起很大争议，曾被许多国家列为禁书。但是此书依旧凭借其坦率的观点、合理的论证及通俗易懂的语言成为全球畅销书

●身体语言与动物行为研究

达尔文的《人类和动物的表情》一书，是对人类和动物表情进行研究的开山之作，首次将身体语言的相关研究正式引进科学殿堂。他在书中指出，现代人类的表情和姿势是对先祖的继承，是他们适应环境的结果。正如，人们发怒时咬牙切齿、鼻孔张大是祖先在即将到来的搏斗中的适应动作。

20 世纪中后期，英国著名动物学家、人类行为学家德斯蒙德·莫里斯把非语言交流归因于人类的动物本性。他在《裸猿》一书中对人类的行为和动作作出了动物行为学方面的解释。

●人体动作学研究

达尔文肖像

他曾在《人与动物的情感》一书中指出：灵长类动物的情感是与生俱来的，并且可以通过体态和面部表情表达出来

人体动作学是研究人们在交谈过程中运用身体语言进行沟通的学科。美国人类学家雷·L. 伯德惠斯特尔博士通过慢镜头回放电影中的对话场景，对人类的行为动作进行了深刻分析。美国精神专家阿尔伯特·E. 舍夫兰认为人类的活动是由一系列细微、习惯性的动作组成的，并对其进行了分类。他指出人们的示爱行为是沿着可预见的顺序进行的。团队中的人们可以通过不同的姿势表示对某位成员的接受或排斥。同时某个人也能通过身体语言表明自己的立场。格哈特·尼尔森博士在《自我控制研究》一书中指出身体语言在男性“示爱舞”中起着重要作用。他还发现男性从认识女性到与其发生性关系，会沿着

24 个行为顺序逐步展开。爱德华·H. 赫斯博士发现人们在看到自己喜欢的人或物时，瞳孔会明显放大。

●人类距离学研究

人类距离学即研究人类如何利用空间和距离传达信息的学科。美国人类学家爱德华·T. 霍尔在 20 世纪 60 年代首次提出“人类距离学”，后来还提出了著名的社交空间距离理论。1969 年，美国心理学家罗伯特·萨默博士开始使用“人际空间”一词，并在医院中进行了一系列实验，对被他人故意闯入个人空间的病人的行为作了相关研究。

身体语言的来源

身体语言的起源一直是人们争论不休的问题，至今仍没有明确定论。到底是什么赋予人类形形色色的身体语言呢？是从祖先那里继承得来，还是在成长过程中培养出来的呢？

达尔文在《人与动物的情感》一书中指出：灵长类动物的情感是与生俱来的，并且可以通过体态和面部表情表达出来。这种观点随着这本书的畅销流行一时，但是很快人们就发现，身体语言是受外界条件影响的产物。心理学大师弗洛伊德及其他很多专家都认为，身体语言与人们幼年所受教育及文化背景有关。在 20 世纪 60 年代中期，心理学家保罗·埃克曼通过一项跨文化研究证明人类表情有无世界性，结果发现有七种情感，在世界各国的外在表现方式基本相同。但是仍有很多人不以为然，他们认为那是人们受电影电视等文化因素影响的结果。为了说服这些人，保罗开始对一些完全不受影视影响的地区进行调查，最后发现这些仅靠与外界接触从而实现进步的地区，依旧会通过相同的方式表达同一情感。这说明这些表情具有世界性，很可能是祖先遗传下来的。

所以对于身体语言的来源不能一概而论，人们可以通过一定标准加以判断。如果某一动作无须学习，为同一物种所共有，那么这个动作可能就是先天的。证明先天行为的典型事例就是婴儿吃奶的动作，刚刚诞生的婴儿，不需要任何训练，只要碰到妈妈的奶头，就会反射性地做出吮吸动作。至于其他动作的由来，均可以由此作出判断。有关研究发现，那些天生既聋又哑又盲的婴儿，虽然没有见过微笑，也没有听到过哭声，但是仔细观察就会发现，他们也会用微笑和哭泣表达情感，这就说明，这些身体语言可能是先天的。

对于成年人行为动作的判断，则可以采用另外一种方法。如果某种动作在不同的文化背景下都能找到，那么很有可能是先天的。仔细观察你周围的人，是不是愤怒时常常会跺脚；害羞或尴尬时会脸红；极端生气，可能会咬牙切齿；与朋友打招呼，往往会不自觉地扬起眉毛等等。不过，在目前的研究条件下，在这方面还没有准确定论。也许，许多人类共同具备的行为，通过在不同文化领域的发展演变，在表面上会呈现出一定差异性而不易看出来，所以，关于身体语言来源问题的探讨，需要等到遗传学进一步发展了，才有可能达到理想的境界。不过，有关身体语言某个侧面的观察研究，对于人们的工作生活仍有一定的现实指导意义。

控制身体语言的“司令部”

众所周知，人们的内心活动、身体状况、精神状态都可以通过身体语言表现出来，我们高兴时会笑，伤心时会哭，羞涩时会脸红，说谎时小动作会明显增加。那么人为什么会有这些反应呢？到底是谁在幕后操纵着这一切呢？

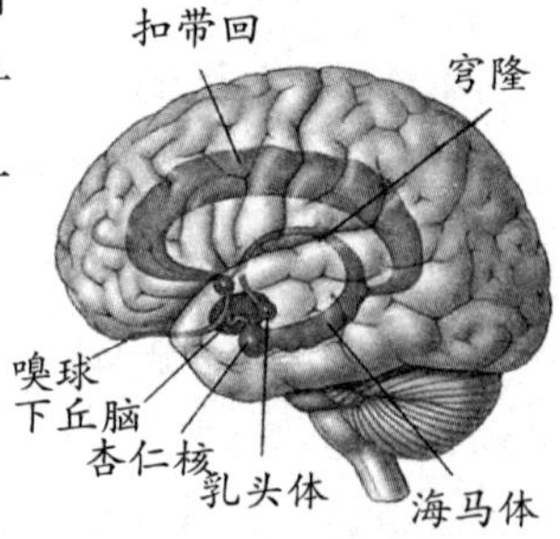

边缘系统

脑干、新皮质、边缘系统共同构成了人类大脑的“司令部”，其中边缘系统控制着人们的身体语言

要了解这一点首先要了解人类的大脑结构。按照不同的职责，我们的大脑共由三部分构成，分别是脑干、边缘系统及新皮质，它们相互配合共同组成了人类大脑的“司令部”，控制着身体的各个部位。其中边缘大脑在控制身体语言方面扮演着重要角色，因此也是我们的研究重点。

边缘大脑对外界的反应类似于条件反射，因此它所反映的信息是最真实的。它不但控制着人类的生死，也是人类的情感中心，人类的思想、意志、情绪都可以由它命令身体语言表现出来，而且人们很难有效地控制这些反应。

这样的例子比比皆是，比如人们第一次登台演讲，不管你准备得多么充分，一旦面对台下无数双眼睛，你就会不自觉地紧张起来，所以即使在寒冷的冬天，你也会头顶冒汗。最让人无法忍受的是那双颤抖的手，尤其在需要手拿演讲稿时，这种反应会更加明显，可能此时台下的观众也会跟着紧张起来，尽管可以采取一些缓解紧张的替代动作，但始终无法掩饰内心的焦虑。

与边缘大脑相对，新皮质被称为思考大脑，负责一些高级任务，是把人类从动物中分离出来的主要器官，从此人类不但成为主宰地球的万物之灵，并开始探索火星和月球。当然，它也是大脑中行骗的“司令部”，人类的所有伪装都是它的杰作，虽然人们在焦虑时会出现冒汗、手掌颤抖等通过边缘大脑被迫产生的诚实信号，但是即使这样，在新皮质的控制下，人们嘴里还是会源源不断地冒出假话，虽然它们早已经漏洞百出了。

当人们遇到危险或棘手的事情时，边缘大脑会促使其作出最及时的反应——趋利避害，寻找最佳的解决途径。无论是听到悲惨的噩耗，还是遭遇歹徒劫持，边缘大脑都会命令身体作出相应的回应，可能是冻结，也可能是逃跑或战斗。

【冻结】 人们觉察到威胁时，第一反应就是冻结，即保持静止，以减少敌人的注意力，最终得救，这在动物界也是非常实用的避害方法。在日常生活中，多数人都会有这样的经历，在路上走着走着，突然停下来，然后用手拍一下自己的脑门，嘴里嘟囔着：“又忘了……”然后转身又回去了。当人们听到令人震惊的消息时，也会产生冻结反应，比如前几天突然听到一条消息：“李咏去世了！”顿时，我目瞪口呆，愣了半晌，然后才悲伤地冒出一句话：“他还这么年轻!”在面试时，我们常会屏住呼吸，等待面试官的提问，唯恐自己答不上来。记忆中最深刻的是在老师公布考试成绩时，此时几乎每位同学都会凝神屏息，仿佛在等待上帝审判一样。其实减少曝光率也是一种冻结反应，在超市的录像中，小偷总是蜷缩着身子，尽量把自己变小，好像这样就能使自己得到保护似的。那些丑闻缠身的明星，面对媒体的包围，总是以手掩面，在保镖的护卫下，赶紧离开现场。

【逃跑】 当冻结反应不足以解决问题时，人们就会选择逃跑，即远离或回避威胁物。可能在原始社会，人们遭遇危险时，会撒腿就跑，这在动物中表现得更加明显。但是在现代社会，真正的逃跑做起来不太容易，而且在一些场合根本无法实施，于是人们便对逃跑反应作出了一定的调整——转换成其他动作，比如“用手捂脸”“闭眼”等。当我们遇到不想见的人时，往往会转身离去，这是典型的逃避反应。当然在谈判中，如果对方提出不合理的条件，人们也会通过转身或者闭眼等动作来回应威胁，也可能将脚伸向门口，表示自己准备离开。如果在谈判过程中，对方出现这些反应，那说明对方对这次谈判极不满意，此时如果你想达成协议就必须要作出一定的让步。

【战斗】 战斗是人们回应威胁的最后选择，因为一般情况下，谁都不愿意因为芝麻大的事跟别人闹翻，但是如果对方咄咄逼人、不依不饶，那么最后人们只能选择应战了。人类真正转化为人之后，也学会了将恐惧转化为愤怒，但是在文明社会中，随意发怒既不合情也不合理更不合法，所以战斗反应又演化出许多不同的形式。比如蔑视的眼神、双臂交叉等，但是人们在情绪激动时往往会失去理智，此时很难对局势作出正确判断，所以战斗行为还是少用为妙。

身体语言的文化差异

身体语言在世界各地表现出明显的差异性，同一动作在不同地区可能代

希腊 阿提库斯露天剧场

大约于公元前161年，罗马大帝时代的哲学家、雄辩家希罗德·阿提库斯为纪念他的妻子而建造，是世界上最古老也是当时最杰出的建筑之一。主要供古希腊悲剧作家索福克勒斯、欧里庇得斯演出他们的作品

表截然相反的含义，比如点头在世界大部分国家表示同意，但是尼泊尔人、斯里兰卡人、部分印第安人和因纽特人则用点头表示“不”；不同的身体动作有时可以殊途同归，无论是握手、亲面颊、拥抱还是鞠躬都能达到问候的目的。这主要取决于不同地域文化背景的差异。

意大利是欧洲公认的善用身体语言的国家，这并非偶然，而是有其深刻的历史文化原因。一方面它深受罗马文化和希腊文化的影响，另一方面与它的民族性、地域性有很大关系。在古希腊时代，戏剧表演是人们日常生活的重要组成部分，每天晚上人们都会聚集在露天剧场，沉醉于演员们的精彩表演。由于观众人数众多，又是在露天剧场，表演的声音效果不太理想，于是人们除了精心布置舞台以更好地传递声音外，还规定一次只允许三名演员同时登台，而且只有主唱者可以利用身体语言辅助表演，其他人需要保持原地不动，这样观众才能明白谁在讲话。由于戏剧本身就是希腊人日常生活的重要组成部分，所以人们在平时说话时辅助以身体语言便成为习惯了。

民族文化的差异性造成了人们对个人空间的不同需求。在大多数讲英语的国家，人们对个人空间的要求比较高，谈话时总喜欢与别人保持一定距离；而西班牙人、阿拉伯人讲话时凑得比较近；意大利人谈话时因为与人靠得太近以至于常使人产生误会，尤其当英国人与意大利人交谈时，经常是前者不断后退，后者则奋起直追，直到把英国人逼到无路可退为止；拉丁美洲人在交谈时几乎贴身，这更让人无法接受。

总体来说，东方人对个人空间要求比较小，西方人则相对大些。因为东方国家，尤其是中国，人们更关注整体，个体意识相对淡薄，而西方人则更注重个体隐私，崇尚个人权利、个人自由，更喜欢宽松的环境。这在美国表现得相当明显。比如在旧金山等公交车时，不管有多少人，人们都会与前面的人保持至少3脚长的距离，这是他们对个人空间的基本要求。而在唐人街情况就完全不同，只要公交车开过来，人们就会不假思索地蜂拥而上，哪怕与陌生人贴胸擦背，也不在乎，因为这里的人们对个人空间要求不大。

世界各国的文化差异在眼睛上表现得也相当明显。在美国长时间的目光接触被认为是同性恋之间的语言，不适用于正常的同性之间；英国人认为直接的目光接触是一种绅士风度；法国人认为这是对别人的欣赏，男士见到心仪的女士时尤其会如此；阿拉伯人认为目光接触是解读别人内心的钥匙；而在东方，尤其是中国，自古就有"非礼勿视"的说法，人们受其影响，认为直视对方是不礼貌的行为；日本人则认为这是对别人的鄙视。

研究表明，身体接触更容易拉近人们之间的距离，所以大部分问候方式都伴随着身体接触。握手是世界上最普遍的问候方式，除了细节上的差别外，各国基本大同小异。拥抱和亲吻常用于亲人、恋人之间，但是有些国家男人之间也会亲吻拥抱，比如阿拉伯人、法国人、地中海沿岸及拉丁美洲一些国家的人。甚至在有的国家人们会通过嗅彼此脸上的气息来表示问候。而在东亚及英语国家，男人之间一般只局限于握手。

每个民族都有自己的文化和信仰，所以各民族对身体接触也都有自己独特的概念。佛教徒认为接受活佛的摸顶礼是崇高而神圣的事，而其他人摸自己的头部，大部分人会认为这是一种冒犯；在中国，人们抚摸孩子的头是在表达爱怜之情，而在其他文化中则被认为是无礼行为。在穆斯林国家，人们用右手做愉快的事情，左手只有在大小便时才派得上用场，所以如果用左手接触他们，会被认为是一种侮辱。

世界各国文化的差异性决定了各国身体语言的不同。随着经济全球化进程的加快，各国间的文化交流日益频繁，各民族之间的文化差异在逐渐缩小，但是由于文化差异所带来的冲突和碰撞仍然存在，如何跨越文化差异，实现各民族间的顺利交流，已经被提上日程。对此人们除了要有意识地了解各国文化特点、风俗习惯之外，还要树立正确的思想观念，尊重各国的礼仪习惯，学习各国身体语言的表达方式，用身体语言为不同文化间的沟通架起桥梁。

身体语言因人而异

身体语言的差异除了与文化背景有关，性格因素对它的影响可能相对更大些。人们的性格千差万别，总体而言，有些人热情大方，性格外向；有些人则拘谨羞怯，性格内向。人们常说性格决定命运，部分原因是因为性格在人际交往中起着举足轻重的作用。一般性格外向的人，不仅具有良好的口语表达能力，而且配合口语的身体语言也很丰富，这两种语言的默契配合，使他们在人际交往中如鱼得水、游刃有余。

因此同样的身体语言在不同性格的人身上体现出的意义可能会不同。一个性格开朗的女孩在与异性交往过程中，不仅身体语言丰富，而且会与对方保持较小的距离，说话甜蜜亲切，行为不拘小节。不过男士千万不要因此就认为她对自己有意思，更不要想入非非，到头来害一场相思病，那就得不偿失了。她可能并没有任何特殊的意思，也许与任何人交往她都是这个样子。可是对于一个文静矜持、性格内向的女孩来说，这么做就意味着她喜欢上你了。

男人和女人

性别是造成身体语言个体差异的重要因素。两性除了出生及青春期生理上的差异外，在知、情、意、行这些心理方面也有很大差别，主要表现在男性更理性，女性更感性；男性逻辑思维能力强，女性形象思维能力强；男性空间定位能力强，女性语言表达能力强，这是造成他们身体语言差异的主要原因

性别也是造成身体语言个体差异的重要因素。总体而言，男女差别主要体现在三个层次上，首先是出生时性器官上的差别，其次是青春期时生理上的巨大变化，最后是他们在知、情、意、行方面表现出来的性别差异。前两种属于纯生理意义上的差别，后者则是心理上的差别，而男女在身体语言方面的差异主要是从心理方面体现出来的。

荷兰心理学家海曼斯认为，男性的理论、抽象思考能力强于女性，女性在情感倾向方面优于男性。另一位心理学家则指出，男性在对空间、时间的感知能力、数学、绘画、政治活动及实际活动的倾向、职业观念、权力欲、名誉欲、勇气、机智和思虑等方面明显优于女性；而女性在味觉、听觉、色彩感觉、想象、书法、手工、外国语言、博爱主义、宗教心、礼貌、勤勉、规律、谦虚和情绪性等方面优于男性。美国人杜提经过研究发现，女性在视觉、听觉、嗅觉、味觉和触觉等方面的功能比男性强。总而言之，男性更理性，女性更感性；男性逻辑思维能力强，女性形象思维能力强；男性空间定位能力强，女性语言表达能力强。

正是男女心理上的这些差别，使他们在身体语言的许多方面表现出明显的差异。谈话时，女性更喜欢使用疑问句，男性则多用陈述句。疑问句能够使谈话更亲切柔和，体现女性的温情脉脉；陈述句则更能体现男性的自信果断，给人以安全感。在谈话过程中，男性打断女性的次数远远高于女性打断男性的次数，因为打断意味着权力，表示男性比女性更具有支配权；在语言输出量上，女性远远多于男性，所以印象中男性多沉默寡言，女性则显得“话太多”。

女性比男性笑得更多，但在女性眼里微笑多是一种概念，甚至与心情无关，她们认为，在社交场合，微笑能够使自己看起来更端庄贤淑、有教养。而男性多是在心情愉快时才会笑。所以在判断女性微笑的性质时，要结合其他因素，不能轻易下结论。

与微笑相对，男女在哭方面也有很大差别。首先在哭的次数上，据调查，女性平均每月哭三次，男性每三个月哭一次。而且男性多是“男儿有泪不轻弹”，只有在特别悲伤的时候才会哭，而且眼泪多滞留眼眶而不流出，并能很好地加以控制；而对女性而言，哭简直是家常便饭，有时像开闸的洪水，一发不可收拾，而且女性的哭往往没有现实的功利性，多是多愁善感的产物，这可能与女性天生感性、柔弱的气质有关。

在穿衣打扮方面，男女的差别更加明显。男性的衣服千篇一律，女性的衣服各式各样，男性穿衣服是为了融入人群，女性则是为了与众不同。只有几件衣服的丈夫会对拥有几十件衣服还一直说自己“没衣服穿”的妻子感到疑惑不解。会打扮的女性更容易引起异性的注意，而对于一个油头粉面的男人，人们多会敬而远之，反不如那些衣冠不整、胡子拉碴者更有魅力。

了解身体语言在性格与性别方面的差异，有助于人们正确“阅读”他人的身体语言。身体语言本身就是相对模糊的概念，又受多种因素影响，使其看起来更加微妙，所以不能用单一的标准去衡量不同人的身体语言，在这一点上更需要具体问题具体分析。

解读身体语言的规则

类似有声语言的语法，身体语言也有它的解读规则，只有遵循这些规则，人们才可能准确有效地解读他人的身体语言，从而判断眼前的人和事所处的真实状态，进而作出明智决定。

首先，要注意综合解读。这个世界上没有绝对孤立的事物，身体语言也一样。虽然在身体语言培训过程中，我们会分别学习举手投足间的每一个姿势和动作，但是如果仅仅凭借某个动作、某个表情就对某人轻易下结论，会很容易得出荒谬答案。因为同一个姿势可能代表不同的含义。比如捂嘴是撒谎的信号，但是人们在公共场合打哈欠或打喷嚏时，出于对别人的尊重，也会用手掩住嘴巴，我们不能因此就得出结论——这个人在说谎。

因此，解读身体语言时，只有在同时出现几个代表同一含义的信号，并与有声语言保持一致时，才能作出判断。如果一个人只是出现捂嘴的动作，同时伴随着打哈欠，那么这不足以证明他在说谎；如果同时出现摸鼻子、揉眼睛等小动作，并且他与别人的目光接触时间明显减少，语言含糊其辞，那么我们可以肯定他一定在说谎。

身体语言也有单词和句子之分，每个姿势代表一个单词，每个单词都有丰富的含义，只有放在句子中才能表达确切的含义，而一系列姿势、动作连接起来就是身体语言的句子。

其次，注意身体语言与口语是否一致。判断某个人是否心口不一，最好的办法是对他的口语和身体语言作一下综合比较，如果这个人的行为举止与他所说的话、语速、语调等保持一致，说明这个人很坦诚，同时其言行看上去也配合得默契自然。相反如果此人的言行矛盾，虽然嘴上极力赞美我们，事实上这并非出于他的本意。比如有人说自己的婚姻很幸福，但是他的一只手却在无意间摘下了另一只手上的戒指，这说明他在说谎。

当然对于那些“谎言专家”来说，他们在撒谎时，可能会有意识地控制这些“言行不一”，但也只是一定范围内的控制，也许他们会有意识地控制自己的眼睛，控制自己的小动作，但是谎言随时会从身体语言的其他部位泄露出来，对于撒谎者而言，这简直防不胜防。对此心理学家罗伯特·罗森塔尔根据泄露程度的不同列出五种身体语言迹象：

1. 矛盾迹象——指身体语言出现矛盾，比如某个人双臂交叉，却表现出对谈话很感兴趣的样子，这表示谎言、内心冲突、焦虑、犹豫等等。

2. 瞬间迹象——人们的面部表情或身体姿势会在瞬间泄露内心的真实感情，但是会马上消失。

3. 声音迹象——声音比面部更容易泄密。

4. 身体迹象——只有有明确目标的人，身体才会容易控制。

5. 脸部迹象——最易掩饰谎言的地方，面部肌肉最容易控制。

第三，要结合具体语境。同样的举动在不同环境下表示不同的含义，同时身体语言在不同文化背景、不同性格、不同性别的人之间也存在很大差异，所以结合语境解读身体语言显得非常必要。比如父母抚摸孩子的头表示爱抚，但是如果有人来家里做客，你也去抚摸人家的头，就很可能惹麻烦，因为在他看来这简直是奇耻大辱。同样，在寒冷的冬天，排队等车的人如果摆出双臂交叉的姿势，很可能是为了给自己取暖，而并非出于自我保护；而在谈判、推销时，如果客户摆出这种姿势，则表示拒绝，可能对方对你的产品毫无兴趣。

第四，要注意观察细节。细节决定成败，在解读身体语言时也要牢记这一点，因为泄露谎言的信号往往转瞬即逝，如果不注意捕捉，就会错过识破谎言的机会。审判人员在调查案件或审问犯人时，会花很长时间仔细研究审问期间的录像带，绝不放过任何蛛丝马迹，他们深知这些细节往往是破案的关键。

做称职的身体语言专家

学习身体语言的目的不外乎两点，一方面为了更好地了解别人，另一方面为了更完美地表现自己。要达到这些目标并非难事，只要注意观察，坚持训练，每个人都能掌握解读身体语言的技巧。当然掌握任何一门技巧都需要付出巨大努力，不但要在理论上充分理解，而且要运用于实际生活。只有将这种技巧转化成一种本能，才能够轻松准确地判断他人的身体语言。

要想正确解读身体语言，首先要做个称职的观察者。正如雷·L. 伯德惠斯特尔所指出的，人平均每天实际使用语言的时间为10~11分钟，平均每句话只用2.5秒钟，剩下的交流基本上全是通过身体语言进行的。而且身体语言多是根据内心的愿望发出的，每一个不经意的动作都代表一定的含义，即使人们保持沉默，这种信息交流也不会停止，只是人们对这些细节熟视无睹，所以解读身体语言，首先要具备一双善于观察、善于发现的眼睛。人们一旦具备了这种本领，就能不动声色地获取大量丰富、可靠的信息。

每天抽出一定时间观察周围的世界，天长日久，就会积累大量经验，解读身体语言的能力自然会提高。至于观察场所的选择，没有严格的要求，只要有人的地方就会有交流，就是人们学习身体语言的场所。当然如果有幸参加一些商业会谈、公共集会及大型舞会等活动，不要忘了这是学习身体语言的绝佳机会。

看无声电影也是迅速提高的好办法。因为无声电影本身就是通过演员的身体语言传情达意的，而且这种身体语言最常见、最实用，也最容易读懂。当然通过电视学习身体语言效果可能更好，因为电视更贴近生活，如果在无声状态下，能够看懂画面中的全部内容，那表示你解读身体语言的功夫已经快学到家了。

在身体语言培训期间，除了注意观察，最好能为自己找个榜样，可以是自己仰慕或崇拜的人，仔细研究他们的身体语言，并试着去模仿，久而久之，你就会在潜移默化中成为他们的影子。不论是昂首挺胸的走路方式还是自信地开怀大笑，都要认真去练习，时间会使你的模仿变成习惯，你也会由演员真正地进入角色。

第二章 头部的语言密码

基本的头部姿势

如果说眼睛是心灵的窗户，那么头部应该是灵魂的大门。想要洞察他人的内心，首先要打开这扇门。从宏观上说，头部主要有三种基本姿势，它们像本高深莫测的书，每一页都蕴涵着丰富的含义。

抬头表示中立

抬头表示中立。在讲话过程中，这个动作会持续下去，有时伴有手触摸面部的动作，表现出细微的情绪变化，可能是疑虑或者思考。有时为了表现自己在认真听讲，比如课堂上认真听讲的学生常常抬头托腮，眼睛直视老师，露出如饥似渴的神情，以激发老师的讲课热情。如果头部高昂，突出下巴，眼睛稍稍上挑，则表示傲慢、权威和轻蔑。

歪头表示顺从。因为歪头时会露出易受攻击的脖子和咽喉部位，而且身体也会因此显得矮小，大大削弱了威严性和威胁性，给别人以轻松的优越感。这个动作可能源于婴儿时期的无助感，总是把头靠在父母的肩上，以获取安全感或者得以休息。在成人中，那些想表现自己卑微或对异性感兴趣的人，常常采取歪头动作。据观察，与男性相比女性更喜欢使用这个动作，因为温顺的女人似乎更招男人喜欢。

歪头表示顺从

低头表示否定、不满

意大利曾进行了一项研究，研究者通过对13—17世纪的油画作品中的歪头动作进行统计，发现那些高高在上的权威人物的画像很少歪着头，画像上频频出现歪头动作的往往是宗教人物或者小人物。另外，油画

电影海报

在近代电影海报中，女性多喜欢歪着头，散发出温顺、柔弱的女性魅力

中女性的歪头画像要比男性多出三倍多，而且在近代的电影海报中，女性也喜欢歪着头，来表现自己柔弱、温顺的女性魅力。

低头表示否定、不满。当你进行演讲或者与人谈话时，如果发现听众低头，两臂交叉于胸前，那就表明有人对你的观点持否定态度，你需要及时调整，力挽狂澜。那些有经验的演讲者，在演讲之前会通过各种方式，作好让听众抬头的准备。因为观众低头时所产生的抵制情绪，会大大降低演讲的实际质量，也会影响演讲者的信心和情绪。现代流行的媒体互动，就是为了让观众参与其中，以避免低头带来的消极情绪。还记不记得，课堂上老师就经常利用这一招，以达到让学生们专心听讲的目的。

低头的同时扭转头部是英国人的一种问候方式，这一动作的雏形是中世纪时的脱帽礼仪。后来演变为低头时手触摸帽子，现在已经简化为扭头动作，并伴随敬礼和以手触摸前额，以示问候。

学会艺术地运用这三种基本头部姿势，对于更好地处理日常事务、促进工作进步，以及建立良好的人际关系有积极意义。当自己消沉时，抬头挺胸，扬起下巴，或许就会重获昔日的雄心壮志；如果你是女性，优雅地歪头一瞥会使你魅力倍增；倘若你要开会或演讲，千万不要让你的受众低下头，因为那将是你失败的标志。

点头的艺术

不容置疑，点头在世界大部分地区都表示认同。有人认为点头从鞠躬的动作简化而来，因而点头带有恭顺色彩，往往是下级对上级或者学生对老师。不过，有时候迫于权威，假装点头的现象也很常见，但是对于讲话者来说，几乎没有多大影响，点头表达出来的认同感是对演讲者的极大鼓舞，可以最大限度地激发他的说话欲望。

鞠躬的礼节

鞠躬时会降低身高，以此表示谦恭，点头是鞠躬的简化动作，仍具有鞠躬的意味

关于点头的来源，大部分人认为可能是人类的先天性动作。因为即使是先天性的聋哑盲人，也懂得用点头表示赞成。其他研究者也发现，即使是与世隔绝的澳大利亚土著部落，当他们第一次与欧洲白人碰面时也会用点头表示同意。由此可以看出，这个动作已经有几千年的历史了，并且具有人类的共性。从理论上说，有可能是人类先天性的动作。

那么为什么点头表示同意呢？大概没有人能真正讲清楚，不过，从鞠躬的角度来理解，还是有一定道理的。鞠躬在世界范围内，表示自降身份的谦恭态度，既然自降身份，当然是要顺从和恭维了，自然不能持否定态度，哪怕自己并不喜欢。点头只是鞠躬的动作进行到中途戛然而止形成的，所以从含义上看仍然具有鞠躬的意味。

生活需要点头，正如我们需要被社会认同一样。据有关研究，在某人发言时，听众每隔一段时间向演讲者点头，每次点头以三次为宜，会极大地激发说话者的讲话欲望，他会比平时健谈三到四倍。另外，点头的节奏也蕴含着丰富的信息。缓慢的点头表示聆听者对讲话内容极感兴趣，正在共鸣中细细回味。迅速地点头，表示自己已经不耐烦了，想让讲话尽快结束，自己去讲或者换其他人讲。点头是积极的表现。一个人在讲到某个话题时，常常会不自觉地点头，表达自己积极乐观的态度，聆听者见状像是受到了传染，也会不由自主地点头，这表明，此时双方已经碰撞出共鸣的火花，而点头是谈话继续进行的润滑剂。

点头对于建立良好的人际关系，实现积极有效的沟通很有帮助。在与一个傲慢无礼的人初次交往时，假如你能对他飞扬跋扈的讲话，报以友好的点头，尽管当时你并不认同，但是这样能迅速赢得别人的好感，等于为彼此日后更好地沟通架设了桥梁。当然，点头不是妥协和软弱，有时只是缓兵之计。有位朋友曾告诉我，她上高中时，经常与同桌闹矛盾，最后忍无可忍，便去找老师诉苦，并要求调换座位。这位老师很懂得把握心理技巧，在朋友涕泪横流的诉说过程中，他一直假装站在她这边，并连连点头，表示赞同。等到朋友情绪稳定下来之后，这位老师才开始站在理智公正的裁判立场上评论这件事，结果我的这位朋友既发泄了委屈又认识到了自己的错误，这就是点头认同的力量。

工作中良好的合作源于有效的沟通，在坚持自己立场的前提下认同别人是良好沟通的开端。千姿百态的世界，既然不要求玫瑰花和紫罗兰绽放一样的芬芳，就要允许“一千个人眼里有一千个哈姆雷特”，但是能得到别人的认同总是一件幸福的事情，有时一个小小的点头就能给予对方莫大的鼓舞。也许在课堂上你无意间的点头动作，会带给老师无限喜悦；而单位领导对你的工作表示认可的一个点头，就会激发你极大的工作热情。学会点头吧，它会带给你意想不到的收获！

表示否定的头部信号

与点头相反，摇头表示否定。将头水平地从一边转向另一边，向左与向右没有区别。常常表示“我不愿意”“我不允许”或者自己对某一问题迷惑不解。这在全球范围内基本通用。

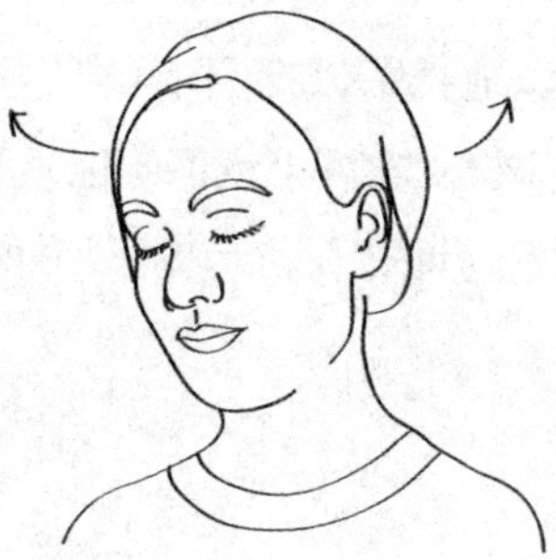

摇头

摇头表示否定，研究者认为这是人类降生到这个世界上学会的第一个动作，源于婴儿拒绝食物的动作

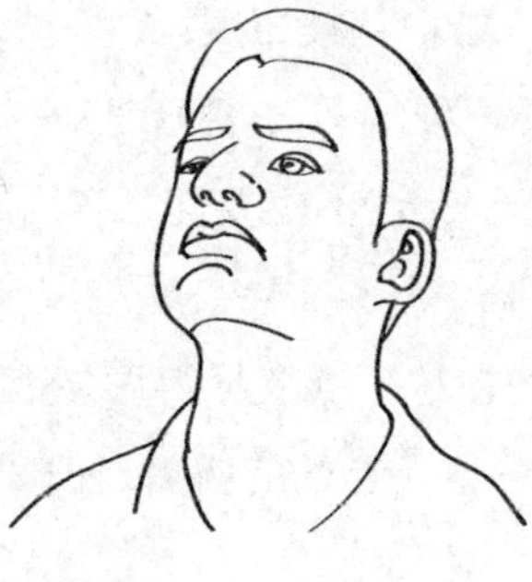

仰头

抬头猛然向后仰，一些地区以此表示否定

研究者认为，摇头是人类降生到世界上学会的第一个动作。关于它的起源，研究者认为这是从婴儿拒绝食物的动作中演变而来的。婴儿吃饱后，再看到大人送来的食物时，会将头一会儿扭向左边，一会儿又扭向右边，以表示拒绝，这就是摇头动作的雏形。

不过，世界上表示否定的身体语言并不限于摇头，仰头是一种说“不”的特殊方式。正如点头需要身体前倾，以表示肯定，仰头则是昂首挺胸，以表示否定。仰头没有摇头那样普遍，主要在希腊地区使用，被称为“地中海式的‘不’”。但是人们在土耳其、意大利南部以及一些阿拉伯地区也可以看到这种别样的说“不”方式，这与希腊鼎盛时期的势力范围有关。意大利就是典型的例子，在曾经被希腊统治过的意大利南部地区，人们仍用仰头说“不”，而在北部地区则使用摇头说“不”。

更有趣的是，仰头动作并不是说“不”的专利。菲律宾、新西兰的部分居民，以及埃塞俄比亚人用仰头表达“是”。研究者认为，这也不足为奇。当人们完成一项艰巨的任务后，比如考试结束，如果感觉不错，很自然会松口气，随后伴以仰头的动作，以表达自己的喜悦之情：“啊，是的，我成功了！”所以仰头就有了“是”的含义。

另外，扭头动作在一些地区也表示“不”，就是将摇头动作改成了半摇头动作，这与婴儿吃饱后拒绝食物的联系似乎更紧密。

我们常说身体语言是无法为你圆谎的，假如你在赞美别人的时候，并非出于本意，那么你美妙的谎言很可能会被你无意识地摇头戳穿。同样当你被人赞美时也要留心对方的身体语言，探探对方是否诚心。实际上人们本能地喜欢被认同、被接受、被理解，而摇头表达的含义恰恰与此相反，所以摇头的魅力远不及点头。

彰显女性魅力的头部密语

恋爱中的女人最有魅力，她们总喜欢把自己打扮得花枝招展、楚楚动人，使人怦然心动。不过这只是表象，真正的美源于一种气质，一种在你一笑一颦、举手投足间尽显优雅、超凡脱俗的气质，因而，女性不仅要注意自己的衣着、容貌，更要在身体语言上下工夫。

女性天生是温顺的聆听者，女性的阴柔之美在这一点上尽得彰显。当孩子无法向严肃的父亲开启心门时，母亲往往扮演善解人意的聆听者，使孩子在温暖的怀抱中品味被抚慰的快乐。

男孩在成年后，或许是想继续从母亲那里寻找慰藉，但是随着年龄的增长，这种需求似乎很难得到满足，于是母亲的角色需要由妻子来替代，因而寻找一位善解人意的妻子，成为男性的普遍追求。在男性眼里，理想的妻子首先要温柔体贴，能够静静聆听自己的倾诉，安慰自己，就像曾经的母亲那样。

抚弄头发是女性钟情的动作。有人认为那代表“身体靠近”，不过这一动作与仰面动作结合起来，是女性遇到心仪对象时发出的信号。此时，长发飘飘的女郎会仰起头，使头发如瀑布般飞流直泻，一双玉手则轻轻抚弄头发。在抚弄头发、胳膊抬起的刹那，香水的气味会从腋下溢出，飘向心仪的对象，进而营造出一种暧昧氛围。爱情的种子就这样在若有若无的香水味中萌发了。

还记得玛丽莲·梦露那勾魂摄魄的歪头动作吗？将自己柔弱的脖子袒露出来，那种如婴儿般的无助与娇弱，再加上小鹿般的眼神，怎么会不勾起男人去做护花使者的欲望呢？

歪头
玛丽莲·梦露勾魂摄魄的歪头

还有一种与脖子有关的显示脆弱的诱惑式动作，就是缓缓抬起下巴，轻轻地转头，这样自己的脖子也会暴露出来，接着再将自己的指尖放在脖子上慢慢移动，从而把男性的注意力吸引到自己最柔弱的部位上来。另外，女性也可以展露手腕彰显柔弱，以博得异性的青睐，这与展露脖子有异曲同工之妙。

“最是那一低头的温柔，像一朵水莲花不胜凉风的娇羞。”柔弱是女性美的极致，正如男性需要阳刚之气一样，不过如今流行的男性女性化或者女性男性化，颇令人费解。不管有什么样的说法，优雅的体态始终是女性魅力的源泉，尝试着去做吧，一切都将变得不一样！

头发的作用

头发向来是人们喜欢修饰的重要部分，头发对于人的整体形象而言起着举足轻重的作用，修饰头发的历史源远流长，早在五千年前，古埃及人在参加盛大的晚会前，通常要剃掉自己的头发，戴上精心修饰过的假发，当时或许只是一种礼仪，但此举无疑是为了追求美。

除了修饰作用外，头发也是一种明显的性别符号。比较而言，女性的头发

在古代，君主为了掩饰头部缺陷（秃头、头发稀少等），保持形象与威严，常佩戴衬有假发的帽子，后来贵族们也竞相效仿，一时成为风气

造型更丰富，要求也比较高，做发型是现代女性追求的一种时尚，一个人的魅力很大程度上取决于她的头部，所以头发的修饰显得越来越重要。至于男性，在头部下的功夫也不少，他们常常用假发掩饰自己的秃头或者稀疏的头发。据说法国的亨利三世因为长期使用一种有害的化学物质染发，头发纷纷脱落。为了掩饰缺陷，保持君主的威严，他便戴了一顶衬有一束束假发的帽子，后来贵族们纷纷效仿。路易十三也曾用假发掩饰头部，因此宫廷中几乎没人见过他的秃头。这充分说明头发对保持公众人物的威严和地位所起的重要作用。看来头发的作用不容小觑，尤其在政治上。

在世人眼中，秃头的人容易给人留下两种印象：太过年轻或者太老，因为婴儿一出生基本算是秃头，而老人因为脱发，也会变得头发稀疏。

在现代社会中，头发又往往与文化、身份联系在一起，已经不是单纯的生物学概念。经过人为作用艺术化了的发型，体现了个人和社会的某种价值观念，具有特殊的文化意义。在美国备受歧视的黑人的卷发成了劣质种族的象征，因此，黑人姑娘掀起了追求直发的浪潮。如今我们已经不能仅仅从审美的角度审视这一现象了，直发并不比卷发更漂亮，关键在于直发所代表的种族更具优越性。反过来说，这一举动正体现了黑人渴望摆脱受歧视和不公平待遇的迫切心理。

头部冒汗的信号

头部冒汗有多方面原因，炎热的天气会促使汗腺分泌汗水，进而达到降低体温的目的，这属于身体的物理变化。还有一种情况，当我们的情绪过于紧张时，比如登台表演、开始接受手术或者进行跳伞等惊险活动时，也会不自觉地冒汗。因为面部尤其是额头，汗腺分布比较密集，所以成为冒汗较多的部位之一。

冒汗和脸红一样无法控制，更无法掩饰，尽管有人极力掩饰自己的紧张情绪，但是汗水已经频频流下。如果在夏季，炎热的天气也许是掩饰焦虑的好借口，但如果在寒冷的冬季汗如雨下，那毫无疑问，这是内心极度紧张的标志。如果你因此觉得窘迫，害怕被人嘲笑，进而拼命想加以掩饰，可能只会欲盖弥彰，毫无作用，反而会引起内心更大的恐慌，最终形成恶性循环，导致你最终失败。如果你觉得自己无法改变，那就不要考虑自己是否冒汗，而是集中精力于活动，或许过不了多久，汗水就会自行退去。

另外，冒汗也是撒谎的标志之一。许多撒谎者最终被自己无意识地冒汗所出卖。正如弗洛伊德认为的那样，人类的自我意识是一种幻觉，我们的每一个行为都是潜意识决定的，“自我甚至左右不了自己，只能依赖潜意识中微不足道的信息”。2003 年英国在对伊动武的理由上被质疑造假的事件，曾在国际社会引起轩然大波，布莱尔不得不出来澄清，他对那些质疑者回应道：“要么拿出证据，要么闭嘴！”可是报纸上登出的布莱尔头顶汗珠的照片，却又隐秘地暴露出了他内心的极度惶恐，我们是不是有理由相信，布莱尔确实在撒谎呢！

冒汗无法避免，但是人们可以有意识地控制自己的其他身体语言，这样也不会造成太坏的结果。布莱尔是位爱冒汗的首相，不过良好的心理素质似乎每次都能使他镇定自如，冒汗丝毫无法影响他。那些因为情绪紧张而经常冒汗的朋友，不妨学学布莱尔，有意识地控制自己。有时候极力掩饰，反而会暴露出内心的恐慌。不过，在事前也可以做一些减少出汗的准备工作，比如上台演讲之前，脱掉外套，很多政治家常常这么做，表面上看给人以不拘小节、大方自信的印象，实际上有助于政治家保持沉着冷静。

表示焦虑的嘴部标志

焦虑是一种预期性的精神恐惧，它缺乏明显的客观原因，如同杞人忧天，表现为持续性的精神紧张，或者发作性惊恐状态，与消化系统密切相关。因此，当情绪发生波动时，消化系统也会发生相应变化，成为情绪波动的重要标志。

人在焦虑时，会感到口干，标志性的身体语言是不断地舔嘴唇，声音听起来也显得干燥呆板。

喉咙发痒也是焦虑时的生理反应。此时，人们会不停地咳嗽，无法控制。

吞咽口水是焦虑的重要标志，那些等待公开发言的人，经常通过这个动作清理嗓子，表面上看好像是为发言作准备，实际不过是焦虑的外化。克林顿回应“性丑闻”事件时，对此表示否认之后，两眼低垂，不断地吞咽口水。

舔嘴唇

焦虑时，人们常会感到口干，于是不停舔嘴唇，使自己冷静下来

英国的外科医生查尔斯·贝尔曾说过，“嘴唇最敏感,它是情绪最直接的索引”。人们在焦虑时，常常无意识地做出咬唇动作，如果牙齿咬住上嘴唇或者下嘴唇，表示想通过这个动作控制自己，以免说出秘

密或使自己后悔的话。还有一种咬唇方式，就是牙齿同时咬住上下嘴唇，这是运动员刘易斯的标志性身体语言，无形中透露出其紧张不安的一面。

咬唇

在压力之下，人们常会不自觉做出这个动作

咬指甲也是缓解不安情绪的方法，多发生在儿童身上，是心理发育不良的一种标志。关于人类为什么喜欢咬指甲，法国研究人员进行了一项民意调查，结果显示，法国人咬指甲与他们的工作有关，当他们在考虑与工作相关的事情时就会咬指甲。还有是在购物时，咬指甲表示艰难的抉择。其实，不管有多少种咬指甲的原因，归根结底都与压力密不可分。

咬指甲

咬指甲是焦虑紧张的信号

口含东西是明显的不安标志。与前面提到的把眼镜腿放到嘴边一样，都是一种返祖现象，想重温在母亲怀里吮吸乳头的安全感。儿童吮吸手指，成人吸烟、嚼口香糖，都是同样的道理。

内涵丰富的亲吻

亲吻是一种历史悠久的活动，早在人类出现之前可能就存在了，因为大猩猩也经常接吻。圣经中有关于接吻的记载，南美洲出土的陶器、印度的《爱经》也都可以证明亲吻古已有之。这是令人陶醉和神往的爱的表白，多少艺术家钟情于她，或是如痴如醉地赞美，又或是一往情深地演绎。作家、诗人、摄影家、画家、雕塑家、电影导演都曾虔诚地拜倒在了“她”的石榴裙下。

亲吻既是一种爱的表达方式，也是一种礼节——情人之间热烈的吻，父母对孩子温馨的吻，朋友之间深情的吻，国家首脑之间友好的吻。亲吻在世界各地并不是同时出现的，只是随着新大陆的发现、新航线的开辟，世界各国间的交流逐渐频繁起来，生活在偏远、闭塞地区的人们才知道有亲吻之说。关于亲吻的起源，众说纷纭，莫衷一是。主要有三种说法：第一种说法认为亲吻是灵长目动物的本能，就像鸟儿和其他动物会嚼碎食物喂养幼仔一样，亲吻就源于此；第二种说法认为这与婴儿吮吸乳头获得的快感有关，长大以后，想重温这种感觉，便演化为亲吻；还有一种说法认为，原始人需要盐分，就相互舔对方的脸，后来就演变为亲吻。

如今亲吻已经发展得很完善，对不同的人，亲吻不同的部位，表达不同的含义。最常见的亲吻方式是嘴对嘴，仅发生在关系最亲密的恋人之间，有人认为，这是因为这种动作有一定的性兴奋功能，另外为了卫生起见，现代人不会轻易与他人嘴对嘴亲吻。相对而言，英国是最喜欢亲吻的国家，在 15 世纪时，即使素不相识的男女也会通过亲吻相互问好，而且是嘴对嘴的亲吻，后来这种方式越来越让人们感到反感，逐渐退出了历史舞台。相互亲吻脸颊由嘴对嘴的亲吻发展而来，是亲戚朋友间见面或告别时的一种礼仪。已婚夫妇也常采用这种亲吻方式。这种方式信号比较弱，不会让人感觉尴尬或者羞涩，所以也是社交场合中人们钟爱的问候方式。

人们常常能从亲吻的部位上区分人物身份。一般吻对方身体较高的部位，如脸颊、鼻尖，代表一种优越感，如父母常吻孩子的头部，表示长辈的爱抚之情。吻手则表示谦卑，因为手位于身体较低的部位，在古代这是一种严格的社交礼仪，男子必须吻女子的手，不过，现在只有那些上了年纪的男子才使用。

亲吻也是政治家喜欢的一种策略。在 2000 年的美国总统大选中，美国民主党总统候选人戈尔为了改变自己僵硬、呆板的公众形象，赢得更多选民的支持，在民主党全国代表大会上与妻子相拥热吻 5 秒钟，引起了社会的广泛关注。不管人们对此持何种态度，戈尔至少赢得了选民更多的目光，在稍后进行的民意调查中，他以五个百分点领先了对手小布什。

在选举期间，许多政治家为了树立仁慈、有爱心的公众形象，常常抱起婴儿亲吻。有人认为，这不过是政治家阻止公众攻击的办法，因为猩猩在遭到强者攻击时常常会拿起小猩猩当盾牌。不管怎么样，这对于政治家赢得信任，树立良好的公众形象是一种行之有效的办法。看看林登·贝恩斯·约翰逊，据说他喜欢抱起小狗展现在公众面前，但是有一次他抓着小狗的耳朵将其举起来，结果被认为残酷地虐待动物，声望一路下滑。

美国第36任总统林登·贝恩斯·约翰逊

据说他喜欢抱起小狗展现在公众面前，但是有一次他抓着小狗的耳朵将其举起来，结果被公众认为残酷虐待动物，声望一路下滑

亲吻源于西方文化,对于中国人而言，似乎不太容易接受。不过，恋爱中的亲吻，却受到贵宾般的礼遇，多少痴男怨女陶醉其中，享受这充满浪漫情调的深情一吻。当然，亲吻的好处并不仅限于此，研究发现，亲吻有助于减肥、美容、保护牙齿，还有止痛、促进血液循环、增强免疫力的功效。

舌头的密语

舌头是人体内身兼数职的重要器官。提到舌头，人们往往会联想到一些与口才有关的成语，激烈辩论叫唇枪舌剑，理屈词穷叫张口结舌，随声附和叫鹦鹉学舌，不善言辞叫笨嘴拙舌，说服别人常常凭三寸不烂之舌，可见舌头掌管着人体的语言功能。除此之外，舌头在身体语言方面也扮演着重要角色。

吐舌头是人类的一种遗留动作，源于婴儿进食的动作。婴儿在饥饿时，常常吐伸出舌头，所以当人们有某种欲望时，常常会吐出舌头；婴儿在吃饱或者不饿时，就会用嘴吐着舌头把乳头推开，表示拒绝，因此，人们在成年后也常用吐舌头的动作表示拒绝。不过也有人认为，吐舌头是人的一种自我模仿，即用人体的某一器官模仿另一器官，吐舌头是在模仿阴茎，是一种侮辱性信号。

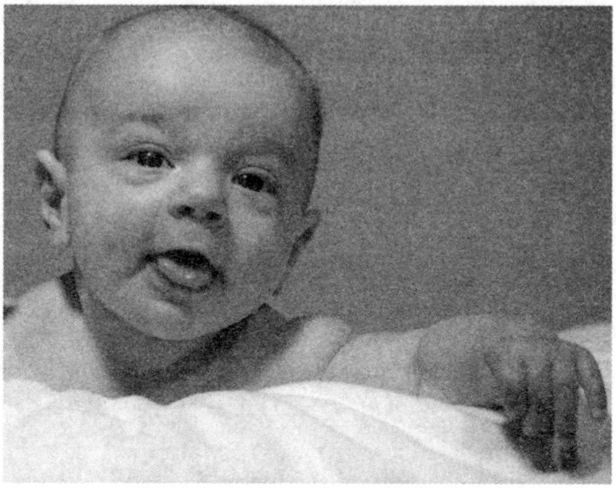

婴儿在饥饿时常常吐舌头

接吻是吐舌头的一种变形，代表情欲。接吻是恋人关系的标志，一直以来，艺术家乐此不疲地用它来表达情感，观众则百看不厌地从中获取快感。尤其在以爱情为主题的艺术作品中，接吻是不可或缺的表达方式，即使在炮火连天的战争片中，或者在令人心碎的灾难片中，接吻也不会缺席，它以人性化的温情为灰色的画面增添几分色彩，使观众沉重的心情暂时得到缓解。

饥饿的人们在看到可口的饭菜时，常常会吐出舌头，这代表强烈的食欲。不只是人，动物有时也会有类似的反应，狗是典型的代表，在看到主人手里的骨头时，就开始本能地摇尾巴、吐舌头，甚至会垂涎三尺。

吐舌头有时表示拒绝。当人们在受到惊吓或者感到痛苦时，会本能地吐出舌头，这是对婴儿拒绝食物动作

有人认为吐舌头是人的一种自我模仿，即用人体的某一器官模仿另一器官，吐舌头是在模仿阴茎，是一种侮辱性信号

的继承和演化。比如当人们在面对灾难、失去亲人的痛苦时，会双手抱头，吐露舌尖，表示对残酷现实的拒绝。

不过，当人们专注于某件事情，比如看电影或者读小说时，也会吐舌头，有人认为，这也是一种表示拒绝的身体语言，表示自己不希望受到打扰。还有人认为吐舌头会使人显得很可爱，因为孩子在紧张、犯错误、焦虑时常会吐舌头。不过，本身不可爱的人或者过了可爱年龄的人，故意吐出舌头扮可爱，就有点东施效颦了。

人们在困窘时会快速吐舌头，尤其在犯错受到批评或者做了什么愚蠢的事情后，常常会通过快速吐舌缓解尴尬，其实这是拒绝的一种延伸。

舌头不仅能通过灵活的肌肉使人发出抑扬顿挫的声音，造就咄咄逼人的辩论家，而且能够通过丰富的动作诉说千言万语。读懂有声语言不容易，领悟无声语言更难，但是掌握一些解读身体语言的普遍规律，对更好地了解别人会有很大帮助。

打哈欠的身体语言

打哈欠是人体的一种本能反应，它不以人的意志为转移。即使在重要场合，人们也无法控制自己的哈欠，主持人对着镜头打哈欠是最好的说明。另外，打哈欠具有很强的传染性，一个人打哈欠会带动很多人，类似于连锁反应。

关于人类打哈欠的原因，一直是众说纷纭。有人认为这是由于大脑缺氧引起的，打哈欠可以使人吸入更多的氧气，但是研究也表明，子宫中的胎儿也会打哈欠，尽管他们的肺脏还不能换气；另外人们还发现，打呵欠的次数并不与

打哈欠是一种清洁大脑的活动，具有松弛肌肉和提神的作用

氧气的含量成正比；也有人说，打哈欠是厌倦的表现，但是控制打哈欠的身体器官常常和有趣的事情联系在一起，所以这种说法似乎也不成立；也有人认为，打哈欠是一种遗传动作，原始人可能是通过打哈欠露出牙齿的动作向敌人发出警告，因为蛇经常在打完哈欠后行动，河马也是打完哈欠后，才从水里走出来，这种说法似乎最有说服力。美国马里兰大学的心理学博士罗伯特·普罗文等人研究发现，人们很少在床上打哈欠，而在工作过程中打哈欠最多，比如开夜车的司机、读书的学生等，于是他们得出一种结论，打哈欠是一种清洁大脑的活动，具有松弛肌肉和提神的作用。

虽然人们并不清楚打哈欠的原因，但是打哈欠所传达的信号似乎已经约定俗成。人们在做重复性工作时，常常因为单调乏味而打哈欠，所以频繁打哈欠是身体厌倦的信号，此时最好能停下来休息一下。

过渡也是引发打哈欠的原因，从工作状态转移到休息状态或者相反，都会伴随着打哈欠。如果看到有人频繁打哈欠，他可能要停下来去干其他事情了。

人们在紧张焦虑时，也容易打哈欠，借此放松肌肉，缓解紧张的精神状态。仔细观察那些当众发言的人，他们经常手抓某件东西，借此克服紧张情绪。这与打哈欠是同样的道理。

打哈欠是一种支配性信号，男性在打哈欠时经常会露出牙齿，女性则会以手掩嘴，这与女性优雅的举止有关，但也表明男性相对于女性的支配性地位。露出牙齿是原始人威胁敌人的手段，现在已经失去了这种功能，所以这种动作就演变成了打哈欠，不过仍然带有威胁的意味。

不管打哈欠代表什么含义，在紧张枯燥的工作中，它都是一种不可或缺的缓解疲劳的方法。打哈欠能够促进血液循环，帮助新陈代谢，吸入更多的氧气，对于清洗大脑、有效地开展下一轮的工作有重要意义。

影响表情的鼻子与下巴

鼻子和下巴都是面部舞台上的配角，尤其是鼻子，几乎是最没有表现力的部位，就算是刻意出风头，也只是扮演坏角色，在情绪极差的情况下才派得上用场。下巴一般只是面部表情的背景，所起的作用不大。不过少数几种鼻子和下巴的动作，也能传递一定的信息。

鼻孔外张是面部常见的动作之一，一般人们在感觉缺氧时，比如刚跑完800米或者刚刚从浴室里出来，或者正在生气时，多会出现这个动作。当然在雨后，人们想呼吸更多的新鲜空气时，也会出现这个动作。

在以上几种情况中，大概只有在生气时这个动作才与情绪有关，其他情况更多的是一种生理需要。那么人们为什么会在生气时张开鼻孔呢？根本原因在于：生气会促使人们产生进攻报复的念头，所以他要借助深呼吸作充分的进攻准备。故此假如这个动作和其他生气的信号同时出现，表明这个人可能要勃然大怒了，你最好躲远点。所以在日常生活中，如果没有特殊需要，最好不要在脸上上演这个动作，因为已经想不出什么比这更可笑，更令人反感的动作了。

皱鼻子也是一种消极信号。在某种外界因素刺激下，人们会本能地产生生理上的厌恶和反感，此时就会不自觉地皱鼻子，这种刺激可能来自一种气味、一种声音或者是某种场面。不过，在某些场合，当人们想要表达自己的不屑或厌恶时，也会做出这种动作。

需要注意的是，假如在正常情况下，很多人一起做这种动作，那表示他们在有意识地利用这种方式来达到某种破坏性效果，意思是要告诉人群中的某个人，他很不受欢迎。所以在生活中要尽量回避别人的这种动作，否则你将成为那个不受欢迎的人。

皱鼻子

这是一种消极信号，在受到某种外界因素刺激时，人们会本能地产生厌恶和反感，此时就会做出皱鼻子的动作

在翘下巴的时候,面部会整体上移,此时要看见别人,只能采取俯视的姿势,而这在人们眼里是一种优越性信号，所以自古以来翘下巴就被视为一种高贵的姿势。如果一个人在当前环境中，处于优势地位，那么翘下巴就是表达优越感的最好方式，尤其在辩论赛中，假如你的言论咄咄逼人，同时配合这一动作，那么对方可能会因此失去信心。

相反缩下巴表示懦弱、渺小，摆出这个姿势的人好像是在用无声语言向别人祈求怜悯。缩下巴是一种防御性动作，当人们缩起下巴，目视对方时，表示他在本能地保护咽喉。在不利于自己的情况下，缩下巴表示自己完全屈服，没有反抗的意思。但是在有些情况下，缩下巴表示自己在作反攻准备，此时还可能配合眯眼睛、张开肩膀等动作。

总之下巴所传递的都是消极信号，不管是软弱无能还是恃强凌弱，都不会给人留下什么好印象，所以最好学会控制自己的下巴，使它始终保持与地面平行。

尽管鼻子、下巴对人们的面部表情影响不大，但是有意识地控制自己的鼻子和下巴，能够有效避免消极信号，从而帮你在人际交往中树立良好的形象，这对你来说非常重要，因为你的形象价值百万。

七种常见的面部表情

人类存在七种与生俱来的面部表情，它们不分民族、不分地域、不分阶级，为全世界人类所共有。它们分别是快乐、悲伤、惊奇、恐惧、愤怒、厌恶和轻蔑。虽然每个人都会产生其中任何一种情感，但却不能随时表达它们。世界上有许多规则，没有任何人可以随心所欲，包括我们的面部表情。在老板面前，本来怒火中烧，但是还要微笑着上去打招呼；在孩子面前，尽管自己悲痛欲绝，但是还要假装坚强。所以说尽管面部是传递情感的画板，但是也是最易撒谎的部位。

加拿大的一项研究表明，尽管人们善于伪装自己的面部表情，但是却无法掩饰面部的瞬间表情，所以要想揭开伪装的面具，可以从此处入手。加拿大法医心理学研究人员参与了加拿大一起谋杀案的调查，结果从犯罪嫌疑人瞬间的异常表情里，看穿了他的谎言。事情经过是这样的，在 2005 年 7 月的一天，一名男子向公众呼吁，希望大家帮他找回怀孕的妻子。三天后他再次露面，并表示对警方感到失望，他将自行去寻找妻子，后来他带领志愿者在郊区找到了妻子的尸体。但是他却被控以二级谋杀罪且罪名成立。

原来研究人员发现，在该男子向公众寻求帮助的录像中，其悲伤的脸上闪现出厌恶和愤怒的表情，这就是最终侦破此案的依据。后来波特指出：“与身体语言不同，你无法监控或完全监控你的面部表情。”事实上没有人能够完美地伪装情感。

人类七种常见的面部表情分别是：

1. 快乐

快乐有多种表达方式，微笑是其中最常见也是最受欢迎的一种。与社交场合礼仪性的微笑相比，由快乐带来的微笑看上去更有魅力，在看到它的瞬间，你可能会情不自禁地跟着微笑。快乐的表情的主要特点有：下眼睑上扬，眼角出现鱼尾纹；从鼻子两侧产生出两条笑纹，一直延伸到嘴角；嘴唇上卷，露出牙齿甚至牙龈。

2. 悲伤

悲伤的表情很难看，而且持续时间比较长。大致表情为：下巴下拉，嘴角下沉，看上去呆滞无神，像霜打的茄子。如果在悲伤时哭泣，可能还会伴有嘴唇抖动的情况；眉毛上扬，由前额皱眉肌到鼻子两侧延伸出两条折痕，形成一个倒“V”字形；眼皮低垂，皮肤松弛，所有部位看上去都显得软弱无力；眼睛里有泪光闪动。

3. 惊奇

惊奇的表情像火花，稍纵即逝。比如在一个陌生的城市，突然邂逅老同学，在看到他的瞬间，你很可能会目瞪口呆，瞬间失语。不过很快就会恢复正常，然后感慨：“这个世界真的很小！”假如在见面的瞬间帮你拍下一张照片，肯定会具有以下几点特征：眉毛上扬，额头出现横向的波状皱纹；双目圆睁，眼白明显增多；嘴巴张开，下巴低垂。

4. 恐惧

可能在感到恐惧时，当事人体会最深的是心跳加速，而不是做出什么面部表情。不过要察觉别人的情感，最直观的依据是面部表情。一般人们在感到恐惧时，会眉毛上扬，并聚拢在一起，额头出现纵横交错的皱纹；眼睛明显睁大，眼白逐渐增加，眼白的多少

与人的恐惧程度成正比；嘴巴张开，嘴唇向后拉伸。

5. 愤怒

相对于快乐来说，愤怒在人们脑海中留下的印象更深刻。有关研究发现，在人群中寻找一张愤怒的脸远比寻找一张快乐的脸容易。你还记得愤怒是种什么样的表情吗？眉毛低垂，向中间靠拢，形成一个"V"字形；双目圆睁，眼白增加，寒光四射；嘴唇紧绷，下嘴唇凸起。

6. 厌恶

在看到厌恶的人或事时，人们脸上会自动出现这种表情：眼睛收缩，下眼睑下面出现皱纹；皱起鼻子；上嘴唇向下牵引，嘴巴微张。研究表明，不管是亲眼看见厌恶的东西还是看见别人厌恶的表情，都会激活人们大脑中的同一部位，尽管有时候我们没有看到那些令人厌恶的东西，但是看到别人的这种表情后，也会有同样的感受。

7. 轻蔑

在人们自命清高或不认同他人的观点时，就会产生轻蔑的表情。它还可以与愤怒、悲伤、快乐混杂在一起构成其他表情。有人认为这是一种世界通用表情，但是也有些人不认同。轻蔑的主要信号有：鼻子歪向一侧，出现皱纹；嘴角上扬，一侧嘴巴紧紧闭着。

第三章

眼睛是心灵的窗户

人类的眼睛会说话

眼睛最具有表现力，有时语言无法表达的东西，眼神却能准确传达。就像人们常说的“眼睛是心灵的窗户”，眼睛能够透视复杂的思想，洞察微妙的情感，一切尽在不言中，一个小小的眼神，往往包含着千言万语。

对于眼睛的神奇作用，泰戈尔曾有一段精辟论述：“当我们用言语表达思想的时候，言辞并不容易找到，必须经过一个翻译过程，这往往是不准确的，于是我们就会发生错误。但是这一双黑眼睛却不需要翻译；思想本身就反映在这眼睛里。”那么眼睛是怎么传递信息的呢？有关专家认为，人类眼睛瞳孔之外的眼白起着重要作用。在所有灵长类动物中，人类是唯一具有眼白的物种，眼白可以使人们观察到目光的变化，进而实现心灵的沟通和交流。在生活中女人比男人更善于解读眼神，领略微妙的情感变化，这是因为女人的眼白比男人的面积要大些。而与人类最接近的黑猩猩因为没有眼白，所以不易被猎物捕捉目光，更有利于获取食物。

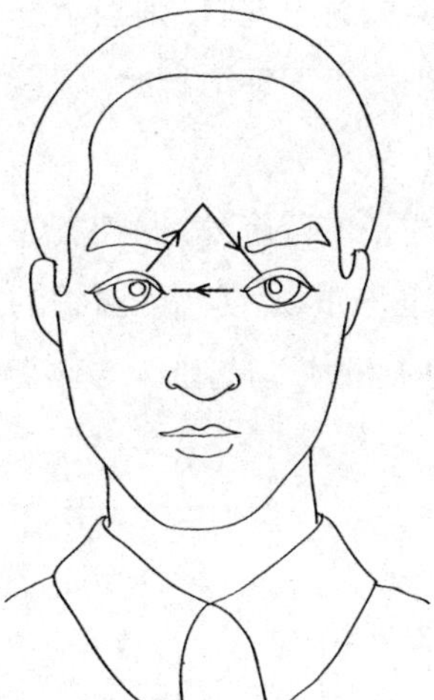

关于解读眼睛信息的方式，有关心理专家曾做过实验，他们发现人们视线的接触时间可以反映一定问题。通常情况下，人们视线的接触时间占总接触时间的 30% ~ 60%。如果超过 60%，表明双方对彼此的兴趣大于谈论的话题，低于 30% 表明对对方或谈话没有兴趣。另外，眼睛接触时间不宜过长，一般以 3 秒钟左右为宜，过长地注视会让别人感觉不适。

在商务谈判、磋商问题时，需要注视的区域应该是以两眼为底线，额头为顶的三角形区域

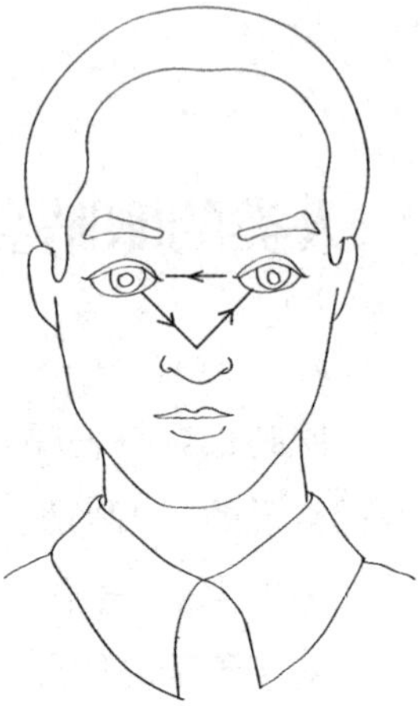

在社交性场合，应该将目光落在以两眼为底线、嘴唇为顶点的三角形内，这样会给人一种轻松愉悦的感觉

注视的范围，也蕴含着丰富的信息。有意识地训练自己的眼神，学会眼神沟通的技巧，对人们的工作、生活有很大帮助。

在业务谈判、磋商问题时，需要注视的区域应该是以两眼为底线，额头为顶的三角形区域。注视这个区域会营造一种严肃的气氛，也能表现你诚恳认真的态度，进而赢得对方的好感与尊重。另外将目光锁定在这个范围，你也能够轻松控制谈话的主动权，使自己从容不迫，游刃有余。

如果在社交性场合，应该将目光落在以两眼为底线、嘴唇为顶点的三角形内，这样会给人一种轻松愉悦的感觉，使别人不至于太拘束，让每个人都能积极参与到谈话中来，毫无疑问，这将会是一次成功的社交活动。在同学聚会、同事联欢或者参加舞会时，不妨试一试这种方法。

如果与恋人约会时，往往采用一种亲密的凝视，目光停留在双眼和胸部之间的区域，从远处看这个范围会扩展到胯部。当遇到自己心仪的人时，人们常常采用这种注视方式。斜视也是一种示爱信号，不过有时也表示敌意，需要具体情况具体分析。如果斜视与微竖的眉毛以及微笑同时出现时，则表示好感；相反，与皱眉、眉毛下垂结合时，则表示反感。

除了要注意注视的范围外，眼神和注视的角度和方法也很重要。亲切、温柔的目光，会增强你的亲和力，勾起别人与你交

在与恋人约会时，往往采用一种亲密的凝视，目光停留在双眼和胸部之间的区域，从远处看这个范围会扩展到胯部

谈的欲望；而过于夸张的眼神会给人一种矫揉造作的感觉；太呆滞的目光，则有敷衍的嫌疑。

人类的眼睛会说话，单从眼睛里就可以判断一个人的品质修养。如果不想让眼睛给自己惹麻烦，那么就学会艺术地运用你的眼睛吧，用这台摄影机捕捉优美画面，传递正确信息。

代表身份的凝视

许多人都有这样的经历，面对权威人物，比如老师、上司或者领导人，我们总是习惯性地认真凝视，以示敬意，尤其在开会时，大家的眼神一致性地落在了正在讲话的权威人物身上。而居于支配地位的领导者的眼神则是飘忽不定的，有时甚至带有轻蔑和不屑。

其实这并不是人类所独有的，在猩猩世界也有类似的情况。屈从性的猩猩要花更多的时间注视它们中的头号人物，而且在与其相遇时总要压低身体、转移目光，表示自己的卑微和服从。这样能够消除对方的戒备心理，给对方一种优越感。

在人类世界，相互凝视的双方，总是弱势的一方先转移目光，打破这种尴尬状态。比如初次见面的两个人，不主动避开目光对视的那个人可能更健谈、更自信。在与上司交谈时，往往是下属先避开老板的目光。这是因为地位不平等的双方谈话时，居于优势地位的一方更具有控制性，掌握着说话的主动权，或者谈话就是由他们发起的，目的是要探测对方的某种想法。反过来在弱势人物讲话时，支配性的一方很少毕恭毕敬地聆听，他们往往边干手头工作边听，实际上是要说“我并不想讨好你，主动权永远握在我的手里”！

紧张与否也是区分人物身份的标志。从容不迫的松弛是权威人物的重要特征，这是因为他们有一种在经济或地位方面的优越性，潜意识中形成俯视万物的心理，没有任何压力，所以表现得很轻松。而处于被支配地位的人因为在经济或地位方面的劣势，他们必须通过谦卑的努力才不至于失去当前拥有的一切，这就会形成一种压力，正如工厂的标语中所写："今天工作不努力，明天努力找工作。"这种松弛的优越性表现在眼睛上就是眼球缓慢移动，显得稳定安详、从容不迫。相反，紧张时则表现为眼球迅速移动，呈现出缺乏自信的焦虑心理。

不管你现在处于怎样的位置，有意识地锻炼自己的眼睛，让别人从你的眼睛里读出威仪和自信，进而对你生出敬畏，这对成就事业有积极作用。虽然并非人人都是王者，但是人人都要表现出王者风范。至于什么是王者风范，可能会有无数种答案，但是有一点无疑是最重要的，即从容不迫。用尼采的话说就是"缓慢的动作和缓慢的一瞥"。

表示屈服的眼部语言

兵书上说三十六计，走为上策。在刀光剑影的战场上，面对强敌，逃跑或许是保命的一条妙计。但是在崇尚合作的现代社会，如果因为一时的困难或矛盾就选择逃避，那只能消除一时之忧，却无法解决根本问题。中国有句话叫"该出手时就出手"，或许应该再加一句"须低头时且低头"，如果一个简单的屈从性姿势可以化解冲突的话，那么这比其他任何办法都合适，毕竟不必付出实际的代价。

用眼睛表示屈服的方式主要是转移目光，动物学家迈克尔·钱斯称之为"切断"。据研究，一旦使用这一身体语言会产生很大作用。首先，"切断"从视觉上清除了支配性人物，从心理上降低了恐惧感，类似于逃跑。从另一个角度说，转移目光表示自己无意于攻击对方，处于防守状态。最终目的是请求支配性人物停止攻击自己。

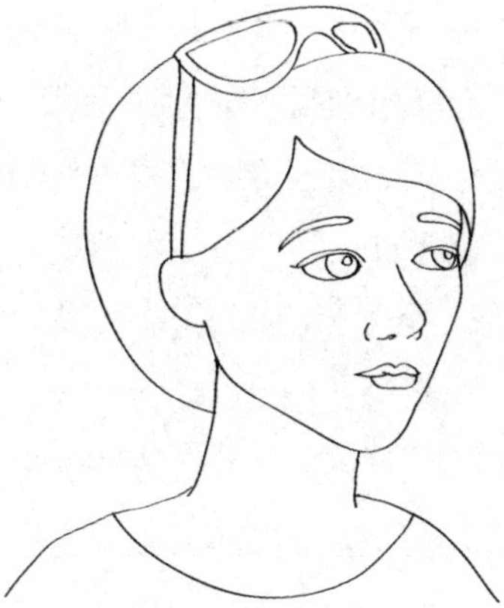
把墨镜戴在头顶上

那么表示屈从性的眼部语言到底有哪些呢？据观察，眼睛低垂是表示屈服的常见信号。回想一下，当你被老师或父母批评时，是否经常采用这一动作，它想表达的意思是“我知道错了！”借以安抚批评者的激动情绪，希望结束对自己的训斥。另一种方式是眼睛穿梭，一方面可以观察周围的情况以便审时度势，另外也是一种逃避方式。睁大眼睛也是屈从性语言，它会给人一种天真无邪的感觉，因为婴儿常常有一双不协调的大眼睛，看上去让人本能地产生一种想去呵护他的愿望。

此外，把墨镜戴到头上也是一种消除敌意的方式，这类似于打开头盔上的面盔，露出柔弱的面部，表示自己没有防范心理，更无意于伤害别人。同时将眼镜戴到头上，会创造出一种“四目”效果，眼镜上的“大眼睛”很容易使人产生“那人长了一双大眼睛”的错觉，进而联想到婴儿，让人顿生爱怜之心。

当你犯错误或者处于被动地位时，不妨采用这些眼部姿势，也许它会帮你巧妙地摆脱困境，或者以较小的代价换回别人的谅解。

恋人们的眼睛

眼睛在恋爱中究竟扮演什么角色呢？17世纪的罗伯特·伯顿曾这样描写眼睛：“秘密的演说者，第一个鸨母，爱情的大门。”他写道，恋人的深情一瞥，就能“明白对方的意思，即使一个字也没有”。心理学家也发现人们在第一次见面时，说话之前的第一印象就是通过眼睛迅速判断形成的。

恋爱时眼睛不断变化，传递出各种微妙的信息。与前面提到的表示屈从的眼部语言一样，恋人们也喜欢睁大眼睛，尤其是女性。一双明亮的大眼睛配上一张杏仁脸、樱桃小嘴和柔嫩的双颊，绝对会使人联想到婴儿的天真无邪，从而不由自主地生出一种想要保护的冲动。尤其是当自己犯错后，这种近似于撒娇的眼神，往往会使对方化力气为糨糊，最终转怒为喜。

另外，女性在注视自己的情人时，如果微微低头，会因为隐藏了下巴，从而会使自己的眼睛显得更大些。从另一个角度讲，女性低头会使自己变得矮小，注视情人时需要抬起目光向上看，像孩子注视成年人一样，让人感觉她需要更多保护，同时这也是一种顺从的动作。据调查，照片上那些俯视的女性看上去更有气质。

人们在兴奋的时候，瞳孔会自然扩张，虽然人们无法有意识地控制自己的瞳孔，但是他们懂得人们对那些瞳孔较大的人更有兴趣。所以在 16 世纪时，意大利妇女采用一种颠茄酊剂来扩大自己的瞳孔，进而使自己看起来更有吸引力。其实颠茄酊剂在意大利语中本来就是“漂亮女人”的意思。

侧向观视即将头偏向一边去看别人，也是恋人们痴迷的眼部语言之一。这个动作有两层含义，相反相成，目光直视代表接受，而左顾右盼又有逃避的意思。而正是这种若即若离产生的张力使女人更具魅力。这大概与欲擒故纵有异曲同工之妙吧。

眼神阴翳是女演员葛丽泰·嘉宝钟情的动作，具体动作为眼帘低垂，向上转动眼球，并保持一段时间。这样的眼睛微闭会给人一种色眯眯的感觉，另外眼睛与眼眉之间距离的扩大，也是一种顺从的信号。玛丽莲·梦露也喜欢用这个动作，同时还喜欢与半开朱唇的动作结合使用，看起来像是期待一个吻。所以男人认为这是一种很诱人的动作。

长久的注视会激发亲密的情感，人们经过试验得出这样一个结论。通过一次男女速配的电视节目，在节目进行前，工作人员告诉参加节目的男人，他们的约会对象与其个性相符，只是眼睛在小时候受过伤，至今也不太好，不过不知道是哪只眼睛，只有仔细观察，才能发现，同时对女性也作了同样的说明，结果双方花了很长时间观察对方的眼睛，当然他们不可能有答案，不过这次速配的成功率却比婚介所平时高出 200%。

在与情人约会时，尽情舞动你的双眼吧，或许你并不美丽，但是妩媚的眼神有时胜过姣好的容貌，一个暧昧的眼部信号胜过千言万语。你也许无法左右自己的长相，但是可以塑造自身气质，不是说“女人不是因为美丽才可爱，而是因为可爱才美丽”吗？

避免令人反感的眼神

在与人交流的过程中，只有彼此眼神接触才能实现真正的沟通。不过，眼神接触也要讲究技巧，巧妙地控制眼神接触的时间和频率会使双方的谈话轻松愉悦，相反，时间太长或者飘忽不定的眼神会使对方局促不安，甚至引起别人的反感。一个训练有素的职场高手善于控制自己的情绪，绝不会从眼神中泄露自己的真实想法，即使面对自己厌烦的人，也不会轻易流露不屑或鄙夷。

盯视是令人反感的眼神之一，它在传递一种不礼貌的语言，是一种挑衅的信号。如果死死盯着别人，尤其是盯着别人的眼睛，会给人一种图谋不轨的感觉，好像在不怀好意地打什么坏主意，或者让别人感觉自己像是外星来的怪物一样不自在。有位外国朋友因为经常遭遇不友好的盯视，不得不带着遗憾回国，尽管他很喜欢中国。另一位朋友也告诉我，当她在路上遇到盯视自己的人时，常常会心跳加速，毛骨悚然，然后快速跑步离开。

不管是否带有恶意，被人盯视总会有种被歧视的感觉，如果在正式的社交场合使用，还容易引起误会，造成得不偿失的后果。那么在与人交谈的过程中应该怎样控制与人目光接触

目视上方，露出大部分眼白，眉毛上扬，传达出一种轻蔑之情，表示不相信某人所说的话，或者别人做出愚蠢的事情而不自知

眯视

这是一种不太友好的身体语言。在西方对异性眯起一只眼睛，并眨两下眼皮，是一种调情动作。在正式的谈话场合，眯视对方传递的是一种冷淡和不屑

的时间呢？英国心理学家迈克尔·阿盖尔先生发现，在欧美国家人们在交谈过程中，平均约61%的时间保持注视对方的状态。其中自己说话时注视对方的时间约占41%，聆听时约占75%；而双方对视的时间约占31%。他同时指出，人们的每次注视平均持续2.95秒，双方目光对视平均持续1.18秒。不过，目光接触时间的长短也取决于交谈对象，以及双方的文化背景。在亚洲和南美一些地区，长时间注视被认为是失礼行为，日本人在与人交谈时常常将脸转向一旁或者注视对方的咽喉部位。

阿盖尔还发现，如果交谈一方对另一方感兴趣，注视时间会相应延长。相反，交谈一方眼睛东张西望，那么，别人会认为你对这次谈话缺乏兴趣或者不够重视而感到不快。实际上，眼睛东张西望是逃避的信号，原因是对眼前的人或事缺乏安全感。所以在与人交谈时不要东张西望，即使对方确实令人讨厌，也要假装在聚精会神地聆听，以免引起别人的反感。

眯视也是一种不太友好的身体语言。在西方对异性眯起一只眼睛，并眨两下眼皮，是一种调情动作。如果在正式的谈话场合，眯视对方，传递的是一种冷淡和不屑的信号，也许一笔大业务就因为一个不友好的眼神而丢掉。所以如果不是与恋人约会时，不要随意眯起你的眼睛，不然你将会付出无谓的代价。

漠视就是不屑一顾，看上去眼神呆滞，缺乏热情，给人一种孤高自傲、拒人千里之外的感觉。在与人交谈时，这种眼神会向对方传递一种恐惧信号，促使对方赶快结束谈话，逃离现场，以后再也不想与你见面了。

谈话时的眼神最易泄露秘密，它常常出乎意料地破坏谈话。不过有意识地控制自己的眼睛，不要让它随情绪波动而变化，这样可以避免很多不必要的麻

烦。不管眼下的谈话如何，一双友善的眼睛总能给人留下落落大方的印象，使你成为受欢迎的人。

瞳孔的变化与情绪有关

瞳孔的变化除了受光线影响外，与情绪也有密切关系。积极的情绪会使瞳孔扩张，消极的情绪则会收缩瞳孔。据研究，当人们处于积极兴奋的状态时，瞳孔会比原来扩大四倍，而处于消极情绪时则会收缩，当我们悲伤难过时，之所以会变得目光呆滞，就是与瞳孔的收缩有关。

芝加哥大学心理系主任埃克哈特·赫斯发现，正常的人在看到异性明星的海报时，瞳孔会自然扩大，看到同性明星的海报时则会缩小。另外，当看到美好的事物如美景或者美餐，瞳孔会扩大，看到消极痛苦的画面像战争、流血等，瞳孔则会相应缩小。

瞳孔变化是情绪波动的外在表现。在商业领域人们常常利用这一点来促销。为了招揽顾客，商家常常把广告海报中模特的瞳孔修改得很大，认为这样能增加模特的吸引力，提高商品的销量。这并不是无中生有，已经有人使用这个办法取得了成功。在一次唇膏的直销活动中，商家通过修改宣传手册上模特的瞳孔，使唇膏销量上升了40%之多。因此，从事商业活动的朋友可以有意识地利用这一研究成果为自己服务。据说早在辛亥革命时，做玉器生意的人就会通过观察别人的瞳孔变化来判断顾客是否看重商品或者对商品价格是否满意。

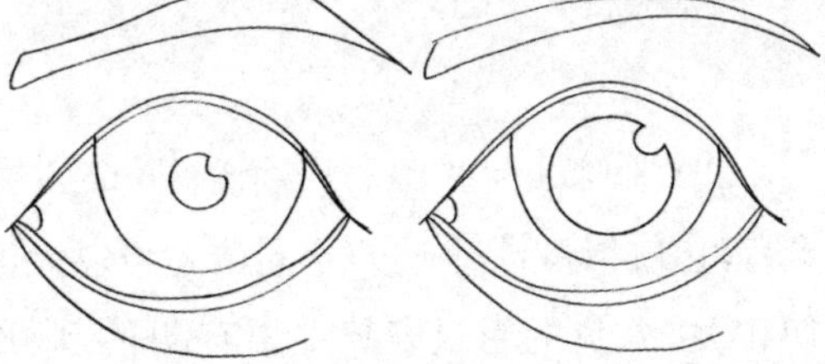

对比一下，是不是瞳孔扩大后的眼睛，看上去更加迷人？

在恋爱中观察对方的瞳孔变化状况，对于解读对方的心理有积极意义。如果一方对另一方有意思，会通过瞳孔扩张表现出来。另外，至于为什么恋人喜欢在昏暗的灯光下约会，也可以从这里找到答案了。因为昏暗的光线会使瞳孔扩张，进而增加彼此的吸引力。

在瞳孔变化方面，男人和女人还是有一定差别的。在一项调查中，准备了五幅画，一张裸体男人、一张裸体女人、一张婴儿、一幅风景画，还有一张母子合影画。结果男性在看到裸体女人画时瞳孔变化最大，而女人则在看到母子合影时瞳孔变化最大，其次才是裸体男子画。这也许能够说明男人对女人更感兴趣，女人则更关注孩子。

瞳孔变化在纸牌游戏中同样起着重要作用。在对专业纸牌玩家进行的一项测试中发现，如果对手戴上墨镜，专家好像就无计可施了，赢牌的概率会大大降低。这是因为在打扑克时，对手摸到好牌后，瞳孔会迅速扩张，即使他面无表情，专家也能迅速判断，不会下太大的赌注。

瞳孔的变化具有传染性，当看到一张瞳孔扩张的照片时，自己的瞳孔也会相应扩张，就像你对别人微笑别人也会回报同样的微笑一样。这就是瞳孔较大的人更有吸引力的原因。

所以在与人交流时，不但要注意对方的眼睛，更要观察对方瞳孔的变化，从那里可以了解到对方的真实想法。无论是商业巨人，还是恋爱高手，抑或是纸牌专家，他们都善于观察人们瞳孔的变化，并以此作为捕捉信息、判断形势的重要依据。

眼眉中的体态密语

相对眼睛来说，眼眉扮演着配角，如果眼睛是一朵红花，那么眼眉就是点缀红花的绿叶。眼眉的不同位置可以传递不同的信息，并与眼睛的动作密切相关。常见的眉眼姿势主要有四种：眼眉静止，眼睛也静止，表示心平气

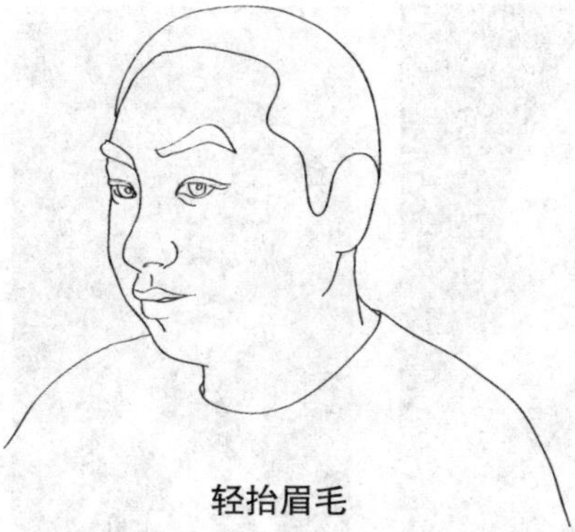

轻抬眉毛

和；眼眉静止，眼睛睁大，表示愤怒，并带有威慑意味；眼眉抬高，眼睛睁大，是一种惊吓后的反应；眼眉抬高，眼睛静止，表示服从。

人类的面部表情复杂多变，细微的差别可能表示相反的含义。古罗马人曾用眼眉抬起，眼睛微闭，表示桀骜不驯，而眼眉抬高，眼睛静止却表示屈从。虽然这两种动作仅在眼睛上有毫厘之差，但人们却从来不会混淆傲慢和屈从，这就是身体语言的神奇作用。

轻抬眉毛是一种常见的身体语言，是一种远距离打招呼的方式。把眉毛迅速抬起，在最短的时间内恢复原位，是为了告诉别人："我注意到你了！"因为在世界大部分地区通用，甚至连猴子和猩猩也用它来打招呼，由此可以判断这一动作可能是天生的。不过在日本人眼里这是一种粗鲁动作，被视为一种性暗示，可能类似于中国的暗送秋波，所以在日本朋友面前，要避免使用这个动作，以免引起误会。

伍迪·艾伦跳跃的眉毛

他灵动的眉毛像字符一样雀跃，既能有效控制局面，也能生动展现心理变化

对看到的人轻抬眉毛类似于一种条件反射，表示对所遇到的人的肯定或者尊重，也可能伴有惊讶的情绪。一般人们只会对自己敬畏或者喜欢的人发出这个动作，遇见你没有发出这个信号的人可能对你不满或轻蔑。当遇到自己喜欢的人，不妨用这个动作表白，如果对方给予你同样的回应，也许你们会一见钟情。

轻抬眉毛表示恭顺，压低眉毛则表示威严或者具有攻击性。因为抬高眉毛会扩大眼睛与眉毛之间的

女性喜欢拔掉眉毛，用笔重新画出高挑的眉，使自己更具吸引力。男人则需要较低的眉毛，使眉眼间显得更窄，给人一种威严感

距离，使眼睛显得更大，会让人联想到婴儿，激发人们呵护的欲望。所以，女性喜欢拔掉眉毛，用笔重新画出高挑的眉，使自己更具吸引力。男人则需要较低的眉毛，使眉眼间显得更窄，给人一种威严感。肯尼迪就有一双平缓的低眉，除了给人一种威严感，更让人感觉那是一种忧国忧民的形象。

眉毛也是演员们钟爱的身体语言之一，许多明星凭着动感的眉毛，赢得了观众的喜爱。在电影《安妮·霍尔》中，伍迪·艾伦的眉毛像是跳跃的字符，既可以用来有效地控制局面，也能淋漓尽致地表现自己的心理活动。英国演员巴兹尔·拉思伯恩的眼眉好像是为一个傲慢的角色专门定做的，而演员格劳乔·马克斯的眼睛则扮演了句号和叹号的角色，他每讲完一句话都会飞舞眼眉，给观众一种回味无穷的感觉。

一个人的喜怒哀乐都可以通过眉毛表现出来，不然看看这些与眉毛有关的词语，表示高兴的眉飞色舞、喜上眉梢、眉开眼笑、扬眉吐气；表示愤怒的横眉冷对；表示忧虑的皱眉、双眉紧锁；还有表示聪明的眉毛一皱，计上心来等，所以千万不要忽视小小的眉毛，它也是情绪变化的晴雨表。

眨眼的意味

生活中人们喜欢用“眨眼间”形容时间的短暂，可见眨眼的动作是在瞬间完成的，因此眨眼又叫瞬目反射。眨眼通常是在不知不觉中发生的，是一种无须外界刺激的自主动作。另外，眨眼能使眼角膜和眼结膜在泪水作用下保持湿润，同时具有缓解视网膜和眼肌疲劳的作用，更有利于保护眼睛。

还有一种眨眼动作是在某种刺激下进行的，类似于条件反射。此时眨眼的时间间隔会发生相应的变化，比如当有异物进入眼睛时，人们会本能地迅速眨眼；遇到强烈的光线，眼睛则会自动闭上；还有一种情况，当人的情绪发生波动时，眨眼的频率会发生相应变化，眨眼也是获取他人内心秘密的钥匙。

正常人平均每分钟眨眼十几次，通常间隔 2 ~ 6 秒就要眨一次，每次眨眼需要 0.2 ~ 0.4 秒。但是当人处于某种精神压力下时，眨眼的频率会相应提高，比如在撒谎时，眼睛会变得游移不定，不停地眨眼，其实这是一种欲盖弥彰的动作，表现出其内心极度的恐慌。当然，在另一种情况下，人们眨眼的频率会降低，闭眼的时间会稍稍延长，这是一种潜意识的行为，想阻止眼前不愉快的一幕映入眼帘。这种动作经常发生在占支配地位的一方，他们因为掌握着说话的主动权而显示出一种优越感，可以对不喜欢的人物不屑一顾。

在与上司或者领导谈话时，如果对方闭眼的时间比平时延长了两三秒，那说明你已经令他们厌烦了，或者你的建议很糟糕，不足以引起他们的兴趣，希望你尽快从其视线中消失；如果他们的眼睛一直闭着，那你就被淘汰了，好像不存在一样；如果在谈话过程中有人头部后仰，给对方一个长时间的凝视，那代表轻蔑和不满，好像在说："闭上你的嘴巴吧！"当然，如果感觉自己没有受到足够的重视，也可以用这个动作，以示抗议。

在你演讲或发言时，如果发现台下的观众眨眼频率缓慢，可能是你的讲话不够精彩，或者你的观点不被接受，此时就需要及时作出调整。如果对方是出于傲慢或蔑视，那你也可以回敬对方，意思是"大家都一样，你不要自以为了不起"！

使眼色也是眨眼的一种形式，眨眼的幅度会明显变大。共享某个秘密的双方，在不知情的第三者面前，为了显示自己的优越性，常常心照不宣地彼此使眼色。不过在异性之间，使眼色的动作需要小心使用，如果女性发出这个动作即人们常说的“抛媚眼”，那么这是一种强烈的性信号，表示她对眼前的男子感兴趣。如果使眼色再配上暧昧的微笑，那就更具有杀伤力，很少有人能避开这种诱惑。

细节决定成败，一个小小的眨眼动作，往往蕴含着深长的意味。不管你解读身体语言的准确性如何，懂得察言观色总归不是坏事，即使无法准确预测对方的心理，预防也是好的，关键要有这种意识。那些不解风情的人，大概就是缺乏这种能力，毕竟有声语言不是万能的。

挤眼的动作

挤眼的动作仅限于关系亲密的人们之间使用，比如情侣、朋友或者亲人等，表示双方共享秘密。当然，假如在一次舞会上某位男士向一位漂亮姑娘挤眼，那表示他很关注她，在向她调情，假如她对他同样有好感，那么此时挤眼就会成为积极的示爱信号。相反，如果调情者没有得到认可，那么这个动作就会变得令人尴尬，甚至倒人胃口。

在比赛中，队友向你挤眼表示你们是自己人，双方借此相互鼓励。在向父母撒谎时，弟弟向你挤眼，说明他想让你为他圆谎；在面对岳母端上的难以下咽的饭菜时，妻子向你挤眼，于是你忙说：“太好吃了！”然后装做狼吞虎咽的样子。总之挤眼总是发生在关系亲密的人之间，否则可能会惹麻烦。布什总统就曾犯过这种愚蠢的错误。在 2007 年，英国女王对美国进行国事访问时，布什出现了严重口误，为弥补错误，忙向女王挤眼，试图通过这种方式得到谅解，谁知再次事与愿违。

假如你与另外两个人共处一室，你突然发现他们两个在相互挤眼，此时你一定会有一种被排斥的感觉，尽管他们谈论的话题可能与你无关。此时如果无意与他们交友，忽略这一点或许是明智的选择。

男女的视野差别

最近科学家的一项研究表明，男女在视野上有很大差别，女性的视野宽，男性的视野远。女性的视野范围大约是男性的六倍。

细心的人会发现，生活中男人往往找不到自己需要的小东西，像钥匙、鞋袜、内衣之类，还经常抱怨是妻子收拾房间的原因。其实根本原因在于他们的视野狭窄。专家指出，这样的结果并不是偶然的。在原始社会，人们靠狩猎和采集为生，男人凭着健壮的身体，更适合狩猎，为了盯住远方的猎物，他们必须聚精会神地注视远方，于是便忽略了眼前的情况。在长期的狩猎过程中，男人的视野变得越来越像望远镜——狭窄而长远。女性则负责采集，她们必须具备一双宽视野的眼睛，以便将树上的果子尽收眼底。另外，她们还要负责看家和照顾孩子，这也需要有双视野宽阔的眼睛，以便迅速掌握周围的情况，避免危险的靠近。

从男女视野的构造方面看，因为男性的视野是管状的，他们在观察正前方和远距离的事物时相对女人更具有优势，但是近距离和周围视野就远不如女人了；女人的视野很宽阔，两只眼睛的视野范围可以向外扩展 45 度左右，所以女人比男人更善于伪装，往往是眼睛视此而观彼。一项有趣的实验可以很好地说明这个问题。

有人曾组织人们到裸体主义者聚居区拜访，并记录了他们彼此交谈时的画面。人们在看到裸体者时，瞳孔会自然变大，而且会不由自主地朝他们的下半身看，这样显然会让彼此很尴尬。从录像中可以明显发现，男人低头的幅度比女性大，因为他们只有低头，才能看到别人的下半身。女性就没有这种麻烦了，她们宽阔的视野，往往只注视对方的面部就可以将其一览无余。所以，在与异性见面时，男性的目光转移幅度很大，别人可以清楚地发现他们到底在注视哪里，男性一旦不由自主地将目光转到女性的敏感部位时，就会被认为好色。

女性目光朝向虽然不像男性那样明显，但是并不代表她们没有去看。

男人见到美女，总是直勾勾地盯着人家，甚至注意不到身边被激怒的妻子；女人如果想看英俊的男人，则无须转移目光，凭余光足以达到目的，所以仅凭目光判断女人的心思是远远不够的，宽广的视野使女人更善于伪装。

从眼睛中识破谎言

说谎不容易，识别谎言更难。在掌握了一些识别谎言的信号后，撒谎者会有意识地加以隐藏甚至会反其道而行之，这就会很容易骗过别人的眼睛。不过假如能从各个方面进行综合判断，说谎者就很难逃脱了。在说谎的各种信号中，眼睛是破解谎言的重要线索。

眼神游移不定是撒谎的重要信号。在一次实验中，让一部分人对另一部分人撒谎，并将整个画面全部记录下来。然后在交流会上让人们观看录像，并指出画面中的撒谎者，测试结果完全出人意料。在所有的撒谎者中，有 30% 的人眼神一直在游移不定，结果其中 80% 的人的谎言被识破，而且女性的识破率远远高于男性。剩下 70% 的撒谎者目光坚定、镇定自若地看着被骗者，结果只有 25% 的撒谎者被识破，男性识破谎言的成功率变得更低。因为女性更善于从其他方面寻找撒谎的细微线索。

眼神游离不定是撒谎的重要信号

撒谎的另一个信号是快速眨眼，因为人们在紧张或思维快速运转的时候，眨眼频率会迅速提高，但也并非绝对如此。据研究，人在感到压力时，眨眼的频率会比平时高四到五倍。

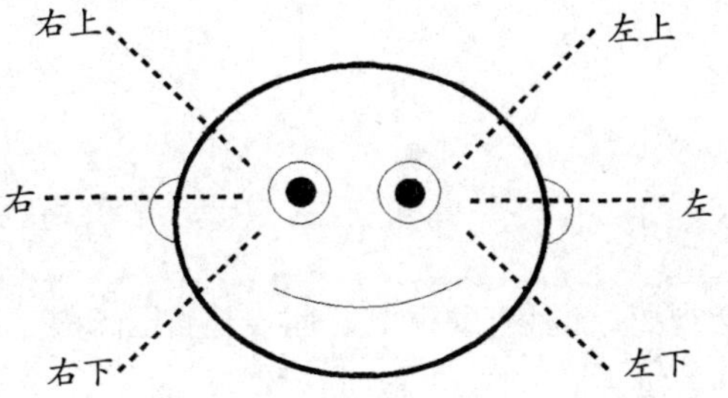

眼睛指向左方表示想象，指向右方表示回忆

另外，眼光的指向在某种程度上也能够暗示语言的真假。眼睛指示不同方向代表不同含义，当眼睛指向左上方时，代表他在想象一些反常的事物，比如会飞的人或者蓝色雪花等，所以当人们在凭空捏造不存在的事实时，就会作出这种反应；人们在回忆某种画面时，眼睛会自然地指向右上方；当你被人问到“你能想象最高的声音有多大”时，眼睛会不自主地指向左方，这是一种凭空想象听觉的暗示。相反，眼睛指向右方，则表示回忆某种听觉上的感受，比如在被问到“你还记得某某的那首歌吗？”时，可能你的眼光会飘向右方；当人们在回忆某种味觉时，眼睛就会朝向左下方；自言自语时，眼睛多半会朝向右下方。

那么，怎样根据眼睛的指向测谎呢？可以举个例子，假如你是老师，有位同学旷课，你问：“昨天为什么没来上课？”他可能说：“我不舒服，发烧！”你再问：“现在好了吗？”他或许会爽快地回答：“好了。”对话过程中，语言是次要的，关键要看他的肢体语言。如果在整个对话过程中，他的眼球始终指向左边，那么他可能在撒谎，因为眼球指向左边代表人在大脑中捏造声音和图像。

如果精明的撒谎者在说话过程中，眼睛始终保持平视状态，那么这一招就无法奏效了。不过，再精明的撒谎者也会心虚，进而会顾此失彼，即使在眼睛上伪装得完美无缺，也会从其他动作中露出马脚。

与眼镜有关的身体语言

眼镜作为视力辅助物，不仅能延伸视野，而且有助于更好地表达自己的内心世界，这主要体现在与眼镜有关的身体语言上。

一项调查表明，戴眼镜的人的智商要比不戴眼镜的人高出 14 个百分点，而且人们总认为戴眼镜的人更勤奋、更有智慧，所以在短暂的交谈中，戴上眼镜会使人魅力大增。戴眼镜的效果与眼镜边框有关，一般来说，在较严肃的场合，可以佩戴彰显厚重感的黑框眼镜，这样会给人留下一种威严的印象，此时的眼镜是一种权力的象征；而在轻松愉悦的聚会或郊游场合，可以佩戴无框或边框纤细的眼镜，这样显得时尚、活泼。

把眼镜腿放在嘴边

人们焦虑不安时常以此安慰自己，尤其在作出一项重大决定之前

把眼镜腿放在唇边是一种拖延时间的信号，这在日常生活中很常见。有人说这是一种渴望获得安慰的姿势。德斯蒙德·莫里斯认为，把东西放在唇边或含在嘴里是想重温当初含母亲乳头时的安慰感。孩子吮吸手指、成人吸烟也都是想表达这种意思。在需要作出重要决定的时刻，人们经常会玩弄眼镜，将其放在手上，一会儿打开，一会儿又合上，或者将眼镜摘下又戴上，又或者不断地擦眼镜，这既是在拖延时间，也是一种犹豫不决的焦虑信号。在与人谈判时，如果发现对方做出这种举动，说明他还不能立刻作出决定，你可以根据实际情况，加以鼓励或者抑制，以确保对方作出有利于自己的决定。

从眼镜上方看人是一种不太友好的身体语言，电影中演员常常用它来塑造刻薄挑剔的人物形象。尽管有人认为，喜欢从眼镜上方看人的人多半是戴老

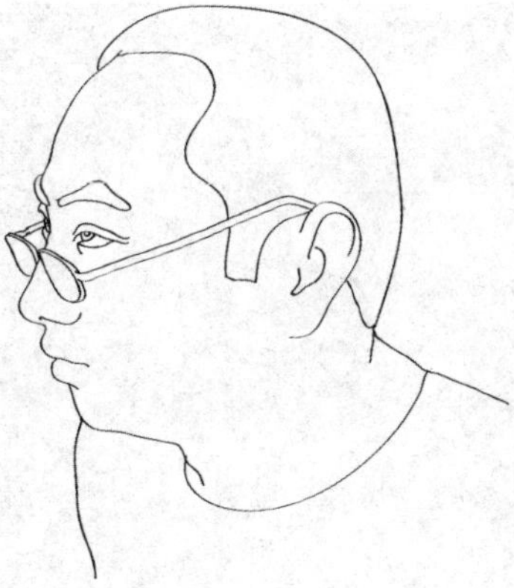

从眼镜上方看人容易给人造成压迫感

花镜的老人，他们只是觉得在看较远的事物时，直接从眼镜上方看比摘下眼镜更方便，并没有不友好的意思。但是这种目光的承受者却认为这是一种挑衅信号，他们会本能地回敬对方以相应的不友好动作。所以在与人交谈过程中，轮到自己说话时，要尽量摘掉眼镜，而聆听别人讲话时，最好戴上眼镜。这样既不会引起别人的误解，也能显示自己的真诚。

在英国 BBC 电视台推出的一档益智节目中，主持人安妮·罗宾森就经常使用这个动作，为的是让参赛者看上去显得很蠢。她从眼镜框上面射出的目光，能将大家的注意力吸引过来，言外之意是“我在看着你们，谁都别想逃过我的眼睛”。不过在此处这种具有威慑性的语言，只是为了在节目中调节气氛。在现实生活中，这种动作还是少用为妙，否则您将为此付出代价。

此外，佩戴隐形眼镜会使瞳孔变大，使人看上去更有魅力，尤其是女性。这种眼镜可以在社交场合佩戴，不过在商务谈判中就尽量不要戴了，否则美丽的眼睛会喧宾夺主，影响谈判。墨镜和彩色眼镜也不要在商务场合佩戴，因为眼镜的不透明性会引起对方的怀疑，降低人的可信度。如果想显示自己的真诚，最好戴一副透明眼镜或者不戴眼镜，毕竟直接的眼睛接触最容易取信于人。

哭的作用

冰心说：“雨后的青山，像泪水洗过的良心。”眼泪如同春雨，既能洗涤青山，驱除愁云，又可清新空气，滋润田野。众所周知，如果长时间不下雨，空气中弥漫的有毒物质就会被人吸入体内，危害健康；生机盎然的田野，倘若没有雨水的恩泽，也会成为一片荒漠。眼泪犹如春雨，不会流泪的人，很容易因为压抑得不到释放而垮掉，心灵得不到滋润而干涸。

哭泣的小天使
小宝贝究竟受什么委屈了？

那么人为什么会流泪呢？据分析，人流泪的原因大概有三种，首先是情感性的眼泪，因为高兴或难过而流泪，人们常常说“喜极而泣”就是如此，流泪是情绪激动的表现；另一种是生理性眼泪，婴儿一出生就会哭，人们在身体受到创伤时会不自觉地流泪，这是正常的生理反应引发的眼泪；还有一种反射性的眼泪，当沙子不小心吹进眼睛，或者洋葱等散发的刺激性气体进入眼睛时，人也会不自觉地流出眼泪。不过据专家研究，这三种眼泪的化学成分各不相同，功能也有差异。因眨眼而流出的眼泪具有湿润眼球、缓解眼睛疲劳的作用。反射性的眼泪，具有保护眼睛的作用，进入眼睛的异物一般可以被眼泪带出眼睛。情感性的眼泪具有独特的化学成分，功能也比较复杂，美国生物学家弗雷对此作了研究，他指出情感性眼泪中的蛋白质种类比反射性眼泪高 20% ~ 25%，钾的含量是它的 4 倍，其锰浓度要比血清中的高 30 倍，而且还富含激素，比如人在承受压力时释放的肾上腺皮质激素等。同时他还指出，情感性眼泪的化学成分与哭泣者的情绪有很大关系，一般抑郁症患者大脑中锰的浓度比较高，人在焦虑不安时，会产生过量的肾上腺皮质激素，女性之所以爱哭，是因为她们体内含有高浓度的催乳素。大概就是因为人在情绪激动时会产生大量的激素，所以需要借助眼泪将它们排出体外。

总体来说，哭泣对身体是有益处的。据弗雷的理论，人在处于消极情绪时哭泣，眼泪会将消极情绪所产生的多余化学物质带出体外，从而消除消极情绪，所以人在悲伤时不哭是有害身体健康的。弗雷还发现，胃溃疡很可能是因为抑制哭泣引起的，喜欢哭的人则很少患这种病。所以人在极度悲伤时，痛快地哭一场，会感觉很舒服。80 年代，美国明尼苏达大学的一项研究发现，女性平均每月要哭五次，男性则每四周才哭一次，女性的平均寿命比男性长，与女性更爱哭有很大关系。还有科学家发现，哭具有镇定作用，有利于重新调整情绪。

人们常说男儿有泪不轻弹，认为遇事哭泣的男人就是无用的懦夫，其实不然，哭是消极情绪的清洁剂，具有净化心灵的作用。如果为了显示坚强而极力压抑自己的情绪，会严重损害身心健康。所以男士们不妨学学女人，就像歌词里说的“男人哭吧不是罪”。

第四章 交谈中的弦外之音

解读谈话中的措辞

在与人交谈时，人们往往只注意到对方表达了什么，而不太关注他们是如何表达的，用了哪些词语。其实，认真研究人们讲话时的措辞，对于更好地理解他们的意思有重要意义，所以国家领导人在重要场合发言时，总会仔细斟酌每句话、每个词，以免因为用词不当而泄露机密。

在谈话中常常用“我”的人往往更自我，更关注自己。仔细注意一下周围的朋友、同事，看看那些常把“我”挂在嘴边的人，是不是更喜欢表现，总想把自己变成人们关注的焦点。不妨做个试验，假如和朋友一起外出旅游，回来后在向别人转述时，你会发现，那些常常说“我……”的人在平时也是表现欲很强的人；而那些喜欢说“我们……”的人则往往是集体观念比较强、具有宽广胸怀的人。一般情况下，人们更喜欢听到“我们……”，因为这会拉近彼此的距离，给人一种亲近感。至于那些只喜欢喋喋不休地谈论自己的人则常会惹人讨厌。英国前首相撒切尔夫人在这方面做得非常好，当她向外界宣告孙子诞生的消息时说：“我们当祖母了！”人们听到这个消息后，都有一种喜悦感，好像自己真的当了祖母似的。

那些常把名人的话或者典故置于嘴边的人，不是想炫耀自己的博学，就是属于权威主义者。一般喜欢炫耀的人，往往缺乏自信，生怕别人看低了自己，所以要不时地出出风头以提醒他人：“我其实不像你想象的那样无知。”另外，名人的话或者典故都是不容置疑的真理，更具有说服力，那些崇尚权威的人更是热衷于此。

人们常说“礼多人不怪”，但是过分使用恭敬语也会引起猜疑，让人感觉你另有企图或者怀有戒心。别人一旦意识到这一点，那么再好听的话也无法奏效了。交情很深的人之间说话开始客气，则表明他们已经疏远了，如果彼此之间没有出现矛盾，那可能是某一方社会地位发生了变化，这使另一方感到自卑。

说话时经常使用“不过”“但是”“尽管”之类的措辞，表明对方想通过对比表明一种观点，常常表达得很隐秘，仔细斟酌才能领会。此外，在谈话时频繁使用关联词语，可能是感觉自己的谈话内容苍白无力，想借此理清思路，弥补不足。

说话果断，表明对自己的谈话内容信心十足；说话故意没完没了，不容别人开口的人，可能害怕自己的观点被反驳，想通过较快的语速，蒙混过关；在句尾添加暧昧词语是一种逃避责任的表现；喜欢用限定词的人显然有点神经质。

为了达到某种目的，人们的谈话内容总是带有某种倾向性，常常含糊其辞误导别人，所以单听对方的谈话内容，是无法了解其真实想法的。要想洞察别人谈话内容的真实含义，还要仔细斟酌对方的措辞，那些无意中透露出的信息才最有价值。

从谈话中辨别身份

能从人们的谈话内容之外，判断出他们身份地位的差别吗？答案是肯定的，因为地位高的人在谈话中总表现出一种支配性。在公共场合，他们往往是第一个发言的人，也是讲话最多的人。他们更喜欢东拉西扯，谈笑风生，毫不拘谨。所以在公共场合即使对领导身份一无所知的人，也能根据他们发言的次序，以及讲话的内容和表情辨认出来。

支配性的人物在谈话过程中，更喜欢打断别人，尤其在发言人谈论观点的时候。他们喜欢吹毛求疵、指手画脚，总能从鸡蛋里挑出骨头来，以显示自己超凡的判断力和作为领导者的责任感。同时他们总是对自己的发言信心百倍，说话的声音盖过所有人，借此提高自己的权威。在他们的词典里甚至找不到“嗯”“啊”之类的词语。

判断谈话人的身份还有另外一条线索，就是谁适应谁。处于屈从地位的

伊丽莎白·泰勒

曾经是好莱坞红极一时的明星，她貌美如花、她的电影堪称经典、她一生经历了八次婚姻，这些使她在半个多世纪以来一直是媒体乐于追捧的焦点

人常常通过调整自己的谈话风格，来配合权威人物的谈话，或者称之为“模仿”。研究表明，人们在遇到自己喜欢或佩服的人时，常常会模仿他们，不过这么做有时是为了取悦对方。为了更好地配合别人的谈话，人们常常通过调整语音、语调及语速来实现。为了研究谈话中的“适应”问题，美国的两位社会学家进行了一项研究，他们选择一档电视谈话节目“挑战视听极限”进行研究，通过仔细比较了主持人和嘉宾的语音，发现，在与处于上流社会的大明星伊丽莎白·泰勒交谈时，主持人会极力调整自己的风格去适应她；而在与被视为讽刺对象的詹姆斯·丹·奎尔的交流过程中，他却需要来适应主持人。

不管在什么样的场合，支配性的人物总是表现得从容自信，把握着谈话的主动权。他们可以随心所欲，不必顾及是否会得罪人，因为他们自己就是权威。

语音中的秘密

在语言交流过程中，音高扮演着重要角色。低沉的声音更有威慑性，无形中给人一种压力，生活中那些声音低沉的人往往不苟言笑，威严肃穆。尖利的声音多在传递一种讨好的信号，是从属性人物的标志。男性的声音低沉，女性的声音尖利，所以男性往往严肃理智，常在生活中扮演主角，女性则因为感性脆弱，经常扮演配角。

在动物世界中，声音的高低与体形有很大关系。体形庞大的动物因为具有更长的声道，所以发出的声音更低沉，它们需要通过声音来显示自己的威猛，恫吓其他动物。不过人类并没有这种规律，高大的人不一定具有低沉的声音。但是在听录音的过程中，人们依旧认为声音低沉的人更具有支配性，声音尖利的人则属于从属性人物。这也可以解释为什么声音低沉的男人更有魅力。

加拿大麦克马斯特大学的大卫·费恩伯格进行的一项研究显示：女性更喜欢声音低沉的男性，因为她们认为这样的男人更成熟、健康，更有男子气概。费恩伯格还对坦桑尼亚的哈扎部落进行了调查，他发现声音低沉的男子拥有更多的孩子。可能女性觉得声音低沉的男子更有安全感和责任感，所以才更喜欢以身相许，并且愿意为其生育更多的后代。

那么为什么声音低沉的人更有魅力呢？有关研究发现，声音低沉的人具有较高的睾丸激素，而男人的支配性就取决于睾丸激素。不过音高也可以有意识地加以控制，如果想要扮演支配性的人物，可以有意识地压低声音，以显示自己的威严，回忆一下那些大人物在公开讲话时，是不是将声音压得很低。因此有“公爵”之称的西部牛仔明星约翰·韦恩曾建议男性，要想增加自己的魅力，在说话时“声音要低，说话要慢，不要说得太多”。

人们的社会地位也能通过音高反映出来。社会中的弱势群体往往采用较高的音调，比如城市中的农民工，他们那种骨子里的自卑感，常常会通过尖利的音调表现出来。美国的黑人合唱团——哈莱姆天使合唱团中的黑人歌手也常用尖利的假嗓子演唱，那种女性化的声音正是屈从性信号。同样的情况在南非也出现过。南非种族隔离期的有色人种是黑白混血儿，他们处于政治上的非人地带，毫无安全保障，于是形成一种尖利的语言风格，以显示自己的屈从性。

音调的高低包含着丰富的信息，降低音调意味着确定性和支配性，提高音调则表示不确定性和屈从性。澳大利亚人说话喜欢用升调结尾，这总会给人一种不确定的感觉。但是有项研究表明，澳大利亚女性的音调已经开始变得低沉了，这说明她们正在争取与男性一样的支配地位。

谈话中的意向信号

在与人谈话时，要注意观察对方通过身体语言传递的信息，以便作出准确回应。对方是要回避说话还是已经跃跃欲试想要发表看法，正苦于你的喋喋不休而无法介入呢？又或者正在说话的一方正准备放弃说话，此时你就要作好接过话茬的准备。当然如果对方发出继续说话的信号，那你就继续做一个认真的听众吧。

谈话中的聆听者如果以某种方式向发言者发出反馈信息，比如发出“是”“啊”“哦”等回应，并伴以点头动作，表明聆听者理解了对方的话，并期待他继续讲下去，自己并没有接过话筒的欲望。当然，不同的点头方式也代表不同的含义：缓慢点头表示赞同，快速点头代表热情或者不耐烦，想尽快结束谈话。摇头也有不同的含义：快速摇头表示否定，缓慢摇头可能代表疑问，也暗示自己不想说话。另外，如果聆听者表现得十分专注，双目凝视对方，保持沉默，那说明他对这次谈话很感兴趣，不想发表意见；还有一种情况，当聆听者做出想要说话的预备动作，如向前欠身，伸出一根手指，张开嘴巴，这说明他想说话。如果双唇紧闭，手掩嘴巴，则表示聆听者无意于说话；还有一种回避说话的方式，就是向说话者提出问题，使他继续扮演说话者的角色。

如果聆听者想要说话，也会发出不同的信号。常见的有睁大眼睛，或者举起手；有时会做些说话前的预备动作，如张嘴等；还有一种方式，就是向说话者发送消极的反馈信息，比如叹息、打哈欠等；最后也可以直截了当地打断说话者，取得发言权。打断的方式受多种因素影响，一般来说，支配性人物往往打断从属性人物，男人多打断女人。不同文化背景下，打断代表的含义也不尽相同，在地中海地区，朋友间的打断符合道德规范，是一种积极热情的标志，不过在有的国家地区则令人反感。

查尔斯·兰姆

19世纪初英国作家，在散文方面是与蒙田并列的具有世界声誉的大家，代表作有《莎士比亚故事集》、《伊利亚散文集》等

说话者想要放弃发言权必须发出相应的信号，才能使发言权顺利过渡到下一个说话者手中，目光是常见的转移信号。一般在讲话过程中，说话者的目光会一直朝向别处，以更好地梳理说话思路。想要结束时，目光会转向聆听者，其目光最后的落脚点往往是下一个将要说话的人。降低语调也是结束的信号，耸肩也能表达类似的意思，最直截了当的方式是使用短语"我不知道"。

在说话时如何保持发言权也需要技巧。首先要注意自己的眼睛。在谈话过程中，聆听者注视说话者的时间会更长一些，因为说话者需要动脑组织语言，经常注视聆听者会扰乱思绪。另一方面，因为注视聆听者是结束的信号，所以想继续说话的人要尽量少用。有的心理学家发现，当人们想继续说话时，会使用悦耳的声调来加以提示，所以说话者可以通过提升音调来表明这种意图。

以讲故事或者列举要点的形式说话能更明确地表明这种意图。另外利用措辞如"此外""因此"等等也能表明自己还有话说。意大利人很喜欢以数手指头的方式说话，这也能保证自己的话不被打断。

还有一种有趣的保持说话的方式，就是紧紧抓住聆听者，可以是衣服或衣服上的纽扣，以防止他逃跑。英国作家查尔斯·兰姆曾对此作过精彩描述：有一天早晨，兰姆在匆匆赶往印度会馆的路上，遇到前来拜访自己的老朋友柯勒律治，他说现在有很多想法要与兰姆分享。尽管兰姆再三强调自己赶时间，但还是被柯勒律治拖进公园，他一边抓着兰姆衣服上的纽扣，一边闭着眼睛滔滔不绝地演说，简直沉醉了。时间一分一秒过去，兰姆感觉自己必须要离开了，于是他拿出小刀，割下纽扣，悄悄走开了。五个小时后，兰姆在回来的路上经过公园时，听见柯勒律治的说话声，进去一看，只见他眼睛微闭，一只手悬在空中，手里还紧紧抓着那颗纽扣，另一只手不时地比画着什么，好像兰姆从未离开过。

政治访谈中的较量

政治是个敏感的话题，因此对政治家的访谈往往成为公众关注的焦点。每次在总统大选前夕，政治家都要通过政治访谈等形式来发表政论、获取选票、树立良好的公众形象。不过，政治访谈不同于一般性的谈话，它是采访者与政治家之间的一次较量，一个优秀的采访者，能够把公众最关注的敏感问题推到政治家面前，有时会令其难堪，甚至致使其拂袖而去。但是老练的政治家，则会通过机智巧妙的回答，使不怀好意的刁难转化为展示自己政治才能的舞台。

在被采访的过程中，政治家不喜欢直截了当地回答问题，含糊其辞或者转换话题是他们逃避敏感问题的惯用技巧。据统计，在20世纪90年代早期的英国政治访谈中，政治家的间接性回答占比高达60%；在只需要回答“是”或“不是”的封闭式的问题中，间接性回答占比竟高达80%；而其他类型的访谈中间接性回答只占4%～15%的比例。

那么，政治家主要通过哪些方式回避问题呢？彼得·布尔及其同事对此作了深入研究。他们认为：其一，政治家想通过这次访谈发表政见，而不在于回答采访者的提问，所以在被提问之前，他们就准备好了答案，不管被问到什么样的问题，他们都会坚持事先准备的答案。其二，当政治家在被问到某些不友好的问题时，他们常采用反客为主的办法，将为难他的采访者置于聚光灯下，抨击他本人或者他提出的问题，借此转移公众的注意力，最终反败为胜。撒切尔夫人在这种情况下，可能会抨击采访者；而前工党领袖尼尔·金诺克则可能抨击问题。其三，回答一半也是常见的回避方式，可能只回答其中无关紧要的部分，然后草草地结束。其四，拒绝回答是一种直截了当的方式，当然这种方式只有在确定有正当理由的时候，才能够使用，否则会引起采访者和公众的不满。其五，在政治家被打断，又被问及其他问题时，他们往往通过继续回答前面的问题，来回避后边不愿回答的问题。

恋爱中的谈话

谈话是彰显个人魅力的重要途径，在恋爱中扮演着重要角色。在男女双方初次见面形成的第一印象中，相貌也许占第一位，占第二位的就应该是谈话了。一个人的品质修养、兴趣爱好、性格特点都可以通过谈话表现出来。掌握恋爱中的谈话技巧，更容易赢得异性的青睐。

初次见面的男女双方，往往因为找不到合适的话题而忧心忡忡，显然双方因为没有话说而冷场，那将是最尴尬的事情。那么，在初次见面时，究竟应该说些什么呢？著名的电影表演艺术家赵丹的一段经历被传为佳话。1940年赵丹曾被反动军阀盛世才监禁，出狱后妻子已经改嫁，后来有部电影请他和演员黄宗英扮演男女主角，见面之前，赵丹就对黄宗英爱慕已久，所以在他们第一次见面时，赵丹直截了当地表明了心迹。当时黄宗英一见面就说道："真没想到你能来接我。"赵丹说："为什么我不能来接你？"黄宗英说："你家里就没有一点儿事？"赵丹说："家？我早就没有家了。"黄宗英说："上海明星云集，为什么千里迢迢来找我？"赵丹说："这叫千鸟易得，一凤难求。"赵丹三言两语，就将自己的婚姻家庭情况和追求对方的愿望表达清楚了，这就是语言的魅力。

睿智简洁的表达很容易赢得女性的倾心，但是要做到这一点似乎不那么容易，因为这与一个人的经历和天赋有关。不过，男性可以在其他方面下工夫，比如压低嗓音说话，更能显示男子的阳刚之气，给人一种可以依靠的安全感。

赞美是恋人们喜欢的语言之一。热恋中的人们都认为对方是最美好的，正所谓“情人眼里出西施”，所以赞美之词总是不绝于耳。有人对这些赞美之词作了详细研究后发现，其中四分之一的内容都是“你”，另外四分之三都是美好之意。虽然都说恋爱时的甜言蜜语不可靠，不过它的作用却不容小觑。

自我表露是女性朋友的爱好，她们似乎想通过谈话寻找安全感，所以很多女性都有闺中密友，彼此之间无所不谈。至于男性似乎只停留于一些具体的事情上，对于自己琐碎的隐私，他们更喜欢秘而不宣。所以在恋爱过程中，女性更愿意与喜欢自我表露的人交往，分享自己的烦恼和忧愁。男性有时为了迎合女性的这些愿望，在与女性的初次交往中，可能会有意识地去这样做，但是久而久之又会回到原点上。就像一本漫画书中所说：“结婚前，男人整夜不睡，思索你话中的深意；结婚后，你刚一开口，他就说困了。”

幽默是男性魅力的源泉。幽默往往与机智联系在一起，可以体现一个人的文化素养、生活态度。适时的幽默具有化腐朽为神奇的作用，既可以避免尴尬，又能给人带来轻松愉悦的心情。

19 世纪意大利有个着名作曲家罗西尼。有一次，一个作曲家带了份七拼八凑的乐曲手稿去向罗西尼请教。演奏过程中，罗西尼不断地脱帽。

作曲家问：“是不是屋子里太热了呢？”

罗西尼回答说：“不，是我有见到熟人就脱帽的习惯。在阁下的曲子里，我见到了那么多的熟人，不得不连连脱帽。”

从谈话中识破谎言

撒谎者往往通过周密的计划制造谎言，却在不经意的谈话中暴露了，识破谎言的最佳途径是语言而不仅仅是行动。荷兰的阿尔德特·弗瑞认为，人们在试着抓出撒谎者时，高估了他们非语言的行为，而忽略了他们的语言。其实，谈话的语言和谈话方式都是识别谎言的重要线索。

撒谎者往往泛泛而谈，无法提供具体详细的信息。在被问及详情时，他们或者重复说过的话，或者支支吾吾地临时编造。撒谎者的话往往会前后矛盾，所以穷追不舍地提问，是识破谎言的有效途径。

撒谎者喜欢胡搅蛮缠，企图通过莫名其妙甚至连自己都不明白的话蒙混过关。在克林顿被问到和莫妮卡·莱温斯基是什么关系时，他回答说："这要取决于'是'是什么意思。"被指控逃税的前纽约市长大卫·丁金斯为自己辩护说："我没犯法，只是没能按照法律要求的去做而已。"

谎言往往以否定的形式出现。在性丑闻事件中，克林顿说："我没有与那位女士——莱温斯基小姐——发生性关系。"尼克松在水门事件期间说："我不是骗子。"

对于熟悉的人，当其撒谎时，很可能出现反常表现。比如平时爱说话的人突然变得沉默了，或者冷漠的人突然变得很热情，这都是说谎的信号。通过严密分析逻辑上的漏洞，也能发现谎言的蛛丝马迹。谎言毕竟是编出来的，很难在每个环节都做到完美无缺。还有，撒谎的人语速会变慢，多有停顿，支支吾吾。因为他要一边编造，一边表达，而真话则会脱口而出。音高的变化与情绪有关，当人们因焦虑而变得心烦意乱时，音调会升高。如果对方撒谎，在被质疑时，很可能会因为担心被识破而变得烦躁不安，所以音高也是识破谎言的重要标志。

"欺骗没有标志可言。"我们所说的这些识别谎言的线索只具有参考价值，实际运用过程中，需要具体问题具体分析，同一语言在不同语境中有不同的含义，而谎言的判断更需要综合多种因素，因此我们只能说具有这些特征的人，可能是撒谎者。

第五章 笑容传达的信号

笑从何处来?

笑是人类普遍存在的现象，也是最富有魅力的身体语言。笑和哭一样，是人类与生俱来的动作。虽然人类已经在各个领域取得了卓越成就，但是对于笑的起源，至今仍是一个谜。

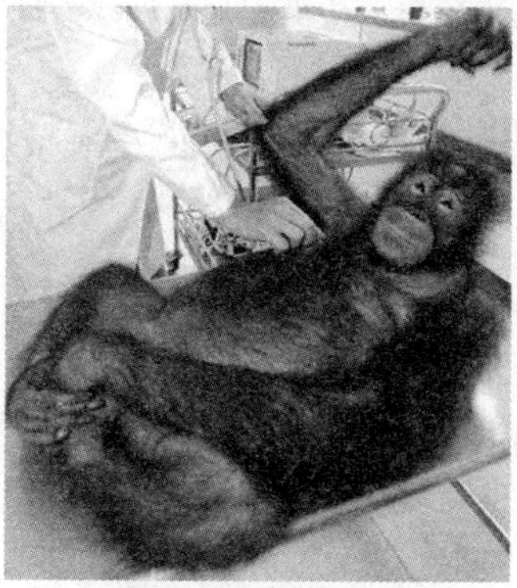

工作人员为猩猩挠痒

猩猩与人一样，自己挠自己的胳肢窝不会笑，别人挠自己的胳肢窝就会忍不住发出叫声

研究者从进化论的角度对笑的起源作了分析，他们认为人类的笑来自于灵长目祖先的应激反应。很多动物在受到能引人类发笑的某些动作的刺激后，会发出怪声，也许这就是它们独特的笑。比如给猩猩挠痒，它们会发出激动的叫声，其他动物在嬉戏时也会发出类似的叫声。或许这就是人类笑的起源。

在现实生活中，人们常常把笑与幽默联系在一起。其实幽默并不是笑的唯一来源，有时一句简单的话就会引人发笑，当然这种笑可能包含其他意味，像歉意、问候等。笑是一种社交工具，一个人独处时，很难发笑。笑是在无意识的状态下发生的，人们很难预测到自己什么时候会发笑，除非有意识地搞笑。

还有一种通过身体碰触引发的笑，但奇怪的是，人们自己碰触自己不会笑，别人碰触自己就会不由自主地笑。这是因为当被别人碰触时，人们会不自然地感到紧张，害怕被弄疼或弄痒。如果能够控制自己的紧张情绪，人们就不会发笑了。人们在自己碰触自己时，因为事先有思想准备，所以不会紧张，也不会笑。

笑的本质是愉快，与娱乐有密切关系。一个人在童年时比成年后笑得更多，这是因为小时候单纯简单，没有什么压力，孩子很容易从简单的游戏中获得快乐，而且孩子的笑发自内心，是真正的快乐。成人面对各种压力，除了应付别人的假笑，就是自嘲的苦笑，发自内心的笑越来越少。所以人们喜欢怀旧，有人说“怀旧并不是过去多么美好，只是那时候我们还年轻”，也许，还需要补充一句，“因为那时我们脸上有更多的笑容”。

孩子们更容易从简单的游戏中获得快乐

笑有许多种，会心的微笑，不怀好意的奸笑，挖苦的嘲笑，牵强的假笑等等，不同场合人们会选择不同的方式。对家人朋友真诚一笑传递的是温情安慰；对敌人的挖苦嘲笑是投枪匕首；对上司大概只能是牵强的假笑了，永远不要指望你的上司理解你。当然，作为领导，也不能随随便便地边说边笑，简短的“呵呵”一笑更能显示自己不容侵犯的权威。

从笑中窥探性格

人们的面部表情丰富多彩，笑是构成面部表情的重要因素，性格迥异的人在不同情境中，笑的方式会有千差万别。豪爽的人喜欢哈哈大笑，拘谨的人则倾向于笑不露齿，讥讽别人时，人们会发出一阵冷笑，为了敷衍局面，也会有人假笑一番。笑不仅反映一个人的性格、涵养，也是人们心灵的广告牌。

嘴的形状是窥探人们性格的窗口。性格开朗的人喜欢开怀大笑，笑是他们脸上的太阳，每天准时升起，他们总是笑口常开；也有的人生性爱抱怨，喜欢不停地唠叨，久而久之，嘴角的形状就成了他们唠叨性格的招牌；还有一些人热衷于对他人指手画脚、评头论足，他们从来不反省自己，只看到别人一无是处，整日东家长、西家短，所以他们的嘴角多半呈歪斜状；遇到那些嘴呈“八”字形的人，人们多会敬而远之，因为这样的人很难相处。

从人们笑的方式中也能窥探一个人的性格。喜欢“哈哈”大笑的人一般心胸宽广、不拘小节；经常“嘿嘿”发笑的人喜欢捉弄人；用鼻子“哼哼”发笑的人多爱蔑视他人；嘴唇上扬抿唇笑的人多半是野心家；“呵呵”闭嘴笑的人说明其内心藏有秘密；喜欢说笑的人，多爱出风头，王熙凤就是典型；窃笑之人有较强的好奇心，感情强烈；含蓄优雅抿唇笑的人多有神秘感和优越感；笑时掩嘴的人多半性格内向、拘谨。

微笑代表屈从

微笑如蓓蕾初绽

微笑是世界上最美的无声语言，它如蓓蕾初绽，美丽中散发着芬芳。给人一个微笑，正如赠人玫瑰，手有余香，别人也会还你一个微笑。在举止失当时，用微笑表达歉意更容易被人原谅。

人在来到这个世界上的第五周就学会了微笑，它和哭一起成为母亲与孩子交流的“语言”。在实际生活中，愉快的交谈，常常从微笑开始，以大笑结束。因为对于初次见面的人来说，微笑是一种优雅的开场白。在谈话过程中，如果双方逐渐发现彼此趣味相投，就会变得兴致盎然，当双方达到高度共鸣时，大笑就会不可遏止地迸发出来。微笑代表一种稳定的精神状态，大笑则是高度兴奋的产物，微笑是微弱的大笑。

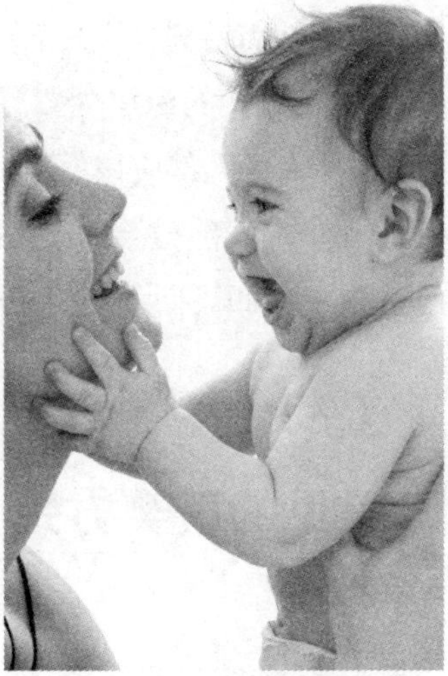

母亲用微笑与孩子交流

人类的这两种笑，在猩猩那里也能找到类似的影子。猩猩在表达敬畏之情时，会张开下颌，露出牙齿，嘴角自然往后拉伸，这种表情类似于人类的微笑。猩猩在玩耍嬉戏时，牙齿会外露，眼角和嘴角都会向上提，还会发出某种怪声，这类似于人类的大笑。

猩猩用类似于人类微笑的表情表达敬畏之情，人类又何尝不是？在身份低微的人与高层人物见面时，前者的微笑一般多于后者，以传达某种讨好对方的信息。不过，如果双方谈得很投机，后者的微笑就会明显多于前者。其实，并不是屈从者角色的微笑少了，只是支配者角色笑得更多了，因为他们掌握着说话的主动权，可以随心所欲，毫无顾忌。

经验表明，不苟言笑的人更具有威信，容易让人产生敬畏之情。所以领导很少与下属谈笑风生或开怀大笑，总是谨慎地克制自己的表情，极力掩饰内心的情绪波动，用一张严肃的面孔，保持自己的威信。看到国家元首那一张张庄严肃穆的脸，就能理解为什么他们看上去总是那么雄心勃勃。

在生活中，女性不苟言笑被认为是其不幸福的标志，男性不苟言笑则被看作更具支配性，所以女性的微笑要远远多于男性。其实早在婴儿时期，人们就发现，女婴要比男婴笑得更多。如果从根源上分析这种现象，大概是由男女不同的社会地位决定的，女性处于屈从者地位，为了讨好男性，所以微笑更多一些。男性需要树立支配者的威信，自然会极力回避微笑。

抛开微笑的深层含义，仅仅把它当作一种友好的问候或者温暖的关怀去解读，所有的人都应该学会微笑，这是一种积极的生活态度。还记得汶川大地震中那个端着碗微笑的小女孩吗，多少人从中读懂了生命，学会了坚强，也学会了微笑。正如雨果所说“生活，就是面对现实微笑，就是越过障碍注视未来”。

常见的微笑方式

人为什么要微笑呢？一项有趣的研究表明：人在微笑时需要动用 42 块

肌肉，此时人体神经处于最佳的放松状态；而人在皱眉时需要动用108块肌肉，此时人体神经处于紧绷状态，长此以往，人体中生命力较弱的细胞便会死去。所以即使在情绪不好时，也要强迫自己笑一笑，这样有助于你从消极情绪中走出来。

地震中最美丽的微笑

微笑是治愈伤痛的良药，是实现沟通的秘诀，喜欢微笑的人看上去更有魅力，这是宏观上的认识。从微观上看，微笑又分许多种，不同的微笑具有不同的含义，只有认真解读每一个细节，才能真正理解每个微笑背后真正的内涵。

抿唇笑是一种常见的微笑方式，动作要领是双唇紧闭，往后拉伸。是表示拒绝的信号，意思是自己不愿与人分享秘密。女人更喜欢这样微笑，因为她们更含蓄优雅，不会随随便便将自己的秘密告诉别人，在别人问及时，常常在表示否定后，报以抿唇笑。另外，女人更喜欢伪装、挖苦，表面上夸赞别人，然后抿唇一笑，这代表她刚才说的话与内心的真实想法正好相反。一些成功人士在分享自己的经验时，也喜欢抿唇笑，似乎在说："你们知道这些也没用。"总之，抿唇笑的人有一种身为知情者的优越感。在遇到抿唇笑的人时，一定要提高警惕，仔细分析他们的话，可能有时从反面理解才对，有时根本不要指望从他们那里获取任何信息。

含蓄优雅的抿唇笑中，散发着一种身为知情者的神秘感与优越感

歪脸笑是一种奇怪的微笑方式，在同一张脸上，有一半在微笑，另一半则皱眉，很难想象这是一种什么样的表情，即使对演员来说，恐怕也是一种高难度的表情吧。可以具体描述一下这张脸，左边眉毛上扬，颧骨收缩，右边皱眉，嘴角下沉。如果用镜子对左边的脸进行垂直反射，会看到一

奇怪的歪脸笑

张欢快的脸，对右边进行垂直反射，则看到一张愤怒的脸。这种微笑传递出一种挖苦讽刺的信息，表示轻蔑与鄙视。

歪头笑是一种屈从性身体语言，人在歪头时会降低身高，仿佛向对方表示“我对你没有任何威胁性”。低头笑常常使人联想到孩子在面对大人时的表情，头部低垂，眼睛向上仰视，容易勾起别人的保护欲，女人在异性面前，常常采用这种微笑方式。

转头笑是一种混合表情，微笑表示接近，转头又代表逃跑，两者之间产生的张力就是这种微笑的魅力所在。

微笑有多种方式，不同的微笑蕴含着不同的含义。要想读懂微笑，除了掌握常见的微笑词汇，还要善于观察，破解更多的微笑密码。人类的表情丰富，人类的内心变化莫测，所以解读微笑的路也永无止境。

奥黛丽·赫本——回眸一笑百媚生

幽默是一剂良药

在快节奏的现代都市生活中，人们每天奔忙于两点一线之间。机器单调的轰鸣声，键盘急促的打字声，钟表不变的滴答声，构成了生活的全部。那银铃般的笑声似乎永远定格在了遥远的记忆里。甚至有人抱怨说“千金易得，一笑难求”。所以如今的娱乐节目特别受欢迎，湖南卫视正是看准了这一点，才办得如此成功。那么笑对于人类来说到底有多重要呢？诺曼·卡曾斯的故事最有说服力。

一般情况下，当病人被医生判了死刑之后，除了嘱咐后事，与亲朋好友告别之外，多半会万念俱灰地等死，可是诺曼·卡曾斯却是个例外。当他在被医生告知患有脊髓炎，已经无药可医后，没有作出人们预想的那些异常反应，反而独自住进一家宾馆，租来所有能够租到的喜剧片，一遍又一遍地看，一次一次地在那些滑稽的画面和幽默的对话中放声大笑，这样过了半年，当他再去医院检查时，病居然神奇地痊愈了。这个消息一时震惊了整个医学界，引发了一场笑的研究风暴。那么真的是大笑使卡曾斯痊愈的吗？研究者发现，大笑时人的大脑能够分泌一种叫内啡肽的物质，其成分与吗啡相似，具有镇定、止痛的功效，能够缓解压力，放松身心，还有利于增强人体的免疫力。这就是大笑的神奇作用，难怪天生乐观的人很少生病，寿命也比较长。

那么人是怎样通过幽默发笑的呢？这首先要从幽默本身谈起，幽默常常与机智联系在一起，好的幽默不仅好笑而且充满智慧，它通过巧妙设置，产生出人意料的结果，正是这种预期与结果之间的反差才引人发笑的。一位朋友曾告诉我，有天晚上突然感觉身体不适，急忙出来买药，寻觅好久也看不到一家药房，正在绝望之际，突然“医院”两个字映入眼帘。他眼前一亮，匆匆跑过去，敲开了人家的门，结果进屋一看，四周的墙壁上贴满了动物的照片，于是出门定睛一看，哦，原来是家动物医院。听完后，我捧腹大笑，这就是幽默，错进动物医院买药就是出人意料之处。

虽然大笑有很多好处，但是因为种种原因，人们往往笑不出来，又想重温这种大笑之后的快感，于是很多人喜欢喝酒。研究表明，酒精可以使人放松，增加笑的次数，进而促进内啡肽的分泌，所以能够获得类似于大笑之后的愉悦感。

在20世纪末，美国医院还利用这个原理为病人建立了"笑声房"，里面放满了各种笑话书，播放各种滑稽电影，有时还邀请喜剧演员来此表演。病人们每天都来这里接受笑声治疗，结果取得了不错的效果，病人们的健康状况也有了明显的好转。

不管生活多么不顺心，都应该多笑笑，它不仅可以缓解伤痛，也能放松身心。大笑之后，你会发现原来生活不过如此，再大的困难也能一笑而过。

真笑还是假笑

笑有真假之分，真笑是发自内心的笑，有一定的触发机制，比如听见一则笑话会不由自主地发笑，或者在心情愉快时也会不自觉地喜上眉梢，这都是真笑。相反，为了应付别人，硬从嘴边挤出的笑，就是平时我们常说的皮笑肉不笑，这就是假笑。

如果只停留在感性认识上，人们很难识别出真笑与假笑，要想真正加以区分，还要借助于科学。19世纪，法国的一位医生纪尧姆·杜

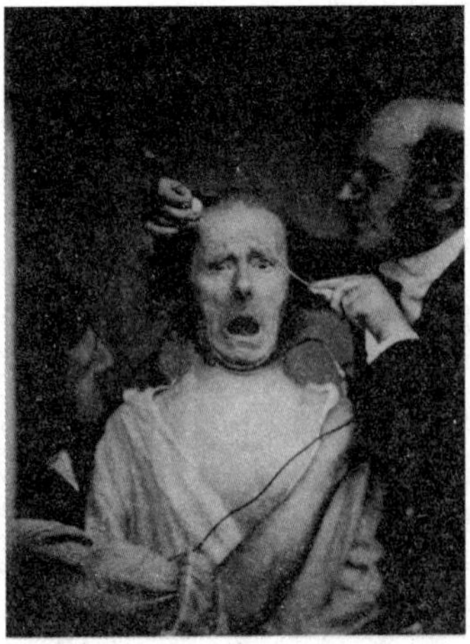

19世纪，法国医生纪尧姆·杜胥内·德·波洛涅，对人的面部肌肉进行了深入研究，他曾利用电流刺激面部肌肉来区分真笑和假笑

胥内·德·波洛涅对人的面部肌肉进行了深入研究，他曾利用电流刺激面部肌肉来区分真笑和假笑。据说他通过研究那些从断头台上滚落的头颅来分析人类面部肌肉的运动，结果发现，真诚的微笑会运动两套肌肉，第一套是颧骨肌肉，它通过收缩，能使人张开嘴巴，露出牙齿。第二套肌肉是环眼肌，它收缩后会使眼睛变小，出现鱼尾纹。纪尧姆认为颧骨肌肉受意志支配，环眼肌受灵魂支配，人在假笑时，由于无法支配环眼肌，所以只会张开嘴巴笑，眼部却不会出现鱼尾纹。

假笑是一种言不由衷的笑，常常是出于无奈或者为了迎合别人。识别真笑和假笑对于了解别人的真实意图有重要意义，如果一味认为微笑就是讨好的信号，有时可能会闹笑话。有位朋友去相亲，对方是位漂亮姑娘，并且一直在抿唇对他微笑，他受宠若惊，以为对方对自己有意思，于是就竭尽全力与姑娘交谈，可是她只是微笑注视着他，再没有其他反应，直到两人分手回家。当他回来把这一切告诉姐姐时，得到的答案却是“傻瓜，人家那是在取笑你”，这时他才恍然大悟：“我只注意到她在笑，却忽视了她抿唇的动作。”

不管假笑是多么痛苦，生活中似乎永远不缺少假笑。仔细观察影片中演员们貌似真实的假笑，虽然在表演方面他们个个都是行家里手，然而，在笑的过程中仍会给人不自然的感觉，不是力度不够就是笑得太过，或者顾此失彼，把握住了笑的动作，却从身体其他部位泄露了秘密。可见假笑要令人信服是多么困难！

在日常生活中，人们虽然不用像演员那样精确地表演某种假笑，但是有时出于礼貌也需要应付一下。比如在拍照时，摄影师要求大家笑笑，这就是典型的假笑。如果摄影师长时间调不好镜头，我们的微笑要么消失，要么会僵在脸上，同时这种笑让人感觉很累。从拍出的照片上也能看出明显的假笑特征。

真笑还是假笑，不但可以从人的面部表情中分辨出来，也能根据引发笑的具体情境加以判断。如果在该笑七分的情境中，有人只笑了三分，便可以确定此人不是智力有问题，就是在假笑，可能他根本不明白大家为什么在笑，只是附和而已。同样对一个不太好笑的笑话放声大笑，这也是假笑的标志，表明他掩饰得有点过了。

恋爱中的笑

在恋爱中，女性是笑的主角，男性是笑的发动机。在女性眼里，越幽默的男性越有魅力。所以在初次见面时，如果女性频频大笑，表明她可能对这位男性很感兴趣，此时男性就应该作好邀请女性下次见面的准备。

罗伯特·普罗文指出，男性在聚会上说笑，不是为了愉悦其他男性，也不是为了愉悦自己，而是为了引起女性的注意。所以在参加舞会或者朋友聚会时，男士们更像是在举行笑话大赛，每位选手都会使出浑身解数，永远不用考虑冷场的问题。女士们则更像是在看一场精彩的演出，常常是掩嘴大笑。不过，即使再好笑的笑话，如果出自男士之口，其他男士都会觉得无聊、幼稚，因为这个风趣的男士抢走了女士们的注意力，使他们受到了冷落，这就是典型的“酸葡萄”效应。

有研究者对若干对初次见面的男女进行了调查，他们发现，在双方谈话过程中，女性笑得越多，双方下次约会的概率就越高，而与男性笑的次数无关；对男性而言，只有能够逗身边这位女性发笑，他才愿意继续与她约会。或许男性认为，女性对自己笑表示她已经被自己征服，有一种主宰者的快感，而女性则认为，这个男性能使自己发笑，说明他能给人快乐，从他那里可以获得更多的安全感。

另外，女性的笑轻快清脆，悦耳动听；男性的笑低沉浑厚，给人一种威严感。不过在女性面前，男性的笑会自然变少，而女性在男性面前，笑会变得更多。对此约安娜·巴霍洛夫斯基曾做过一个实验：她分别让男女同性或异性两两一组坐在一起，要求每个人为对方画一张素描。通过观察记录发现，这三种情况下，男性和女性笑的总次数相等，但是，男性在与同性坐在一起时会笑得更多；女性则在与异性坐在一起时笑得更多些。而且当女性与男性坐在一起时，如果女性只是“呵呵”一笑，表示她对这个男性的兴趣不大；如果笑得频率高而持久，表示她对对方感兴趣；如果女性的笑和男性的话同步产生，则表示她对这个男性非常感兴趣。

女性比男性更懂得笑的艺术，许多微妙的感情她们都能通过笑表达出来，再加上女性天生矜持害羞，许多难以启齿的话更需要借助身体语言表达出来，所以女性比男性更善于利用身体语言传递信息，也更善于解读身体语言。那些不解风情的男性，肯定要在恋爱路上栽跟头。

微笑架起沟通的桥梁

有研究发现，人们在集体生活中的欢笑次数是独处时的30倍。而且在各种引人发笑的因素中，笑话仅占15%，大部分的微笑均源自交际过程。在独处时，人们更喜欢自言自语或者以写日记的方式释放压力、排解寂寞，很少有人会无缘无故自己发笑。同样的滑稽镜头，一个人观看时的发笑次数远远低于全家一起看时，这就是大家非要选择去电影院看电影的原因。就像人们常说的，与朋友分享，会使忧伤减半，会使快乐加倍。

交际是微笑的源泉，微笑对实现人们之间的沟通，起着润滑剂和桥梁的作用。美国钢铁大王卡内基说："微笑是一种神奇的电波，它会使别人在不知不觉中同意你。"在一次宴会上，有位商人站在人群中对卡内基大肆抨击，当他在人群中发现卡内基时，立刻羞红了脸，怎奈坏话说了一箩筐，已经于事无补了。他正想从人群中灰溜溜地逃走，卡内基却微笑着朝他走来，并与

孩子纯真的笑

他亲切握手，后来，他们居然成了好朋友。

雨果说："微笑就是阳光，它能消除人们脸上的冬色。"有一次，一位衣衫褴褛的乞丐，向从眼前经过的屠格涅夫伸手乞讨，屠格涅夫摸遍了全身，发现自己身无分文，于是微笑着握住乞丐的手说："对不起，老兄，今天忘带了！"乞丐听后，热泪盈眶，似乎找回了久违的尊严，他感激地说："这手心，这微笑，就是对我最好的帮助。"

微笑是最好的沟通方式，所以在商业活动中，很多商家都打出微笑服务的招牌。美国的希尔顿酒店之所以能成为世界上最知名的酒店之一，而且即使在经济大萧条时期，其他酒店纷纷倒闭时，它依然能够屹立于世，其秘诀就是微笑服务。据说酒店的老板希尔顿每天都要询问员工："今天你对客人微笑了吗？"以此提醒员工，要时刻把微笑带给客人。他常对员工说，无论什么时候，都不能满面愁容地面对客人，希尔顿酒店员工脸上的微笑永远是属于客人的阳光。凭借真诚的微笑服务和硬件管理，希尔顿酒店迅速成为世界上最知名的酒店之一，希尔顿本人也被誉为美国的"酒店之王"。

微笑具有传染力，对别人微笑，等于把好心情带给了别人，别人因此也会回应一个微笑。所以现实生活中，人们更喜欢与那些乐观爱笑的人交往，他们的微笑似乎更容易帮助自己驱散阴霾。建议那些习惯板着脸的人，不妨笑一笑，你会发现，不仅自己会心情舒畅，别人也会变得友好起来，而且你会变得更年轻，正所谓"笑一笑，十年少"。

大笑有益于身心健康

人最好的生存状态就是顺其自然，任何人为的克制都可能损害身心。很多人喜欢待在家里独处，因为只有此时他们才可以卸下所有的伪装，肆无忌惮地放松自己。可是在人的一生中待在家里的时间实在少得可怜，如果因此而长期压抑自己，那将是得不偿失的，所以倘若感觉在公共场合大哭有失颜面，那就尽情地笑吧，大笑有益于身心健康。

印度的一位医生曾做过一个实验，他召集了一群人，每天早上集体大笑15~20分钟，结果每个人看起来都神清气爽，工作起来也信心百倍。那么大笑为何有如此神奇的作用呢？后来人们从科学角度作出了解释。

首先，大笑能够促进血液循环。美国马里兰大学进行了一项实验，他们利用超声波分别测量了20位实验者臂动脉的血流速度，然后让他们先后观看喜剧影片和悲剧影片，结果发现在看喜剧时，有19人的血流速度会加快；而在看悲剧时，有14人的血流速度会减慢。后来的实验报告表明，这两次的血流速度差异竟达到了50%以上，看悲剧时的血流速度与做数学题时相当，看喜剧时的血流速度则与做有氧运动时相当。

与微笑一样，人在大笑时，也会释放出一种被称为内啡肽的物质，它具有镇定、止痛的作用，与吸食吗啡后的效果类似，但是没有任何副作用。另外，内啡肽能促进一氧化氮气体的释放，扩张血管，所以具有降压功效。

大笑能够增强人体免疫力。研究发现，人们在大笑之后，免疫系统会变得十分活跃，血液中的抗体含量和白细胞数量会明显增多，抗体循环也会加快。最重要的是，大笑之后会使唾液中免疫细胞增加，巩固了人体健康的第一道防线。

看到他笑，是不是你也很想笑？

大笑能够放松肌肉，有利于减肥、美容，还有助于缓解偏头疼。众所周知，人的身体往往会“牵一发而动全身”，人在紧张时，不但肌肉紧绷，就连牙齿也处于紧咬状态；而人在大笑时，脸部处于放松状态，这会带动全身肌肉放松。所以美国脑神经医师鲁宾斯坦说，1分钟的开怀大笑，等于45分钟的放松运动。偏头痛是由长期的精神紧张引起的，大笑不仅使精神得到放

一个成年人平均每天笑 15 次，而一个学前儿童平均每天笑 400 多次

松，也松弛了肌肉，所以经常大笑就会慢慢治愈它。

随着年龄的增长，人们大笑的次数越来越少，据统计，一个成年人平均每天笑 15 次，而一个学前儿童平均每天笑 400 多次。所以孩子看上去总是那么健康快乐，成年人则愁眉苦脸，毫无生气。虽然社会的发展大大丰富了人们的物质生活，但是人们的精神状态反而不如过去了，这与人们笑的减少有密切关系。压力剥夺了笑容，没有笑容的环境更强化了压力，长此以往，形成恶性循环，根据鲁宾斯坦的研究统计，现代人平均每天只笑 2 分钟，而 50 年前人们平均每天笑 5 分钟。

微笑可以传染吗?

微笑真的可以传染吗？记得小时候父母在教育孩子时，常常让他们通过照镜子来理解微笑的内涵，孩子会发现，当自己对着镜子做鬼脸时，镜子也会对自己做鬼脸，如果对着镜子微笑，镜子也会还回一个微笑。从此，孩子开始明白，要想赢得别人的微笑，就先对别人微笑。

实际上微笑确实具有传染力，人们对别人微笑，就像孩子对镜子微笑一样，都会看到对方回应的微笑。对此瑞典乌普萨拉大学的教授伍夫·丁柏格曾做过一个实验，他让参加实验的 120 个志愿者分别对微笑的照片和愤怒的照片做出微笑、愤怒、面无表情的面部动作，并用仪器记录了他们面部肌肉纤维

易传染的微笑

对别人微笑，别人也会还你一个微笑，就像对着镜子微笑，镜子里的人也会冲你微笑一样

发出的信号，结果发现，志愿者都无法自主控制自己的面部肌肉。在实验中，志愿者面对同一张照片要做出微笑、愤怒和面无表情三种不同的面部动作，但是在面对愤怒的照片时，志愿者很难微笑，同样面对微笑的照片时，志愿者也很难愤怒，尽管他们尽量伪装，但是面部肌肉最终出卖了他们。

同样的结论也被英国哈默史密斯医院的研究人员证实，微笑等积极的情绪，会在别人的大脑里引起同样的情绪反应，忧虑等消极的情绪也会如此，但是积极情绪引起的反应显然要强于消极情绪,所以微笑的传染力才如此明显。英国伦敦大学的鲁斯·坎贝尔教授也指出，人类大脑在遇到笑脸时，会促使肌肉做出同样的表情，无论人们自己是否意识到，自己的脸上都会复制出自己看到的任何表情。

微笑的传染力是如此强大，它不但可以温暖朋友，甚至能够感动敌人。在西班牙内战期间，参加国际纵队前往西班牙参战的哈诺·麦卡锡，在一次激战中不幸被俘，被投进监狱。当被告知，自己第二天即将被处死的消息时，他的精神崩溃了。为了掩饰内心的恐慌，他颤微微地伸出双手，从口袋里摸出仅有的一支烟，好不容易将烟送到嘴边，却又找不到火柴，于是他四处张望，终于在昏暗的灯光下，发现一个人影，是看守监狱的士兵。他蠕动双唇却发不出声音，是啊，将死之人，明天就会变成一具尸体，一想到这些，他实在无法控制自己松软的身体，不过，还是用尽最后一点力气对那个士兵说："请问您有火柴吗？"那个士兵不屑地扫了他一眼，但还是慢吞吞地摸出火柴，朝他走过来。就在被划着的火柴送到麦卡锡嘴边时，麦卡锡习惯性地朝那个士兵咧嘴微笑，表示感谢。可是几秒钟后，奇迹发生了，那个士兵怔了一下，可是马上就反应过来，眼前这久违的微笑像阳光一般，融化了他那冰雕般的脸。此时士兵完全忽视了他们之间的对立关系，而是像遇到一位老朋友一样，微笑着与他攀谈起来。"你有孩子吗？"士兵问。"有，就在这里。"于是麦卡锡宝贝似的从口袋里掏出一张揉得发皱的照片，"看，这是我的妻子，这是我的孩子。"士兵说："真想我的孩子们，他们还那么小，我还要熬几个月才能回家。"麦卡锡听了，红着眼睛说："真好，愿上帝保佑你早日回家，可我再也没有希望回家了，再也不能吻我的妻子、孩子了。"士兵听了，愣了半晌，然后掏出钥匙打开门，悄悄将麦卡锡送出了监狱。麦卡锡用一个微笑挽回了宝贵的生命。

第六章 握出对方的心思

握手的礼节

握手起源于中世纪的欧洲。据说当时正是骑士游侠盛行的时代，年轻男子个个都像堂吉诃德，他们头罩铁盔，身披铠甲，腰挂宝剑，手罩铁套，以显示自己的英武之气。在遇到亲戚朋友时，他们就卸掉武装，与之握手，表明自己手里没有武器，不会伤害对方，这就是握手的起源。也有人认为，握手起源于人类的“刀耕火种”时代，那时候人们在战争和狩猎时，手里总是拿着石块或棍棒，在遇到陌生人时，为表示诚意，要摊开手掌，表示手里没有武器，不会伤害对方，后来就演变成今天的握手了。

在我国古代的文献中，也有关于握手的记载。“握手一长叹，泪为生别滋”，这是苏武《留别妻》里的诗句，描写了与妻子握手长叹，挥泪告别时的情形。夫妻生离死别的莫大悲伤在握手、叹息和挥泪中体现得淋漓尽致，这说明握手在当时是一种告别礼仪。东汉刘秀起兵之前，曾与南阳巨富握手言欢，这表明握手也表示结盟示好。到了辽朝，盛行一种“执手礼”，不过这属于皇帝的专利，一般用来慰问凯旋归来的将军，有时候为了慰问在沙场上浴血奋战的将士，而皇帝又不便亲为时，就派自己的亲信代行执手礼，以示慰问。

握手看上去很简单，实际上有很多讲究，稍有不慎，就可能引起别人的误会。在握手顺序上，一般是主人、长辈、上司、女士等

握手的礼节

在“刀耕火种”时代，陌生人初次见面时会摊开手掌，表示手里没有武器，后来便演变成了今天的握手

谁先伸出手

握手时，一般是主人、长辈、上司、女士等主动伸出手，客人、晚辈、下属、男士才能迎握

主动伸出手，客人、晚辈、下属、男士才能迎握。曾经有位男士因为急于表示友好，忘了这个顺序，竟主动向陌生女士伸出手，结果被其男友指责为无礼。

对于握手的方式，也有严格的规定。在握手时，一定要伸出右手，因为在东南亚的一些国家，左手是用来洗澡和上卫生间的，所以他们忌讳用左手与别人接触；如果是双手握手，双方也是先握住右手，然后将左手放到对方的右手上；握手时间应保持在 2~5 秒为宜，如果是隆重的场合，可以握住手后上下摇动几下，表示热情；握手要用力适度，握得太紧或者松弛无力都会传达不礼貌的信息；握手时眼睛一定要注视着对方，眼神游离不定甚至东张西望都是很不礼貌的表现；当与比自己年长或地位较高的人握手时，要微微欠身，如果要表示特别的尊敬，也可以双手相握；男士和女士握手时，轻轻握住女士的手指部位即可；要脱帽，不能戴手套；任何情况下拒绝别人的主动握手都是不礼貌的表现,若是因为手脏或者腾不出手时，要向对方解释清楚，并致歉。

握手表示坦诚，通过向对方摊开手掌表示开诚布公，手掌的接触则代表合二为一。虽然握手的礼节通行于全世界，但是各国的握手习惯也有差别。法国人在见面和分别时都要与朋友握手，德国人则只在见面时握手；非洲人在握手时手指会发出清脆的响声；美国人男人之间的握手很用力，像是进行腕力比赛似的；俄罗斯人最忌讳隔着门或者跨门槛握手，他们认为那样做不吉利。所以在与外国朋友打交道之前，首先要了解该国的基本礼仪习惯，不然就会在礼仪上发生误会。

从握手中窥探人心

海伦·凯勒曾在书中写道："我接触过的手，虽然无言，却极有表现性，有的人握手能拒人千里，他们那样空虚无趣，我握着他们冷冰冰的指尖，就像摇曳在凛冽的北风中一样。也有些人的手像充满阳光一样，他们握住我的手，温暖了我的内心。"海伦虽然没有视听能力，但是依靠敏感的触觉，依旧能够感受世界的丰富多彩，单从一次次简单的握手中，即可测出人心的温度。

握手并非简单的身体碰触，仔细观察人们握手瞬间的细微动作，可以从中读出许多隐秘的信息。谁先伸出手，手掌朝向哪里，握了多长时间，脸上有没有微笑等等，这些都是解读握手动作的线索。同时，握手一方也能从对方握手的力度、手掌的干湿、手的位置、身体的位置等方面，探知对方内心的秘密。

挤压握是握手一方为了显示强势而采用的握手方式。采用这种握手方式的人很可能不大自信，也许看上去软弱无力，于是为了补偿表面上的不足，便在握手时用力挤压对方的手，以此宣告自己并非看起来那样软弱无能。一般来说，人们在握手时会根据对方的握手力度自由调节，不会握得太紧也不会太松。总之，这是一种不太礼貌的握手方式。

对于柔弱无力的握手者，人们通常会条件反射似地认为，对方是个对握手漫不经心的家伙。这种人以散漫、冷漠著称，他们把一次次的握手，看作是在无奈地例行公事，似乎对握手对象毫无兴趣，遇到这样的握手者，人们常常是热情似火地伸出手，然后冷若冰霜地收回。不过，柔弱的握手有时是一种风俗习惯，有时是源自某种动机。比如非洲西部就盛行这种柔弱的握手方式，而有的女性为展示自己的柔弱，也会这么做。

握住别人的手长时间不放，是人们控制局面的一种方式，可能握手者认为这样对方就不会中途逃跑或转换话题，自己可以从容地将要说的话表达清楚。一旦被这样的人握住，就很难避免对方如决堤之水滔滔不绝的聒噪，毕竟

柔弱的握手

对于柔弱无力的握手者，人们多半会认为他是个对握手漫不经心的家伙，给人留下散漫、冷漠的印象

手无法像纽扣那样可以割下，况且对方的眼睛还盯着自己呢！

如果握住一只湿漉漉的手，说明对方情绪焦虑，可能是对于此次见面过于紧张的缘故。自己在遇到手掌冒汗情况时，握手前可以在衣服上轻轻擦拭，也可以换一种握手方式，以减少手掌接触面积。不过有时手掌冒汗是一种生理现象，与情绪无关。

握手作为致意的礼仪，蕴含着丰富的信息，这些信息大多是在双方无意识的条件下产生的，因此更能透露握手双方的真实想法。在谈判、推销及其他需要握手致意的场合，在语言交流之余，仔细揣摩双方握手时的细微动作，或许能品出不同的意味。

手掌的秘密

手掌对于人们来说像本神秘的无字天书，如果掌心是纸，那么掌纹就是字。千百年来，多少人痴迷于对这本书的解读，并对掌纹与命运间的联系深信不疑，因而手掌一直是算命先生们的目光焦点，长盛不衰。那么，在身体语言中，手掌又扮演着什么样的角色呢？

常见的手掌动作主要有三种，分别是掌心朝上、掌心朝下及手掌握拳伸出食指，不同的动作代表不同的含义，适用于不同的场合。提到掌心的朝向，人们很容易联想到那个经典的镜头，在迈向婚姻殿堂前的刹那间，新郎会深情

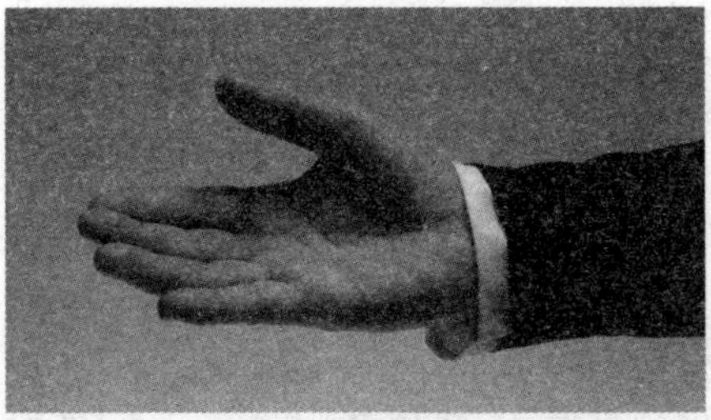

掌心朝上表示索取

地朝新娘伸出一双掌心朝上的手，新娘看到后，会款款把一双的掌心朝下手送到新郎手上。于是有人认为掌心朝上代表索取，掌心朝下表示给予。回忆一下，小时候在向父母要钱时，孩子是不是多半会掌心朝上，而父母在给钱时，则往往会掌心朝下。再如婴儿一出生就掌心朝上，于是有人认为，人从来到世界的那天起就是来索取的。

美国《纽约时报》的专栏作家约翰·提尔尼曾在文章里说，掌心朝上是猩猩向人类乞求食物时常用的动作，是一种历史最悠久也最易于理解的手势语，人类及其他灵长目动物都用这个动作来乞求援助，甚至有人认为这是人类语言的起源。无论是在日常生活还是影视作品中，路边的乞丐常常会伸出右手，掌心朝上向行人乞讨；在某些宗教中，人们在乞求上苍保佑时也常常会掌心朝上举起双手；人们在表达自己的无辜和无奈时，也常常使用这个动作。总之，掌心朝上表示善意和服从。追根溯源，人类祖先起初可能想通过这个动作告诉别人，自己手里没有武器，无意于伤害别人。所以在需要别人帮助时不妨使用这个动作，这似乎更容易赢得别人的好感。

与之相反，掌心朝下表示命令和愤怒，一般用于上级对下级，身份地位高的一方要求地位低的一方。人们在发怒时常常会拍桌子；在公众场合，人们也常采用拍桌子的方式使大家安静下来。

猩猩掌心朝上乞求食物，人们在请求援助时也会做出这个动作

不过，地位平等的人之间最好不要采用掌心朝下的动作，这种动作给人一种盛气凌人的感觉，容易引起别人的反感。上司对下属也要尽量避免使用，否则会使下属产生抵制情绪，不利于

下属更好地完成任务。阿道夫·希特勒那独特的敬礼方式——伸直手臂，掌心朝下，与他臭名昭著的罪行一样举世闻名。

阿道夫·希特勒独特的敬礼方式

伸直手臂，掌心朝下，与他臭名昭著的罪行一样举世闻名

手掌握拳伸出食指，表示命令，有种威胁的意味。手掌握拳是灵长类动物攻击之前的动作，好像是蓄势待发，而握拳伸出食指，则表示拳头所积聚的力量将会通过食指一触即发。所以说话时这种动作会令听者不悦，如果手指还要随着说话的节奏而颤动的话，那会让对方极度反感，说不定不等把话说完，对方就已经扬长而去了。

研究发现，由于人类是通过同一脑神经控制动作和语言的，所以人们说话时会不自觉地配合相应的身体语言，不过二者并非完全一致，也许人们可以通过鲜活的语言掩饰内心的真实，却常在不经意间被某个动作所出卖了。

常见的握手方式

握手前掌心的朝向，往往符合握手双方的身份。握手前掌心朝上，表示恭顺；掌心垂直，表示平等；掌心朝下，则表示强势。

恭顺的握手

屈从性角色为表达自己的恭顺之意,在与人握手时常常掌心朝上，

表示自己无意与对方对抗。这种方式能迅速赢得别人的好感，缩短双方的距离。在向别人表示歉意时，采用这种握手方式有利于平息对方的怒气，避免不必要的麻烦。不过也有特殊情况，所以对握手方式的解读也不能一概而论，要想真实、全面地了解一个人，必须综合各方面的信息，不能因为一叶障目，而不见泰山。

平等的握手方式主要表现在势均力敌的两个人之间，他们因为各方面都相差无几，谁都不会在握手上表现出丝毫的劣势，所以双方都会竭力维护自己的优势位置，最终打成平手，即：双方的手保持平行并垂直于地面。这并不是最佳的握手方式，只是双方对峙的结果。那么，怎样才能营造一种友好和谐的握手氛围呢？这里有两个妙招。第一，在握手前，主动使手保持与地面垂直,做到不偏不倚，这是友好握手的良好开端。第二，在握手过程中，双方要把握好握手的力度，否则，一方力度过大，会给对方带来压迫感，相反，力度过小的一方则会给人留下冷漠甚至漫不经心的印象。不过异性之间握手时，男性的力度大约是女性的两倍，因为这样更能显示出男性的阳刚之气和女性的阴柔之美。

平等的握手

在与人握手的过程中，一方为了显示自己的支配性地位，会在握住对方的手后，迅速翻转手掌，使自己的掌心朝下。据调查，居于领导地位的人之中，有 88% 的男性会采用这种强势的握手方式，而只有 31% 的女性会采用这种方式。也许这样做会使对方不悦，但是在商务谈判中，这种握手方式却更占优势。

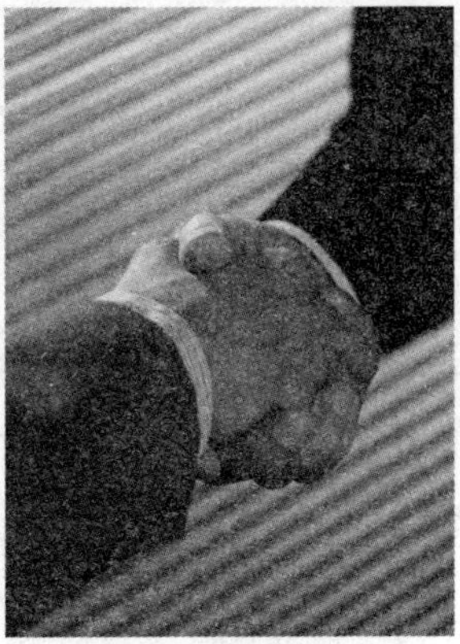

强势的握手

握手方式与性格有一定的关系。据美国研究

人员调查发现，性格外向的人握手更有力度，并且他们也往往更易于接受新事物。另外，虽然男性比女性握手更有力度，但是握手用力的女性更容易给人留下深刻印象，所以女性朋友在与人首次见面时最好来个强有力的握手。

如何转变握手劣势

在强势人物发出掌心朝下的握手邀请时，人们往往会急得手足无措，而此时又无处可逃，万般无奈之下只好委曲求全。不过也有人采取措施，他们尽量改变对方的握手姿势，至少要做到双方平等，可是这通常也只是徒劳，因为越想翻身，对方控制得越紧，最终被置于不利位置。那么，有没有一种方式，能够优雅、从容地解决这一问题呢？

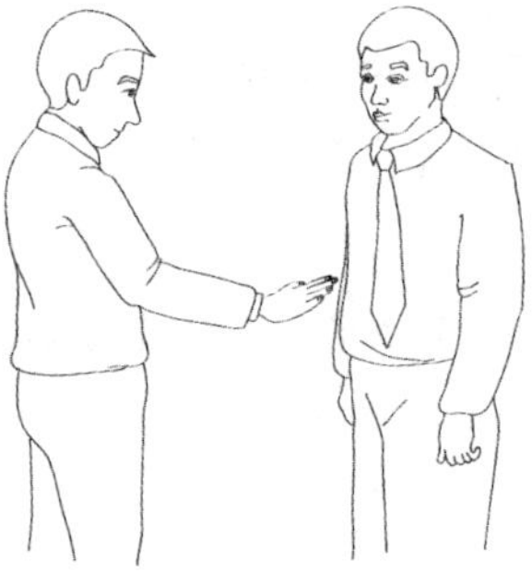

强势一方为了获取支配性地位，掌心朝下主动发起进攻

对此心理学家从空间距离方面找到了解决办法。简单地说，就是通过进入对方的个人空间从而扭转不利局势。首先，在强势一方发出握手邀请时，迈出左脚，然后接着迈出右脚，这样整个身体就等于前移了一步，从而进入对方的个人空间。这样双方握手的局面就发生了转变，控制性的握手者因为双方之间缩小了距离，无法充分伸展手臂；而对于被控制者而言，足够的手臂伸展空间足以弥补掌心朝上的劣势。这种解决办法的关键在于，握住右手的同时人们往往会迈出右脚。如果被控制者直接迈出右脚，仅仅会与对方缩短半步的距离，对方不会被逼到缩起手臂，被控制者也不会获取空间上的优势。

首先迈出左脚

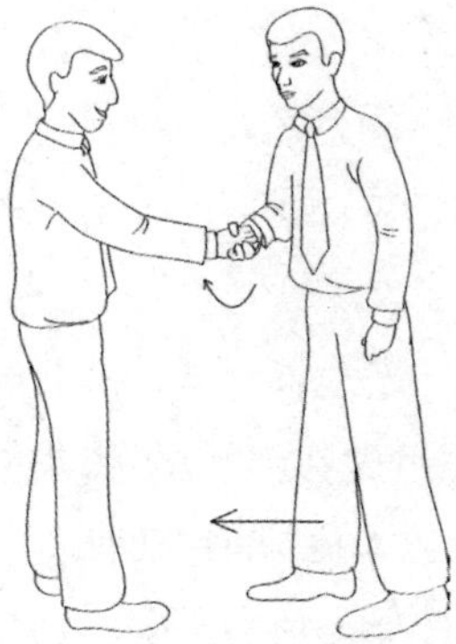

接着迈出右脚，这样就进入了强势一方的个人空间，使其无法充分伸展手臂，从而抵消其掌心朝下的优势

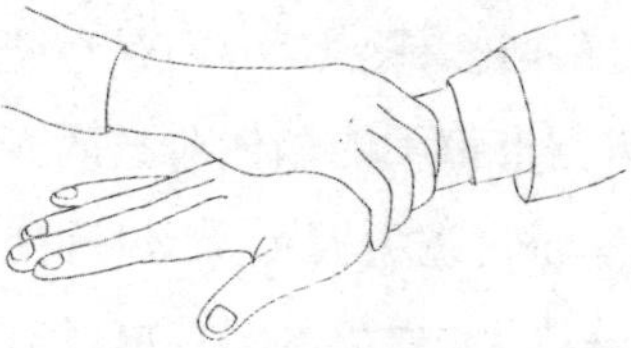

对付强势握手其他的办法——抓住对方的手腕，但是这会使人产生被冒犯的感觉，不到万不得已要尽量避免使用这一招

还有一种解决办法，就是在强势一方伸出手时，直接以右手相迎，随即伸出左手，双手握住对方，这样既能显示自己握手的诚意，又能压住对方的强势，可谓一举两得。如果对方故意想借握手抬高自己，那么就以牙还牙，直接握住对方的腕部，不过这是一种不太友好的握手方式，容易激怒别人，所以不到万不得已尽量不要用这种方法。

不过在亲戚朋友之间的一般性握手中，就没必要采用这些方式了，因为彼此之间谁都不会在意握手中是否吃亏的问题，更不会涉及公众形象。不过政治层面的握手就要充分考虑这些了，政治中的握手从来都不是中性的，似乎领导者的一举一动都具有某种意味深长的含义。在 1950 年，杜鲁门总统与麦克阿瑟将军握手的照片上，杜鲁门手掌在上微笑着握住了麦克阿瑟的手，麦克阿瑟却显得神情凝重，心事重重。结果不久杜鲁门就解除了麦克阿瑟对朝鲜联合国部队的指挥权。在 1960 年，肯尼迪与尼克松的电视辩论结束后，双方握手时，肯尼迪手掌在上，尼克松手掌在下，结果肯尼迪不仅赢得了这场辩论，也赢得了后来的美国大选。

众所周知，周总理是睿智绝伦的外交家，不管遇到多么棘手的问题，都能机智巧妙地想出解决方案，绝不会因此而损害国家形象。周总理与外国人握手丢手绢的故事至今仍为人们津津乐道，以至于演化出许多不同的版本，大概那时人们不太懂得如何从握手中获取优势，于是便用人人都能读懂的“丢手绢”来表达了。

握手时的方位优势

自古以来人们就将方位与尊卑联系在一起，人类祖先在漫长的劳动过程中，认识到右手比左手更灵活有力，于是便形成了“右尊左卑”的权势体系。但是也有相反的观点，人们在古代哲学阴阳观的基础上，认识到左边是太阳升起的地方，属阳，右边是太阳西沉的地方，属阴，所以又有“左尊右卑”的说法。不过握手时的方位优势与此并无关联，能否使自己最大限度地出现在画面上，才是判断方位优劣的唯一标准。

国家元首无论出现在什么样的场合，都会成为媒体镜头的焦点。但是在两国元首见面握手时，就会同时出现在镜头中，当然双方谁都不能挡住对方的光线，这种情况下就只能采取面对面握手或者斜侧身面向镜头握手，不过即使这样，镜头左右的人也不能在画面上平分秋色，一般来说，左侧的元首更具有优势，因为他的手臂能够完全出现在画面上，而右侧元首的手臂多半会被挡住。在正式的国际会晤中，国家元首通常都会选择左侧的位置。在肯尼迪与尼克松握手的照片中，肯尼迪不但手掌在上，而且居于左侧，身体的大部分都出现在了画面中，看上去更具有控制力。或许选民在看到这张照片时，给予了肯尼迪更多的信任，所以他才赢得了1960年的总统大选。

不过握手时居于右侧的国家元首也并非无计可施，他们可以通过调节与对方的距离，或者改变姿势，使自己尽可能多地出现在镜头之下。遇到这种情况，居于右侧的人可以主动发出握手邀请，抢先伸出手臂以占据有利位置，这样会使手臂最大限度地出现在镜头前。当年赫鲁晓夫在会见肯尼迪时就是这么做的。当时赫鲁晓夫并不看重肯尼迪，他认为对方并不是自己的对手，于是在双方彼此走近时，右侧的赫鲁晓夫就主动伸出手，直挺挺的手臂使双方的握手动作完全发生在对方的领地内，自己反而给人留下了大方自信的印象。当年毛主席在会见尼克松时，也采用了同样的方法，毛主席伸开手臂握住尼克松收缩着手臂的手，从照片中一眼就能看出谁更具有控制力。

另一种方法就是在双方握手时，要尽量避免面对面的握手姿势，如果两人能同时面向镜头，便能将右侧的劣势减少到最小限度，甚至消失。当年"猫王"埃尔维斯·普雷斯利在与尼克松握手时就采用了这种方式，虽然尼克松占据了左侧位置，但是由于双方同时面向镜头，右侧的埃尔维斯·普雷斯利看起来反而更具有优势。

赫鲁晓夫与肯尼迪

当时赫鲁晓夫并不看重肯尼迪，他认为对方不是自己的对手，于是在双方彼此走近时，位于右侧的赫鲁晓夫主动伸出手，直挺挺的手臂使双方的握手动作完全发生在对方的领地内，自己反而给人留下了大方自信的印象

双手握手的姿势

双手握手是深受欢迎的一种握手方式，一般用于下级对上级或者晚辈对长辈，以示尊敬。不过亲人朋友之间也常使用，因为它类似于拥抱，给人以温暖。久别重逢的亲人、夫妇在见面时常常会用颤抖的双手握住对方，此时此刻似乎找不到比这更好的表达方式了。

双手握手就是在伸出右手与对方握手的同时将左手搭在对方的右手上，同时要深情注视对方，要有必要的问候语，至于问候的内容可以根据场合与握手对象而随机应变。那么为什么双手握手深受欢迎呢？心理学家认为，双手握手增大了双方的身体碰触面积，容易使人产生亲近感，能够很快拉近彼此之

双手握手是深受欢迎的握手方式

间的距离。另外，双手握手能够更好地控制对方的右手，使自己在双方的交谈中更具支配性。

虽然双手握手表示热情与尊重，但是并非任何场合都可以使用。在与陌生人初次见面时要尽量避免这种握手方式。因为这很容易引起别人的怀疑，正如对陌生人过于热情，就会被当成骗子一样。两年前发生在火车站的一幕至今仍历历在目，当时我拖着沉重的行李过天桥，有位中年妇女过来要帮忙，我见状马上意识到，此人非骗即诈，于是我非但不感谢人家，反而是像躲避瘟疫一样，飞快地躲开了。所以用过于热情的双手握手法与陌生人握手，很容易把人家吓跑。当然莫名其妙的热情是一方面，另外这种握手方式会使对方的右手紧紧被握住，在遇到危险时不能及时伸出来进行自卫，就像被带上手铐似的，因此在与人首次见面时，千万不要用这种握手方式。

当然在熟悉的人之间，这是一种很好的沟通方式，因为它此时传递更多的是温情和感激。

在一张胡主席与温总理的合影中，可以清楚地看到，刚走下飞机的胡主席双手紧紧握住了前来迎接的温总理的手，此时此刻，这无声的握手胜过了千言万语，是感激、是肯定；在 2007 年黄菊同志的追悼会上，胡主席又一次用双手握住了黄菊夫人的手，这对于沉浸在丧夫之痛中的黄菊夫人来说，无疑是最好的安慰。

如果一方发出双手握手的邀请，那么另一方是否也应该双手相握呢？对于这个问题，要具体情况具体分析，如果双方能够从握手中产生强烈的共鸣，那么对方也会不自觉地双手握手。

加强性的握手方式

握手作为一般性的礼节,在不同场合不同对象之间会有不同的加强方式。简单的握手会给人一种庄重感，但有时又让人感觉不足以充分表达内心的热情，尤其在熟悉的亲朋好友之间，其庄重有余、热情不足的缺点就更加明显了，所以简单的握手又演化出许多加强性的握手方式。

握手的加强性方式主要是通过左手加以表现的，左手距离对方的远近，决定了握手双方的亲密程度。一般来说，双手握手比只握右手表达的感情要强烈，右手握手，左手握臂、握肩、拥肩所表达的热情程度会逐渐升温，同时，这种加强性的握手方式除了表达亲密的感情之外，也更具有控制性，显然双手握手比只握右手更能控制对方，而握住肘部比握住腕部更容易控制对方,依次类推。

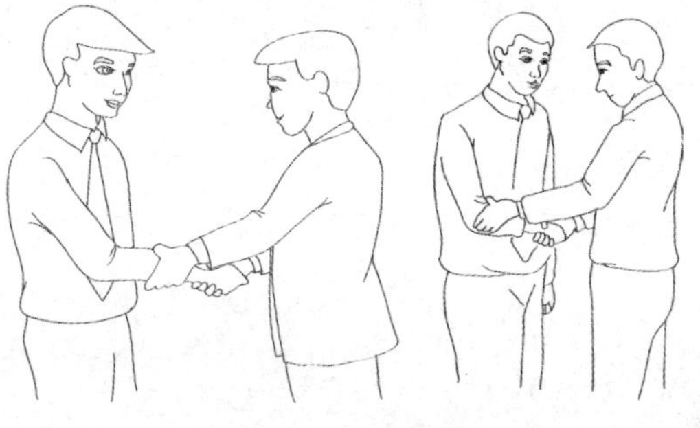

握手的加强性方式主要通过左手加以表现，左手距离对方的远近，决定了握手双方的亲密程度

当然加强性握手方式肯定要进入对方的亲密范围，所以只有在双方亲密无间的情形下，才能使用这种握手方式。比如恋人之间，如果感觉加强性的握手仍不足以表达彼此之间的感情，那就干脆超越握手这一问候方式，直接来个热情的拥抱吧！

在不太熟悉的人或者陌生人之间，不要轻易使用这种握手方式，哪怕是出于善意，对方也会有被冒犯的感觉。当然如果陌生人对你做出如此亲密的握手动作，你也要警惕起来，看看对方有没有打什么鬼主意，毕竟“防人之心不可无”。

如今握手已经不单单是一种正式场合的一般性礼节，而成为朋友、恋人、亲人之间广泛使用的感情表达方式，尤其在不太流行拥抱与亲吻的国家，大街上随处可以看见手挽手散步的夫妇、父母挽着孩子的手、女性朋友之间牵手逛街。可是问题在于人们必须同时同地才能实现握手，千里之外的人想握手除了投入大量的时间精力外似乎没有别的办法，不过最近，科学家已经研究出一种异地握手技术，就是一种由微型马达和压板构成的神奇手套，戴上它，人们就能通过网络传输手掌触摸的力度来模拟握手的感觉。科学家通过这种技术让相距 500 公里的两个人进行虚拟握手，结果两人不仅可以通过视频看见对方，而且能够真切地感受到握手的触觉。这对于分居异地的亲人、朋友，尤其是恋人们来说，简直是天大的喜讯，从此，人们就可以轻松地通过网络跨越距离，以解相思之苦。

不受欢迎的握手方式

死鱼式握手

握手本来是表达敬意与问候的优雅手势语，但是如果不注意握手方式，就会产生适得其反的效果。所以人们不但要学会如何握手，也要懂得哪些握手方式不受欢迎。

死鱼式握手是不受欢迎的握手方式之一。人们都知道，死鱼摸上去是种什么感觉，可能有人一想到就感觉浑身不爽甚至会起鸡皮疙瘩——又冷又黏而且软弱无力，任对方随意摆布，这种握手方式往往给人留下懦弱无能的印象，并被认为缺乏责任感和承担困难的勇气，因为就连握手他都要听从对方安排。当然在有的地方，柔弱的握手方式是一种风俗习惯，人们反而不大习惯强有力的握手方式。所以在与外国朋友见面前，有必要先了解一下该国在礼节方面的特殊性，否则双方可能会因此而发生误会。

挤压式握手就是抢先伸出手，然后强有力地握住对方的手，再用力地抖几下。使用这种握手方式的人会给人留下

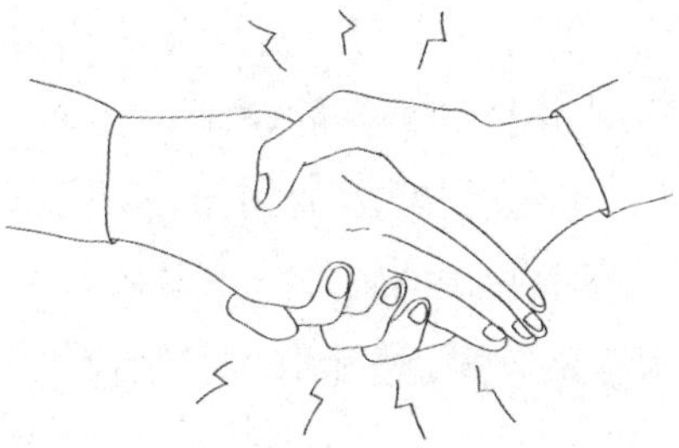

挤压式握手

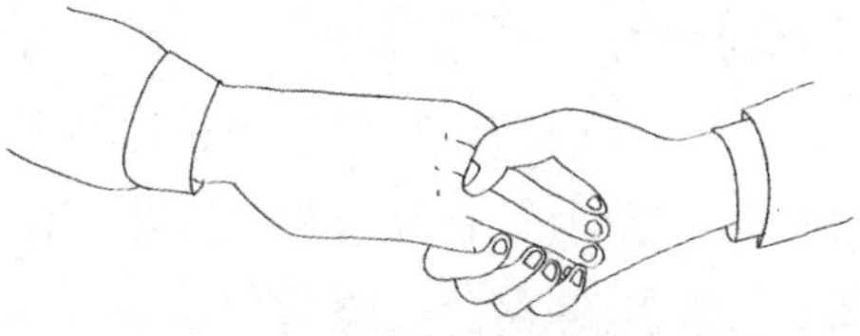

蜻蜓点水式握手

果断干练的印象，不过被握者又往往因为对方用力过大而沉浸在手掌的疼痛之中，所以往往会忽略这一点。使用这种握手方法的人一般是男性，说明他们对权力的极度渴望。不过也有人想借此告诉别人，自己并非看上去那么软弱无能。

蜻蜓点水式握手给人一种轻慢的感觉，对方会认为自己没有受到足够的重视。不过也可能是双方没有配合好，尤其是异性之间首次见面时，双方都会很紧张，可能男士发出握手邀请时，女士正陶醉于对方英俊的面庞，当她意识到时，对方的手已经在那儿尴尬了好久，正要悄悄地收回，突然又看见女士伸出手来，匆忙之中双方就只是象征性地碰了一下手。另外，当双方对个人领地的要求不同时，也会发生这种情况，一方站在了另一方习惯握手的领地之外，结果握手没有达到预期的效果。双方都会对此感到不安，此时一方可以大方提出再握一次的要求，这样可以显示出自己对此次握手的重视。

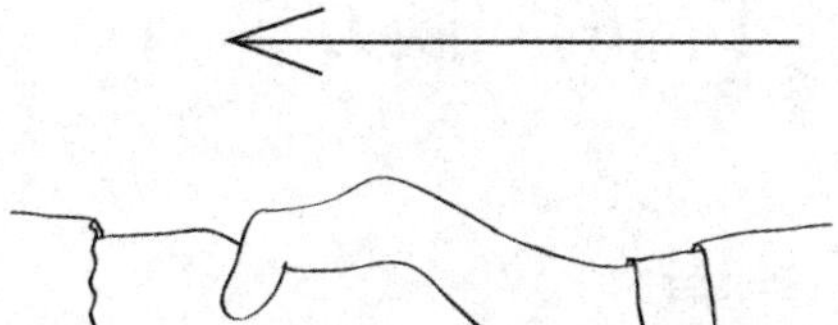

单刀直入式握手

还有两种与个人领地有关的握手方式颇不受欢迎。一种是单刀直入式，即把手臂直挺挺地伸向对方，并且身体前倾，有种拒人千里之外的感觉。一般对个人领地要求标准高的人会采用这种握手方式。另一种则与此相反，被

称为扳手式握手，就是猛然用力将对方拉到自己的领地内，有时甚至会拉伤对方的韧带。采用这种握手方式的人可能想借此打乱对方的阵脚，进而取得控制权。

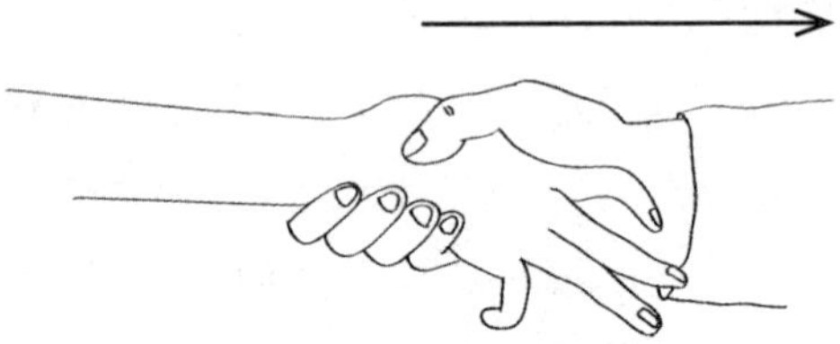
扳手式握手

黏握

抓住别人的手，握起来没完没了，好像如果没人提醒就会一直握下去，这种握手方式被称为黏握。如果异性之间握手时采用这种方式，可能会激怒对方的丈夫或妻子，所以尽量不要采用这种"忘情"的握法。

以上几种握手方式之所以不受欢迎，就是因为没有把握好握手力度、握手时间，以及握手者之间的距离，所以在正式场合行握手礼时，一定不要在这三方面出错，否则握手反会握来麻烦。

不同的问候方式

挥手

这是通行于全世界的问候方式，在双方彼此看到对方，但尚有一段距离时，就会发出挥手的信号，表现出打招呼的人想要触摸尚不能触摸到的人的希望。

额手礼

将右手放在胸前，然后上提，用手指触摸前额，然后向上拉开右手，手

掌朝外，类似于挥手的动作。这种问候方式盛行于信奉伊斯兰教的国家。当然有时候在行额手礼时，会微微点头，口中念念有词，说一些祝福的话。

挥手

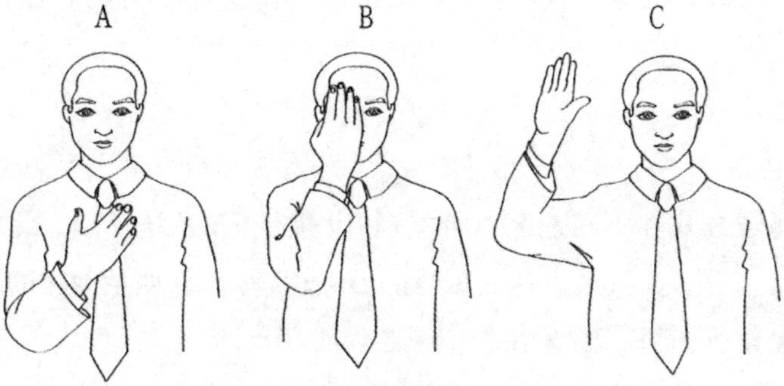

额手礼

合十礼

手掌重叠，置于胸前，微微欠身鞠躬，类似于拜佛祈祷的动作。这是印度公认的问候方式，与握手一样，表示手里没有武器。

合十礼

鞠躬

这是一种显示身份的问候方式，在西方，臣民面见君主时就会行鞠躬礼，类似于中国的屈膝礼。在两人见面时，身份地位较低的一方总是先鞠躬，而且身体压得更低。

亲吻

在距离较远时，人们会用飞吻问候亲人或朋友；在近距离接触时，见面双方会彼此亲吻对方的脸颊；在与女士见面时，男士会弯腰吻女士的手，以示谦逊和尊重。

碰鼻礼

这种问候方式在不同地区有所差别。北极地区的因纽特人、北欧地区的萨米人等，在行礼时，只是迅速而短暂的鼻尖相碰；而新西兰地区的毛利人要连续碰三次鼻子，嘴里还会发出类似于亲吻的声音。

碰鼻礼

拥抱

见面时以拥抱问候彼此，并根据双方的亲密程度，附加其他动作。比如轻拍对方的背、紧贴脸颊、亲吻、抚摸头发、凝视眼睛、微笑等。

第七章 手臂隐藏的秘密

双臂交叉的姿势

经常能从电影中看到这样的镜头：一个受到过度惊吓的女孩，头发凌乱，双臂交叉于胸前，瑟瑟发抖。那么画面中，女孩双臂交叉的动作代表什么呢，是本能的自卫还是有其他含义？

双臂交叉

好像在自己和外界之间竖起了一道屏障，自己不会轻易敞开心扉，别人也很难真正走进来

有人认为双臂交叉是人类自我保护的动作。早在远古时期人们就会使用障碍物进行自我保护了。在古代战场上，人们常常手拿盾牌，身穿铠甲，其实手臂交叉就相当于盾牌和铠甲，是社会进化的产物。仔细观察身边的孩子，会发现他们在遇到危险或陌生人时，常常会躲到角落里或是藏到父母身后，这是人类自我保护的雏形。不过随着年龄的增长，人们逐渐学会了伪装，好像如此直截了当地表达内心的恐惧，会招来别人的嘲笑，于是便悄悄将手臂交叉于胸前，借此缓解内心的恐惧。后来这个动作逐渐成为一种无意识的习惯，有时甚至连当事人自己都不知道，自己竟然做出了这样的动作。所以说身体语言是无法帮助人们说谎的。

黑猩猩也会双臂交叉

双臂交叉有利于保护人体的重要器官，猩猩也会使用这个动作，因此有人认为这个动作可能来自人的本能。当人们遇到危险、对眼前发生的事感到厌倦或对他人的观点不认同时，就会不由自主地做出这个动作。所以在听冗长的演讲、排长队买东西、与陌生人一起乘电梯时，都是这种动作出现的高峰期。

不过，双臂交叉的姿势会影响人们接收信息的效果。美国有关专家对此进行了一项研究，他们分别要求两组志愿者去听若干场讲座，要求第一组志愿者在听讲座时，手脚规矩，不能跷二郎腿，也不能双臂交叉，听完后对他们掌握的讲座内容以及观点看法进行了记录；第二组志愿者也要听同样的讲座，只是要求他们必须跷起二郎腿，并且双臂交叉，也对他们的掌握情况作了记录。最后研究人员将两组志愿者对讲座的掌握情况作了比较，结果发现第二组志愿者掌握的讲座内容比第一组要低38%，似乎他们把更多的精力放在了对演讲者苛刻的挑剔上。

双臂交叉会降低听众接收信息的效果

所以在听课或者听讲座时，要想取得良好的收听效果，最好能够保持手脚规矩，这样才能做到聚精会神。演讲者如果发现台下大部分观众都做出了双臂交叉的姿势，那表示自己的观点已经遭到质疑，如果不及时调整，很有可能被轰下台。此时可以问一下台下有没有不同意见，如果有要及时作出解释。

另外，从双臂安放的位置也能读出一个人的性格，因为人的个性与身体语言是一致的。一个经常将双臂交叉置于胸前的人，很可能是个性格内向，不愿意向别人倾诉秘密的人。习惯于敞开心扉、畅所欲言的人，一般也会呈现出开放性的双臂下垂姿势。所以在交朋友时，一定要留意对方的手臂姿势。如果要找一个倾诉对象，并希望对方可以保守秘密，那就找那些喜欢双臂交叉的人；当然，相对而言双臂下垂者更容易交往，而且更容易带给别人快乐。

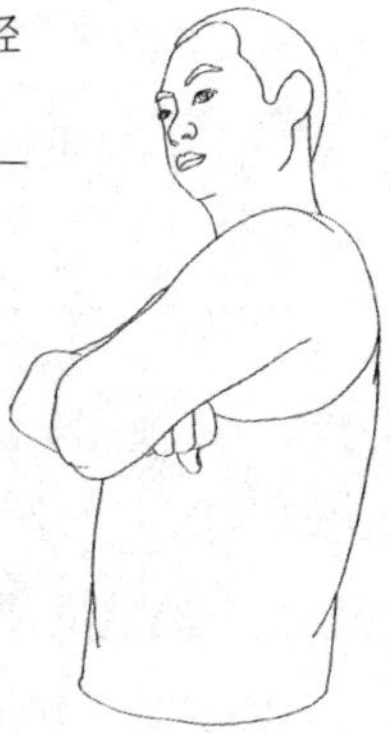

双臂交叉时紧握拳头，这是明显的充满敌意的动作，好像已经作好了大打出手的准备

加强性的双臂交叉

双臂交叉表示拒绝、反感、异议等，是一种防御性姿势。双臂交叉在不同场合，有不同的加强性姿势，代表不同的含义。正确解读这些姿势有利于更好地了解对方，对于建立良好的人际关系有积极意义。加强性的双臂交叉姿势多种多样，最常见的主要有三种。

抓紧胳臂双臂交叉

一般人们在感觉极度紧张或危险时，会使用这种动作

双臂交叉时紧握拳头是常见的姿势之一，摆出这个姿势的人，看上去像是作好了打架的充分准备，好像随时都会朝对方脸上挥拳，有时还会附带着咬牙切齿、脸色发红等，是明显的充满敌意的动作。在与人交往时，如果发现对方出现以上的动作和表情，在没有弄清原因之前，明智的做法是伸出手掌，掌心朝上，这代表自己无意于触怒对方，更没有挑衅之意，希望对方谅解。

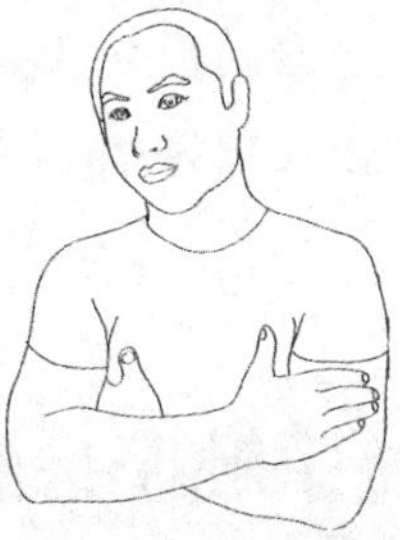

双臂交叉，露出拇指

表示想自我保护又相当自信

抓紧胳臂双臂交叉也是一种常见的姿势，一般人们感觉极度紧张或危险时，会使用这种动作。其特点是双手交叉紧紧抓住两边的胳臂，牢牢将上身掩盖在双臂之下，甚至影响到臂部的血液循环。

不完全的双臂交叉

一只手抓住另一只手臂，这是一种安慰动作，做出这个动作的人可能想重温小时候被父母牵手时的安全感。

当人们开始某种具有挑战性的活动，比如在手术前、上台演讲前或者在考试成绩公布前，都会摆出这种姿势。不容置疑，这种动作更有利于控制情绪，保持镇定。

双臂交叉露出竖立的拇指表示想自我保护又相当自信。那些有能力的人在比自己地位高的领导面前常会摆出这种姿势，意思是说，尽管你比我地位高，但是我的能力丝毫不逊色于你，所以会竖起拇指。但是上司就是上司，只要在公司，下属就要服从上司，而且多少还会有几分敬畏之情。

总之，双臂交叉表示将不喜欢的事物拒绝在身体之外。这是在谈话中普遍使用的动作，表示否定与防御。在与人交谈时，如果发现对方出现这种动作，你可以大胆判断，虽然对方一直在点头示意，其实他并不认同你的看法。此时只有设法解除对方双臂交叉的姿势，接下来的谈话才会更有意义。

要想解除对方的这种双臂交叉的姿势，最简单的办法就是拿件东西放到对方手中，可以是一杯水、一本书等，这样就破坏了对方双臂交叉的条件，他只能敞开双臂开诚布公地与你交谈。另一种方式是直接告诉对方："我知道你不同意我的观点，愿闻高见！"然后你可以敞开双臂摆出认真聆听的样子，这也是解决双臂交叉行之有效的办法。

手触摸头部的姿势

人处于焦虑状态时，很容易表现得手忙脚乱。在医院楼道中踱来踱去，等待手术结果的病人家属；眼看时间逝去却想不出答案的考场上的学子；球场上决定胜负的一次射门等等。在许多决定命运的重要时刻，人们都无法掩饰内心的焦虑，丰富的手部语言成了缓解焦虑的重要途径。

动物学家发现，当人处于矛盾状态时，常常会选择与眼前事情无关的替代动作，以排解多余的能量，帮助自己暂时适应现状。通过这些替代性动作，人们会明显感受到焦虑的时间好像缩短了，其实简单地说，就是替代性的动作

运动员在赛场上失分或错失机会后常会做出抱头姿势，以此抚慰自己。

分散了人的注意力。人们都有这样的体验，如果眼睁睁盯着表看，会感觉时间过得很慢，但如果找本书读，或者干些别的事情，就会有不同的感受。

常见的替代动作主要集中在面部和头部，常常以手掌触摸的形式出现。因为这些地方都是别人安慰自己时，经常抚摸的地方。比如抚摸脸或头发等。有人认为，小时候妈妈就经常通过抚摸孩子的脸或头发来缓解他们的痛苦，成人在焦虑时，很想重温那种被父母爱抚的感觉，所以会做出这些动作。

也有些替代动作不是为了自我安慰，而是出于保护自己的目的。比如“捂嘴”、“掩面”等，人们在看到或听到不幸的事情时，通常会通过这些方法进行自我保护。在宣布某种重要结果时，人们经常可以看到这些动作：胜利者会面带微笑，举起双手向人们致意；失败者则会用手捂住眼睛或嘴巴，以避免看到残酷的结果或说出事后会令自己后悔的话。这些都是象征性的语言，表示自己内心的焦虑与恐惧。

“托头”或“抱头”也是保护性的替代语言。人们在危急时刻通常会做出这个动作，尤其在赛场上。这两种动作并不是真的要保护自己的脑袋，只是为了缓解心理恐惧。在1996年的足球锦标赛上，英国与德国足球队在比赛结束时

赛场上凯尔西·索斯盖特沮丧地抱头

比分扳平，双方只能靠点球决定胜负，英国足球队前卫凯尔西·索斯盖特成了举世瞩目的焦点，他的这次射门不仅关系着英国队的胜负，而且决定着英国队能否进入决赛。也许是压力太大，这个射门球最终被德国队员接住，英国无缘决赛。在他退场时，便做出了双手抱住后脑勺的动作。也许这是当时他能得到的最及时也最现实的一种慰藉吧。

用手抱头的姿势也是在重复小时候妈妈的动作，虽然大部分人不会意识到这一点。这个动作并非单单出现在运动场上，在日常生活中也经常可以看到，有时候人们纯粹是为了缓解疲劳，在伸胳臂时顺便做一下这个动作，事实上这也的确可以放松身心，缓解焦虑。

触摸的神奇力量

身体接触大概是人们表达情感最直接、最有效的方式了，瞬间的身体接触恰如彼此灵魂的碰撞，它比任何优美的词汇更能传递感情。小时候在我们受到惊吓或委屈时，母亲的抚摸是最好的安慰方式，母亲的体温是最具说服力的安全宣言；接吻是恋人关系的标签，热恋中的人们常常手牵手漫步于公园或街头，构成一道道浪漫的风景线；久别重逢的朋友，纵身一个热情的拥抱，胜过千言万语。

一个小小的握手或拥抱为什么能产生如此神奇的作用呢？美国有位专家通过实验解答了这个问题。实验者在公共电话亭里放了一枚硬币，然后躲在角落里观察，结果发现大多数人都会捡起硬币，塞进自己的腰包，在其即将离去时，会有人问他们是否看到一枚硬币，结果超过半数的人都说没看见。后来他们做了同样的实验，不过这次他们首先会礼貌地问候捡到硬币的人，还会同他们亲切握手，结果有将近80%的人都将硬币物归原主。这就是触摸的神奇魅力，轻轻的身体接触，似乎拉近了彼此间的距离，所以大部分人就不忍心对“自己人”撒谎了。

人们研究发现早上与妻子吻别的丈夫，在上班途中发生车祸的概率远远低于不这么做的人

保险公司通过调查也得出同样的结论。他们发现早上妻子吻别丈夫，会极大降低丈夫上班途中发生车祸的概率。长期保持这种习惯的夫妇，丈夫会比不这么做的丈夫长寿五年。不过这种习惯似乎不大被社会认可，尤其在中国，除了热恋中的人们，在大部分已婚家庭中，父母的吻似乎成了孩子的专利，夫妇之间即使感情很好，也是温情脉脉，相敬如宾，对他们而言，接吻只是西方和电影里的游戏。至于和外人之间，直接的身体接触就更少了，如果男性要与女性握手，也只是轻轻敷衍一下而已，甚至有人认为这是侵犯隐私的行为。所以那些习惯于通过拥抱或亲吻致意的国家，为迎合时代的需要，正逐步简化为握手，大概在所有的身体接触中只有握手的安全性最高。

心理学家通过观察世界各地的情侣及夫妇在公共场合的表现，最后发现在拉丁美洲的波多黎各，人们平均每小时触摸对方 180 次；浪漫之都巴黎平均每小时触摸对方 110 次，哪怕随便进入哪家咖啡馆，服务员也会同顾客亲切握手；与此相反，在美国平均每小时只有两次，在英国平均每小时的接触次数是零，甚至于在没有外人的场合，英国夫妇也很少触摸对方。与此相应，在这四个国家中，英国的精神病发病率最高，而其他国家，尤其是拉美地区，人们习惯于热情拥抱对方，情侣之间也不避讳在公共场合热吻，结果这些国家人们的健康状况明显优于其他国家。

触摸具有神奇的力量，习惯于触摸别人和接受别人触摸的人，情商和智商都明显高于疏离别人的人，而且前者也要比后者更健康快乐。因此人们不要再固执己见，触摸能够传达任何语言无法比拟的温情，是最好的伤口愈合剂，也是增进感情的催化剂。所以英国著名的医学专家、畅销书作者弗农·科尔曼呼吁英国人：我们每个人都应该学会运用触摸的力量，鼓励别人触摸你。可以找别人替你修指甲、洗头、按摩，多拥抱亲人朋友，主动接受别人的拥抱亲吻，这对增进彼此之间的感情、保持积极健康的心态都是十分有益的。

传递温暖的拥抱

拥抱是每个人内心深处的渴望，就像春雨之于干涸的幼苗，就像母亲之于嗷嗷待哺的婴儿。但是在现实生活中，拥抱仿佛是昂贵的奢侈品，大部分人认为这是可望不可求的事。张学友在做客《艺术人生》时曾坦言，在自己进入不惑之年时，还没有拥抱过妈妈，后来下了一个月的决心才第一次真正拥抱了她。而对于父母来说，这正是他们最需要的。

皇马队员拥抱在一起

美国著名心理学家赫洛德·傅斯曾说："拥抱可以消除沮丧，能提升体内免疫系统的效能；拥抱能为倦怠的躯体注入生机，使你变得更年轻，更有活力。在家庭中，每天的拥抱能促进关系和谐及大大地减少磨擦。"但是调查发现，在人们的成长过程中，有 83% 的人平均每天得不到一个拥抱，但是 99% 的人都渴望每天得到更多的拥

拥抱行动

人们用异样眼光看着拥抱活动倡导者

抱。这种供求矛盾，以及日益加大的生活压力，导致全球精神病患者日益增多。人们发现，要想从每天的工作压力中解脱出来，每天至少需要四个拥抱；倘若想要获得积极的精神状态，每天至少需要十个拥抱。而现实生活中，大部分人甚至得不到一个拥抱，这就不难解释人们心灵日益脆弱的原因了。

为了改善这种社会现状，网友自发在西安的钟鼓楼广场举行了一次“拥抱行动”，他们高举的牌子上写着“来吧，抱抱”“来自陌生人的关怀”“拒绝冷漠”等字样，结果主动接受拥抱的人，大部分是孩子。或许，他们常常接受父母及长辈的拥抱，还不至于对此感到羞涩。而一位好奇的先生前来问明情况后，居然径直走开了，记者忙去追问：“您为什么不和她拥抱一下呢？”这位先生说，拥抱是外国人的礼节，中国人比较含蓄，不习惯这么亲密的行为，应该换一种方式。甚至还有人认为，这是一种作秀行为，形式而已。

这就是当下人们对于渴望而又不敢求的拥抱所持的态度，事实上这次免费拥抱，发起者只是想借此拉近人们之间的距离，重温儿时被拥抱的温馨。可是至今人们仍然无法逾越根深蒂固的心理障碍，在中国人眼里，爱就是物质上的满足，爱不需要表达，一旦表达出来，就会被认为矫情做作。但是感情是需要表达的，只有表达才能实现及时有效的沟通，才会拉近彼此间的距离。

不善于用语言表达感情的朋友，不妨试试拥抱这种无声语言，拥抱和被拥抱者眼里都会射出某种溢于言表的愉悦。那么，拥抱为什么会有如此神奇的作用呢？

首先，这是人类难以舍弃的一种原始本能。孩子从呱呱坠地起，就会得到母亲的拥抱，从某种意义上说，这是比食物更重要的一种安全抚慰。在人们成年后，面对种种障碍，很少有人会得到别人的拥抱，拥抱甚至成了煽情、作秀的同义语，可是，拥抱对于人类来说是不可或缺的心灵清新剂和营养品，没有拥抱的社会，人们就如同行走在心灵的荒漠中，紧绷的神经迟早会崩溃。其次，拥抱能够促进身心健康，培养积极向上的品格。人类学家发现，在妈妈怀抱里长大的孩子与失去妈妈的孩子相比，前者性格活泼开朗，智商水平较高，后者则孤僻内向，智力发育也不健全。最后，拥抱是精神的强心剂。它可以传递丰富的信息，不论是呼吸、心跳、体温，还是情绪、意志等，这些都是表达情感的重要线索。一个长期得不到拥抱的人，会慢慢变得孤僻、冷漠，甚至会对真情失去信心，成为情感上的流浪者。

掩饰焦虑的手部信号

经常出入公共场合的人，人们会想当然地认为，他们肯定不会再紧张，正如久经沙场的将军不怕流血牺牲一样，都是轻车熟路了，没有紧张的理由。但是有些人，似乎是患有严重的怯场毛病，不管经历多少次，紧张都会如影随形，不过他们也绝不会放任自流，掩饰是他们解决问题的不二法门。

名人在公共场合局促不安时常常会摆弄袖口

掩饰紧张与焦虑的最佳方法是转移注意力，也就是寻找替代行为。仔细观察那些公众人物，你会发现他们都会有紧张的反应，并会设法找到一种恰当的替代行为。查尔斯王子在出席某场活动前，常常会优雅地抬起一只手，然后插进另一只手的腕部，看上去像是在系袖口的扣子，以此转移焦虑的注意力。当然这并非查尔斯独有的身体语言，很多人都会借此缓解紧张情绪。站在讲台上的老师，常常一边讲课，一只手玩弄着黑板擦，试图以此克制自己的紧张情绪。另外人们在接见陌生人，或是出席某项隆重的活动时，也会出现类似的行为，比如挠头、整理衣服、调整手表等。从某种意义上说，这些动作类似于避雷针，能够暂时缓解人们对于即将来临的雷电的恐惧。

女性在公众场合感觉不自在或者紧张时，会不自觉地抓紧手提包或手边的其他东西，这不太容易被人发现。不过皇室中的人，在这方面似乎更有经验，女王经常会专门准备一个手提包，用于掩饰内心的紧张。不过这也不是唯一的方式，有时候顺手端起一杯茶，双手握住茶杯，此时就会在自己胸前形成一个屏障，这也是缓解紧张的一种方法，当然，手握鲜花也能起到同样的作用。

叉腰的姿势

“我吃了一吓，赶忙抬起头，却见一个凸颧骨，薄嘴唇，五十岁上下的女人站在我面前，两手搭在髀间，没有系裙，张着两脚，正像一个画图仪器里细脚伶仃的圆规。”这是鲁迅先生在《故乡》一文中对“杨二嫂”的一段描写，寥寥几笔，便将一个尖酸刻薄的女人刻画得淋漓尽致。其中杨二嫂“两手搭在髀间”的动作就是一种类似于双手叉腰的姿势，表示轻蔑、不屑，甚至敌意。

将手置于胯部，会给人一种沉着、稳健、从

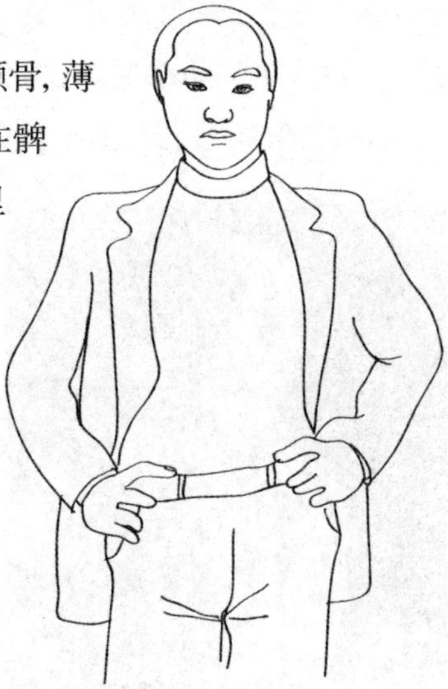

将手置于胯部，会增大身体占据的空间，给人一种错觉，原本瘦弱的人仿佛也变得高大起来，给人一种潜在的威慑力

张爱玲双手叉腰，仿佛已经把尘世看透

容自信的感觉。一般居于优势地位的人常会采取这种姿势，比如领导在跟下属交谈时，父母在批评孩子时，泼妇骂街时，为了显示权威，增强气势，常常摆出双手叉腰的架势，仿佛这样会使自己变得更高大，具有先发制人的震慑力。

双手叉腰动作的支配性可以从几个方面体现出来。首先将单手置于胯部，会增大人们的空间面积，给人一种错觉，原本瘦弱的人仿佛也变得高大起来，给人一种潜在的威慑力。如果是双手，这种效果会更加明显。其次，这也是一种威胁性语言。当人们试图穿越拥挤的人群时，往往会伸开双臂，用肘部“杀出一条血路”，最后挤进或冲出人群。肘部凭借自身的优势——坚硬、有力，正是这种无声的威胁性最终使别人让路，而又不至于激怒别人。最后，这也类似于一种准备进攻的姿势，尤其在古代，人们常在腰间佩剑，在准备进攻时，会手握剑柄，随时准备拔剑出鞘，与敌人进行搏斗。在经过长时间的演变之后，虽然不再腰挎宝剑，但是双手叉腰的姿势依旧给人一种威胁性。

正是这种威胁性，双手叉腰的姿势常常和拒绝、轻蔑、鄙视等不友好的词汇联系在一起。当人们伸出双臂，想要给你热情拥抱时，双手叉腰的姿势就像盾牌一样，将对方的拥抱拒之千里之外，对方只好将手臂悬在空中了。能够制造出如此不友好的尴尬局面，

希特勒单手叉腰的姿势，配合一双凶神恶煞的眼睛，俨然一个人间恶魔。而右手放在身体前面，又好像在试图保护自己的脆弱部位，传达出一种矛盾信号

恐怕只有那些底气十足的人才做得出来，或是有理走遍天下的人，或是有权势而无所顾忌的人。

当街头吵架的人们遭遇围观时，常常有人站起来，双手叉腰高声呵斥："看什么看，有什么好看的？都给我走开！"这是明显的拒绝信号，大概杨二嫂在做出这个姿势时，也是在传达这种信号吧，因为"豆腐西施"的门前肯定会招揽不少"观光顾客"。

二战结束后，法西斯惨败，日本无条件投降。在这种背景下，麦克阿瑟将军与日本天皇合拍了一张照片，从中可以清楚地看到：身材魁梧的麦克阿瑟将军将双手放在腰间，给人一种威风凛凛、神圣不可接近的感觉；而日本天皇在外形上本来就无法与其比肩，再加上双手下垂、笔直站立的动作，俨然像个驯服的孩子，丝毫没有一个国家元首应有的气势。本来双手叉腰在日本就是极不受欢迎的一种动作，奈何自己是战败国，即使再不友好的动作也只能接受了。

除了表示轻蔑、权威外，人们在遇到挫折时也常会采用这种动作，表示虽然自己失败了,但并不希望得到别人的同情,这种动作在体育赛场上颇为常见。在 2008 年第 49 届世乒赛进入第二个比赛日时，中国女队遇上了劲敌朝鲜队，王楠在以 1∶3 输给朝鲜选手金仲时，就曾做出双手叉腰的动作，与此同时还噘起嘴，一脸的不悦。大概除了表示自己不想被安慰外，还传递出另外一种信息，即东山再起的决心和永不言败的信念。

有时候从叉腰的姿势上也能解读人们之间的关系，尤其在聚会等社交场合。处于人群中，如果左边是一些陌生人或是自己平时不太喜欢的人，你可能就会采取双手叉腰的姿势，与对方保持一定的距离。不过也有特殊情况，如果此时又发现右边站着的恰好是自己的几个朋友，那么会不自觉地将右边的手臂放下，左边仍保持原来的姿势，所以叉腰的姿势也是判断人们关系亲疏的重要依据。

手臂交叉于裆前

手臂置于裆前通常被认为是男性为保护自己的“重要部位”而具有的专利，但是事实上并非如此，在某种情况下，女性也会使用这个动作，这似乎是人类的一种本能。

一般人们在感觉不安全或接受批评时，出于自卫，会不自觉地摆出这种架势。人们在参加葬礼时，好像从别人的死亡中联想到自己也会有这么一天，无法言表的痛苦顿时涌上心头，于是手臂就会不自觉地交叉于裆前，好像这样就会保住自己的性命似的。

在办公室里，当领导因为工作中的差错而火冒三丈时，员工常常会站成一排，双手交叉于裆前，低头不语。这是一种屈从性的自卫动作，容易让人产生怜悯感，大概领导在看到这种情形时，即使问题没有解决，气也已经消了一半。

人们在公开亮相时，经常会做出这种动作，比如站在领奖台上，或者进行一场演说时。在第45届金马奖颁奖现场，演员范植伟曾摆出双手交叉的姿势；日本女明星宫泽理惠怀孕后首次公开亮相时，双手始终交叉环绕于腹前，仿佛在有意保护腹中的胎儿。

对于女性而言，这种动作常会发生一些变形，不一定是双手相握，可能是一只手握住另一只手臂，位于胸部附近，其实这也是在表达同一种意思。在陌生人环绕的社交场合，出于本能反应，也会做出这个动作，表示自己内心的紧张或缺乏自信。

当然在做这种动作时，也可以用其他东西代替手，比如皮包或者书本等，均有异曲同工之效。

护短式姿势

背手的姿势

背手的姿势传递出这样的信息："我比较有权威""我不可冒犯"或者"不要接近我""我不想和你接触"等。一般有权势的人更喜欢使用这个姿势，展示出一种身份上的优越感，其中也或多或少夹杂着傲慢的态度。当然，如果你不想接近那些不喜欢的东西，或者心情不佳时，你也会不自觉地做出这种姿势，表示拒绝。

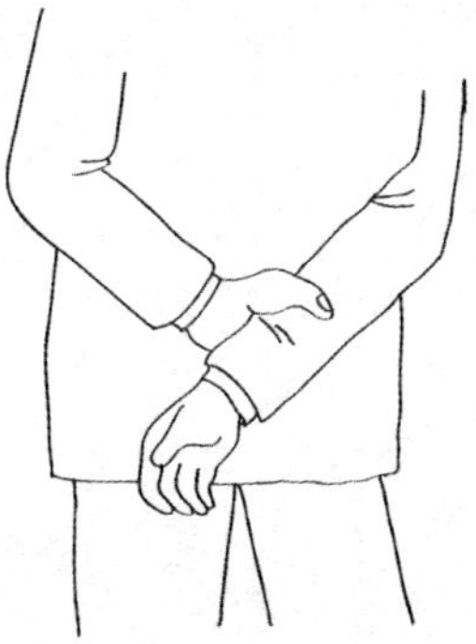
一只手抓住另一只手的腕部

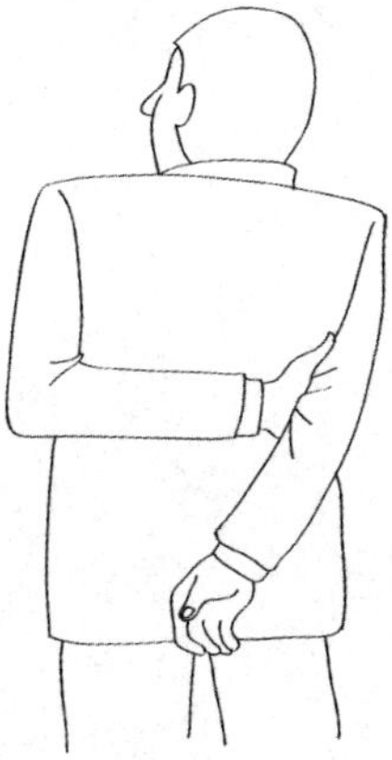
一只手抓住另一只手臂

在考场上，老师常常会背起手来回巡视，对于这种情形下的学生而言，老师的这种姿势无疑代表一种权威，当学生面对试卷"相顾无言，惟有泪千行"的时候，老师在他们眼里简直如神祇一般，只是天机不可泄露而已。

另外在领导视察、警察巡逻、军官阅兵时，总之，在上级面对下级时，都会不自觉地摆出这种姿势，一种心理上的优越感溢于言表。因为在做出这种姿势时，人的重要部位全部暴露在外面，表示此人对外界的攻击毫不畏惧，所以传达出一种从容自信的信号。

稍微变换一下背后双手的握手位置，就会产生截然不同的效果。如果一只手握住另一只手的手腕，就会传达出一种紧张沮丧的信息，而这个姿势——一只手紧握另一只手的手腕，本身就是一种充满敌意的防御姿势，而不再是悠闲自在的背手。

如果抓握另一只手的手超过了腕部，如握住肘部或臂部，距离手部的距离越远，则表示此人的情感越强烈。在人们进行一项紧张、艰巨、对自己有一定挑战性的任务时，会不自觉地做出这种姿势，比如不善言谈的人在上台演讲之前，病人在接受手术前，他们试图以此来掩饰内心的紧张，其实却是欲盖弥彰。

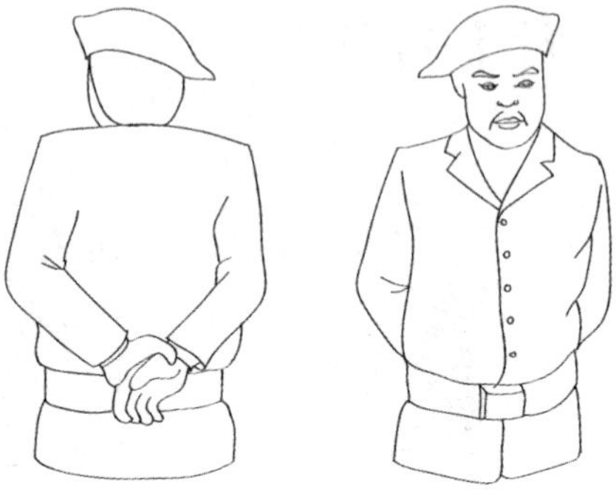

不管从哪个角度看，背手的姿势都会给人留下权威、自信的印象

所以，当自己处于紧张状态时，有意识地调整一下背手的姿势，或许会使你更自信，甚至帮你转败为胜，因为积极的心态可以征服世界上任何一座高峰。

第八章 手势语

手势语

我们经常说“心灵手巧”，这个词多用来形容女子，意思是心思灵敏，手艺巧妙，可见人们早就意识到手指与大脑有着密切关系。后来科学家通过研究也得出同样的结论，他们指出，在人类的进化过程中，越是重要的部位，与大脑联系的神经纤维数量越多，在大脑皮层中所占的面积也越大。手随着人类社会的发展，所从事的工作越来越精细复杂，在生活中扮演的角色也越来越重要，不但吃饭、洗衣等日常事务需要手来完成，而且写字、弹钢琴等复杂工作也需要手来做，所以手逐渐发展成人体与大脑关联最多的部位。因此，手部的一举一动都暗示着大脑的细微变化，留意手部动作对洞察他人的内心有重要意义。

手与大脑的密切关系使手势语成为有声语言的重要辅助语言，在世界各国得到广泛应用。克洛德·迪隆在《戴高乐在爱丽舍宫》一书中有一段关于戴高乐使用手势语的描述，其中写道：“当他进行公开演说时，他习惯于两臂向上在空中画‘V’字形。在记者招待会上，他的动作比较节制，目的是为了强调他的讲话。说得形象些，是要把它捏成形，‘揉面’一词经常出现在他的语言中，他正是模仿揉面的动作，小臂不断地在空中画着弧形，两只手微微弯曲成杯形，好像真在糅合文字和宇宙这两块儿面团似的。”戴高乐之所以在讲话时伴有如此丰富的手势语，是因为他懂得这有助于增强他的演

法国前总统戴高乐在演讲

讲效果。

事实上也确实如此，人们通过实验证实了这一点。在实验中，志愿者被分成两组，工作人员用两种方式分别给这两组志愿者讲述同一个故事，然后测试他们的记忆效果。在为第一组讲故事时，只是用单一的语言，为第二组讲故事时则配合丰富的手势语，结果发现，第二组志愿者对故事细节的掌握程度明显优于第一组，这说明手势语的确能增强人们的记忆效果。

在日常生活中，人们可以根据需要，充分发挥手势语的作用。比如在课堂上，老师如果在讲课时能够配以丰富形象的手势语，会大大提高学生的听课效率，这比起枯燥乏味的冗长说教来，要有用得多。在公众场合演讲或发言时，不妨学学戴高乐，这既能给听众留下深刻印象，也能更加有效地传达信息。

当然手势语也不能滥用,在运用手势语时既要适度又要讲究一定的技巧，最好能和自己的口语或者接收到的信息保持默契，否则就会产生适得其反的效果。具体来说，要注意以下几点：首先，要看语境，选择手势语要做到因地制宜。比如在庄重严肃的场合，如果用食指指向别人，很容易引起别人的反感，因为这是冒犯他人的信号。而在与人吵架时，这个动作就会变成一把利器，能够有力打击对方的嚣张气焰。

其次，不要胡乱使用手势语。在徐行舟的《外交趣闻录》中，记载了这样一个故事：有一次，美国总统门罗在白宫举行宴会招待各国外交官员。法国外长德·塞胡赫尔和英国外交大臣查尔斯·沃恩相向而坐，后来查尔斯·沃恩发现自己每讲一句话，对面的法国外长就咬一下拇指。查尔斯·沃恩坚持了几分钟，实在无法忍受，便问塞胡赫尔：“你在对我咬手指吗，先生？”对方回答：“是的。”而且毫不示弱，甚至还有些理直气壮。查尔斯·沃恩忍无可忍，双方剑拔弩张，门罗总统见状，以惊人的速度插到二人之间，一场恶斗才没有发生。

这是因为在英国，咬拇指是一种侮辱性手势。莎士比亚的悲剧《罗密欧与朱丽叶》中就有这样的对白：“我要当着他们的面咬拇指，让他们丢脸，让他们感到耻辱。”可以想象查尔斯·沃恩受到这种待遇时是种什么心情，对方当众对自己发出侮辱信号，而且事后没有丝毫歉意，难怪查尔斯·沃恩要大打出手了。

最后，要注意手势语使用的频率。太频繁地摆动手指，会让人感觉你缺乏稳重感，也会降低你的信任度，而且会给人留下缺少修养的糟糕印象。所以在公众场合，一定要注意自己的手势语，否则细微的差池，就可能造成严重后果。

竖起拇指的手势

在大多数国家，竖起拇指代表“加油”“第一”的意思，因为拇指在五个手指中排名第一，我们常说的“首屈一指”，说的就是拇指。在2008年北京奥运会期间，竖起拇指的手势被设计为奥运手势，表示肯定、赞扬、敬佩等。

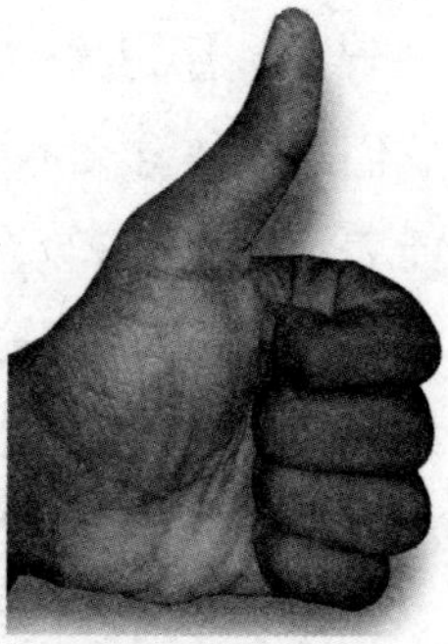

竖起拇指

在大多数国家，竖拇指表示“加油”“第一”，因为拇指在五个手指中排名第一，我们常说的“首屈一指”，指的就是拇指

关于竖起拇指的起源，至今仍没有定论。有人认为这个手势源于古罗马竞技场。皇帝在下令判决角斗士的生死时，常会做出这种手势，如果拇指朝上，表示“给他自由！”相反，拇指朝下则表示“杀死他！”不过这种说法缺少依据，至今无法得到认可。

由于身体语言的地域性，竖起拇指的手势在世界不同地区所代表的含义也有差别。英国动物学家和人类行为学家德斯蒙德·莫里斯曾对此做过一项调查，在对世界上40个地区所做的

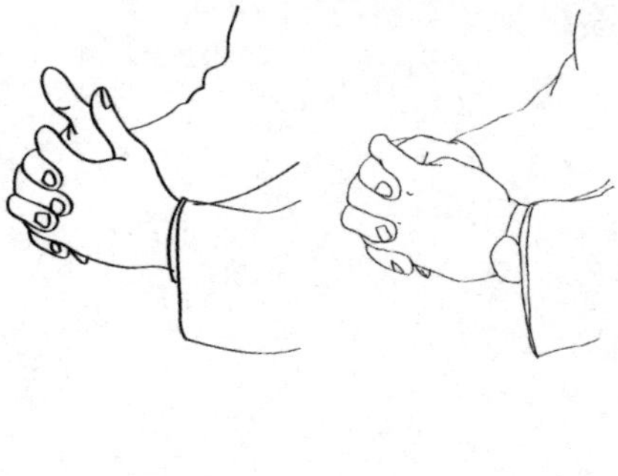

双手交叉，竖起拇指

在谈话中，这种手势反映出一个人的积极情绪。但是这个手势在谈话过程中有极大变数，如果拇指突然缩到拳头里面，这表示对方情绪发生了转变，开始消极了

1200份问卷调查中，有738份认为竖起拇指表示“好”“好极了！”有40份认为它表示“一个”，还有30份表示搭便车、36份表示侮辱、14份表示向上、24份代表其他含义，另外还有318份表示从来不用这个姿势。可见在世界上大部分地区，竖起拇指代表积极含义，虽然它们的具体含义不尽相同。可能表示胜利、一流、平安、好运等等，而在大部分地区，竖起拇指的手势可以与OK的手势互换，只是在地域分布上有一定差别，在意大利比较流行OK的手势，而法国人似乎更钟情于竖起拇指的手势。

在北京奥运会上，古巴选手罗伯斯在夺得男子110米栏冠军后，曾身披国旗，向观众竖起拇指

在现实生活中，竖起拇指的手势屡见不鲜，在北京奥运会上，古巴选手罗伯斯在夺得男子110米栏冠军后，曾身披国旗，向观众竖起拇指，胜利的喜悦之情，在竖起的拇指间久久荡漾；在北京奥运会前夕，有幸参加火炬传递的火炬手在拿到火炬的刹那几乎每个人都竖起了拇指，他们好像在用这种无声语言为奥运加油；在奥运会闭幕式上，国际奥委会主席罗格先生对当天的表演竖起拇指，并用“无与伦比”评价北京奥运会。

懂得欣赏别人的人，也会赢得别人的尊重。欣赏本身就透露出不凡的胸襟气度。所以不要吝惜你的赞美，对那些优秀的人适时竖起拇指，不但能鼓励他们，也会激励自己。就像人们常说的：赠人玫瑰，手有余香。

塔尖式手势

塔尖式手势，是一种类似于祈祷的动作，十指相扣，只是双手手掌并未完全并拢，这种手势类似于塔尖，因此被称为“塔尖式手势”。持这种手势的人传达出一种自信、高傲、唯我独尊的信息，常用于上下级之间。

塔尖式手势会使人看上去更自信,因为这种手势会使手占据更大的空间，就像摆出叉腰姿势的人显得更威武一样，给人一种积极的心理暗示。在参加辩论赛时，可以积极使用这种手势，这会使人变得意气风发，在唇枪舌剑之前就在气势上压倒对方，等于是先发制人。不过如果试图说服别人，或者想与别人交朋友，最好不要摆出这种手势。这会给人一种压迫感，与你交谈像接受上级训话一样，那么你就很难达到预期目的了。

塔尖式手势主要有两种形式，凸起的塔尖式手势和凹下的塔尖式手势，一般对于男性而言，常采用前一种形式，而女性朋友则更钟情于后者。不管哪一种形式，都会给人留下高傲自大、不可接近的印象，所以千万不要随便摆出这种手势。

领导公开发言时，常会摆出这种手势；审判人员审问犯罪嫌疑人时，也会利用这种手势，似乎在说：“我们什么都知道，坦白交代吧！”由此可知，这种手势也是一种身份的象征，属于那些有一定社会地位的人。

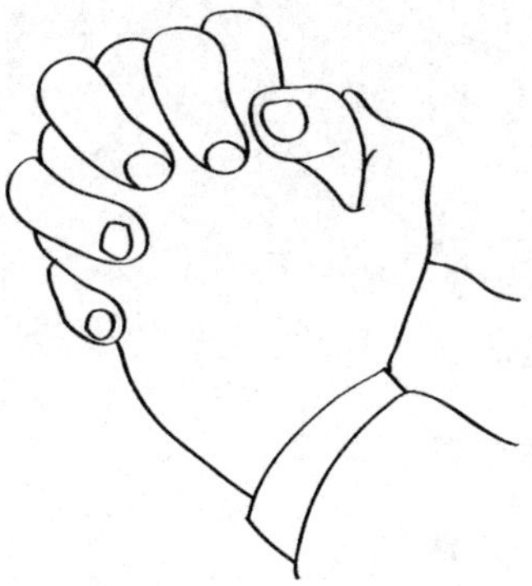

手指交叉，攥在一起

这是压力和焦虑的标志性手势。如果有人从塔尖式手势转变成这种手势，表明他的自信已经开始动摇，如果之后又回到塔尖式手势，说明经过反复的思想斗争，他又重新树立了自信

在现实生活中，要想正确解读塔尖式手势，还要结合其他身体语言。如果对方在摊手、点头、身体前倾等积极的身体语言之后摆出这种手势，那么这代表一种认同和肯定；如果这个手势发生在摇头、交叉双臂、跷二郎腿等消极动作之后，那就表示一种轻蔑和否定。

搓手的手势

寒风凛冽的冬天，人们经常会不由自主地搓手，你会不假思索地认为这是在取暖，但是，如果在温暖的房间或者在其他季节做出这个手势，你还会这么认为吗？答案一定是否定的。

记得上次去电子城买电脑时，我刚刚走进去，就有销售人员将我团团围住，当我随便选择了一个，并随他走过去后，他微笑着向我介绍产品，并不停地搓手，好像在期待我作出选择，当我表示今天只是来看看，并不会马上买的时候，那双手迅速松开了，仿佛希望落空了似的。我继续喋喋不休地询问，并表示明天会来买，此时他又搓起了手，并要我付一些订金，以保证有货。

如果懂得搓手的含义，就能清楚地把握他人的心态。众所周知，“摩拳擦掌”经常用来形容战斗或劳动之前，人们精神振奋，跃跃欲试的样子。其实搓手的意思与此类似，表示对某种事物的期盼。这种手势在生活中出现的频率很高，在课堂上，当老师要求学生轮流发言时，准备发言的同学常常会搓手；在下属向领导汇报工作时，尤其是自己业绩斐然，期待得到表扬时，也会不自觉地搓手，如

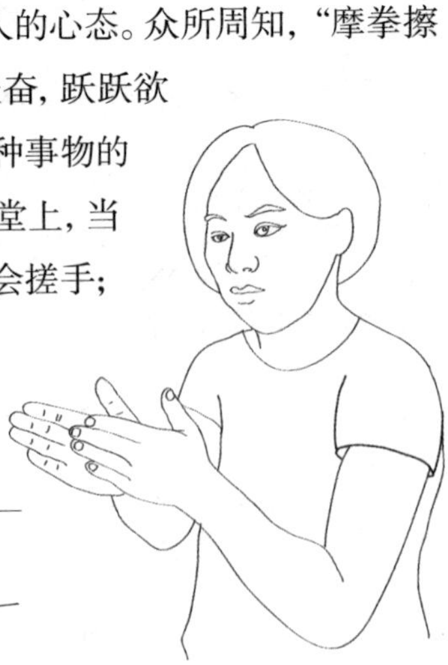

搓手的动作

表示此人正在期待什么，可能是某种奖赏或者一笔生意等

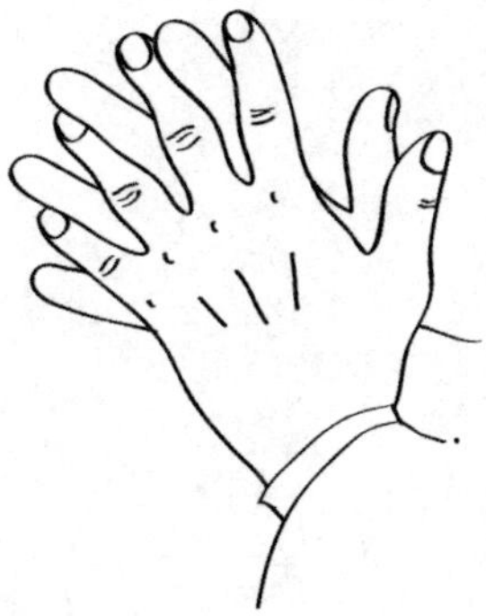

手指交叉，上下搓动

这是一种自我安慰，表明大脑想通过自我触摸缓解焦虑

果是懂得运用身体语言的领导，此时就会竖起拇指，夸赞这位下属“做得好！”对于下属来讲，得到领导的肯定是基本的心理需求，也是继续努力的不竭动力。最经典的搓手手势莫过于掷骰子，影片中经常会出现这样的画面：赌徒将骰子放在手心，然后慢慢地反复摩挲，希望能够出现幸运数字。

有效解读顾客的搓手手势，对于商业活动的顺利开展也有积极作用。在看商品时搓手的顾客，表示他期待买到更合适的商品，此时销售人员就要全力以赴全面介绍有关产品，直到顾客满意为止。如果顾客根本没有买的意向，那么此时就没必要再浪费时间，可以迅速转移目标了。

还有一种搓手手势，不是用一只手搓另一只手，而是用其他东西擦手掌，比如毛巾、衣服等，这显然是一种紧张、焦虑的信号。人们在即将进行一项具有挑战性的活动前，常会紧张得手掌冒汗，为了掩饰这种紧张情绪，便会找机会擦拭手上的汗。

搓手手势在服务行业中运用得十分广泛。细心的人会发现，站在门口的迎宾人员，在看到过往的行人时，常常会做出搓手手势，仿佛在期盼顾客光临；在买完东西要付账时，售货员会做出搓手手势，这是意料之中的期待。而在国外，搓手的手势配合恰当的语言，是常见的索取小费的手势，比如他可能会问你：“先生，我为您准备的座位还满意吧？”然后搓手不语。此时，你就应该明白对方这是在向你索取小费呢！

摸下巴的手势

著名雕塑家罗丹的杰作《思想者》塑造了一个坐在石头上，弯腰屈膝，手托下巴凝视人类痛苦的裸体男子形象。由此可以看出手托下巴是一种思考手势，但是除此之外，从《思想者》中传达出更多的是痛苦，那紧绷的肌肉、蜷缩的身躯、深陷的眼睛都可以透露出其内心深深的苦闷。所以解读身体语言一定要结合其他身体信号。

当人们对眼前的事物表现出极大兴趣和热情时，经常会用手轻轻触摸下巴或脸颊

在日常生活中，当人们对眼前的事物表现出极大的兴趣和热情时，经常会触摸下巴或脸颊。在会议室或课堂上经常可以看到这个手势，一个人在侃侃而谈，其他人认真聆听，并始终保持摸下巴的手势，看上去像是在认真思考，好像把手放在脸部更能够集中精力、专心致志地听讲或思考。不过也并非完全如此，当人们被眼前的某位演讲者弄得疲惫不堪时，也会保持这个手势，只是此时的手已经完全像个支架，她好像想通过这个手势告诉别人："我在坚持，要不是手托着脸，我早就睡着了！"

我在坚持，要不是手托着脸，我早就睡着了

所以假如你在台上演讲，一定要仔细观察台下的听众，他们是在兴致勃勃地聆听还是疲惫不堪地敷衍。后者自以为这样做能够博得上司的欢心，其实他的身体语言早就将自己出卖了，上司一眼就能看出来，谁在认真听，谁在伪装。那些用手轻轻触摸下巴或脸颊的人，多半是在思考，而将脸的重心完全支在这双手上的人无疑是在伪装。

在演讲过程中，如果发现有人食指朝上，拇指摸下巴，那么表示这个人可能正在对你的发言进行评价。如果他接下来将食指移到嘴部，或者用手抹眼睛，则表明这个人有疑问，此时你就应该停下来，重申自己的论点或者给大家讨论的机会。

食指朝上，拇指摸下巴，表示这个人可能正在对别人的发言进行评价

回忆一下，当你需要作出一项重大决定时，会出现什么样的肢体语言？可能会在房间里走来走去，或者凝视远方发呆，不过最常用的还是摸下巴的手势，这是作决定的标志性语言。在谈判结束需要作出决定时，也经常可以看见谈判者用手轻轻触摸下巴。总之这是一种沉思动作，表示自己在作出重大决定之前的慎重思考。

人们在作出一项重大决定时经常会用手触摸下巴

在演讲或谈判时，当你发现听众或谈判对手做出摸下巴的手势时，可以判断对方在作决定，但是不知道即将作出的决定的倾向，这就需要观察他们其他部位的动作。如果对方做出双臂交叉、后背紧靠椅子的动作，那么可能对方的决定与你的要求相左，如果对方做出身体前倾、摊开双手的动作，那你就不必担心了。

另外，当人们得意扬扬时，也会不自觉地用手摸下巴，吴宇森在《赤壁》首映式上曾做出这个动作，并且面带微笑，喜悦之情溢于言表。在2004年温布尔登网球公开赛上，瑞士名将费德勒在先失一盘的情况下，连胜三局，打败了美国小将罗迪克，成功蝉联温网男单冠军。在领奖时，他右手抱着奖杯，左手做出了摸下巴的手势，脸上挂满微笑。

摸鼻子的手势

美国前总统布什在2007年年底召开的新闻发布会上，回顾本年度国内国际的重大事件，尽管布什竭力保持微笑，还不时跟记者开开玩笑，但是面对国内白宫与国会矛盾不断、次贷危机恶化，国外深陷战争泥潭、美俄关系恶化等一系列的棘手问题，布什始终无法掩饰内心的焦虑，他不断做出摸鼻子、皱眉、撇嘴等动作，似乎在用身体语言告诉人们：“我真是烦透了！”

从布什的例子中可以看出，摸鼻子可能代表内心的焦虑、紧张。当然这并非凭空揣测，科学家早已研究表明，人们处于焦虑状态时，会使血压升高，进而导致软组织肿大，鼻子属于软组织的一部分，所以也会变大，此时人会有鼻子刺痒的感觉，所以会出现摸鼻子的手势。当明星面对记者的提问，无法给出合适的答案时，也会出现这样的动作，一次李宇春做客新浪网时，经常做出手摸鼻子的手势，虽然她一直保持微笑，但是内心的紧张早已暴露无遗！学生在考场上，面对空白的试卷，眼看时间一分一秒过去，而自己又无计可施时，也会做出摸鼻子的手势，当监考老师发现这种信号后，就应该看好这个学生，因为他很可能会“铤而走险”去作弊。

摸鼻子也通常被认为是撒谎的标志。科学家研究发现人在撒谎的时候，身体中会形成一种被称为“儿茶酚胺”的物质，它会促使撒谎者的鼻子变大，当然人在撒谎时，肯定会焦虑不安，所以血压升高也是鼻子变大的重要原因。2009年，贾静雯因为“家庭纠纷”在媒体前哭诉时，做出了很多表情动作。“仔细看她的面部表情，抿嘴和抽动嘴角的次数太多，甚至还不自然地上提嘴角肌肉。当发言人每次提到婚姻、孩子时，她就抿嘴、紧闭双唇，这从一个侧面说明她确实隐瞒了很多事情”“多次用手摸鼻子，这是一种掩饰的表现，出现了嘴角往下的表情，与克林顿当时的表情类似，是一种羞愧的表现”。

说到摸鼻子，很多人都会想到当年克林顿的“性丑闻事件”。当他在法庭上受到质问时，曾频繁地摸鼻子，好像自己的鼻子突然长出来一截似的。

当然，生活中摸鼻子的人不一定都在说谎，有时可能只是鼻子发痒，或者因为其他问题，不过一般因为鼻子发痒而摸鼻子的人，手的力度会更大，手在鼻子上停留的时间也比较长，而说谎时手只是碰一下鼻子而已。

摸鼻子的动作反映出人们内心的焦虑、紧张，也是说谎的信号，但有时则与这两者毫无关系，只是一种否定信号，表示“No”。学会解读并有效运用这个手势，无论在生活中还是在开展工作时，都会助你一臂之力。当你向朋友求助时，如果对方没有马上答复你，而是做出摸鼻子的手势，显然他不愿意提供帮助，而又不好意思直接拒绝，所以就通过摸鼻子来替代伤人的“不”。当然，你也可以恰当运用这个动作，以达到某种目的。比如面对喋喋不休的交谈者，你想结束谈话时，可以频繁地摸鼻子，如果对方知趣的话很快就会闭上嘴巴。

在外交、商业谈判中，如果对方出现这个动作，你可以判断他可能是在隐瞒什么，或者还没有下定决心，你可以由此判断对方的真实想法，进而作出相应决策。

摸嘴的手势

人类所有触摸自己的手势都是一种自我安慰，和摸鼻子、摸下巴、摸脸一样，摸嘴也是一种缓解焦虑的方法，人们试图通过摸嘴这种手势转移焦虑，进而达到缓解压力的目的。

当有人做出这种手势时，我们会不自觉地联想到，这个人鬼鬼祟祟，是不是在隐瞒什么？或者会解读出这个人内心很紧张。当然，有时候摸嘴是女人性感的标志，在遇到心仪的白马王子时，常会做出这个手势。还有，人们在吃东西时，也会用手抹去嘴边的食物残渣。因此，要想准确判断这个手势的确切含义，还要具体问题具体分析。

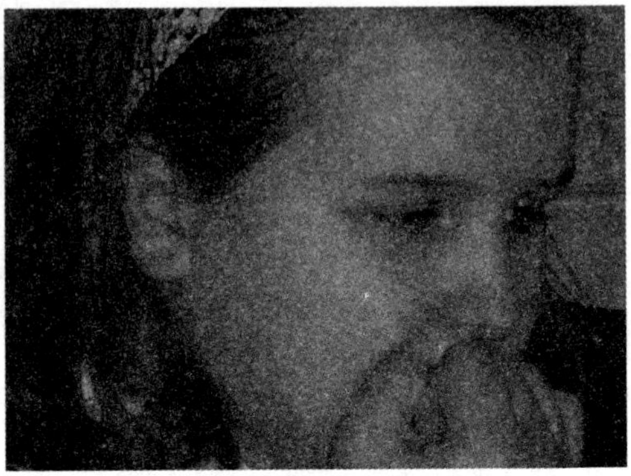
小女孩用手掩住嘴巴，看上去很紧张

婴儿在饥饿难耐时，就会吮吸母亲的乳头，所以从那时起，人们就感觉吮吸乳头是缓解焦虑的好办法，等到长大些，没有资格继续吃奶时，人们就会通过吮吸手指来获取同样的安慰。在成年后，自然不能再吮吸手指，此时吮吸手指的动作就会简化为摸嘴的手势，仿佛这样也能重温当年从母亲那里获得的安全感。不过当人们极度焦虑时，也会咬指甲、挤压嘴唇或者用手指按住上下嘴唇不断挤压。

推销时，销售人员要避免使用这种手势，以免引起顾客的怀疑。如果发现顾客做出这个手势，销售人员就要注意了，比如，面对你的推销，顾客可能会说："对不起，先生，我们家已经买了这种产品了。"同时做出摸嘴的手势。此时他很可能在说谎，或许你的推销技术不够高明，又或许你推销的产品不够诱人。在这种情况下，你可以再反复强调一下产品的优点及价格上的优惠，并留下电话，表示自己愿意随时送货上门。或许经过斟酌，顾客会主动要求送货。

在发言时，如果发现倾听者做出这个手势，这表明对方有话要说，可能对你的发言存有异议，也可能想要进行补充。此时你要适时停下来，给别人说话的机会。

一根手指竖立在唇边，并发出"嘘"的声音，这是尽人皆知的手势，表示要保持安静，不要大声喧哗。当然有时是告诫对方要保密，不要声张。在不需要安静的场合做出这个手势，很可能是在掩饰秘密。

戏剧中的手势

在中国，戏剧的主要艺术形式为戏曲，手势在戏曲表演中起着举足轻重的作用，几乎每一句唱词都离不开手势的辅助。舞台上的艺术家，在有限的时间和空间范围内，不但要表现出剧中人物的喜怒哀乐，还要将他们复杂多变的内心世界展现出来，所以单凭唱词，远远达不到这种效果，而丰富的身体语言为艺术家塑造丰满的舞台形象提供了可能，在所有的身体语言中，手势语最具表现力，因此在戏曲界有这样的说法："手是人的第二张脸。"

戏曲中的手势主要是由剧情和角色决定的。从京剧为例，角色主要分生、旦、净、丑，其中"旦"为女性角色，"生"为男性角色，"净"为花脸，"丑"为小人物或反面人物。在具体表演中，每一种手势都有一定的规范和含义。比如净角张开五指，像老虎伸出爪子一样，这种手势代表勇猛、威武；小生五指并拢，拇指微屈，表示稳重；老生中指、食指微伸，其余三指皆屈，表示衰老、迟钝；旦角中指倒下搭住拇指，食指挺直，无名指、小指微屈，状若"兰花"，谓"兰花指"，表示温柔、矜持。此外，抖手动作也有许多讲究，向外抖手表示厌恶、拒绝；向内抖手表示惊恐、慌张；上下左右抖动即表示抑制不住的喜悦心情等等。

梅兰芳先生在《贵妃醉酒》剧照中的兰花指

京剧表演大师梅兰芳先生深知手势的表现力，所以在戏曲表演中非常注重手势的运用，并在戏曲手势方面作出了很大贡献。过去唱青衣的旦角为了显示庄重，是不会轻易露出手的，后来王瑶卿先生打破了这一点，梅兰芳先生继承老师的成果，并在此基础上进一步创新，创造出许多富有感染力的优美手势，极大地丰富了戏曲的舞台表演效果。

梅兰芳先生丰富优美、富于变化的手势，不但赢得了中国观众的喜爱，在国际上也有很高的声誉。美国戏剧评论家称他在剧中的手势具有“醉人的美”；还有人将梅兰芳先生优美的手势拍下来研究；甚至有人将这些手势做成大理石雕塑，供人们欣赏。苏联戏剧家斯坦尼斯拉夫斯基曾说：“梅兰芳先生的手不仅对我有很大的引诱力，而且苏联很多著名艺术家也都非常喜欢这双非凡的手。”苏联戏剧导演梅耶荷德则说：“梅兰芳先生的手势可真叫绝，让我们这些语言不通的外国观众也能理解剧中人的思想感情。”

“V”形手势

人们在拍照时，都喜欢伸出食指和中指摆出“V”形手势，并且经常面带笑容，摆出一副踌躇满志、意气风发的样子。那么“V”形手势到底代表什么呢？其实在中国，这个手势就像麦当劳和情人节一样，是个“舶来品”。它真正起源于西欧，表示胜利的喜悦、成功的信念等积极情绪。

二战期间，英国首相丘吉尔在公开露面时，经常使用“V”形手势，从而使其具有了非凡的意义，那时候“V”形手势几乎成了“胜利”的代名词

“V”形表示胜利，可能与英文“victory”（胜利）有关，也是法文“victoire”（胜利）的首字母，在荷兰语中，“V”（vrijheid）代表“自由”，在塞尔维亚语中，代表“英雄气概”。总而言之，这是一个鼓舞人心的手势。

据说在二战期间，法西斯兴风作浪，西欧沦陷，许多人逃到英国避难，其中有个叫维克托·德拉维利的比利时人，每天通过电台向比利时发表

手掌朝里的“V”形手势是一种侮辱性手势

演说，鼓励人民团结起来，共同抵抗法西斯，并号召人们在公共场所书写“V”形，以坚定胜利的信念。“V”形运动迅速扩展，很快被法西斯占领的国家的大街小巷都写满了“V”字形，这使得法西斯大为恐慌，自乱阵脚。另外，二战期间，英国首相丘吉尔在公开露面时，经常向公众打出这个手势，后来人们纷纷效仿，以至风靡全球。不过有一点需要注意，这里说的“V”形手势，一定是手掌朝外，因为手掌朝里的“V”字形手势是一种侮辱性手势。

当然，“V”形手势在不同国家的含义也有所差别，全球大部分国家都用它表示胜利、喜悦、信心等，在亚非国家，这个手势还可以表示“两个”、“2”等。

发言时的常用手势

手势是仅次于面部表情的直观性表达方式。发言时配合适当的手势，不仅能够活跃现场气氛，使你的发言变得生动活泼，也能有效增强信息传播效果。研究表明，适当配合手势的演讲相对单一的口头表达而言，前者最后留给听众的东西更多一些。

除了前文提到的一些外，常见的手势还有巧握、捏握、打击等，这里选择介绍一些常用的手势，以便人们在发言中更好地利用身体语言表达自己，了解别人。

发言常用手势一览表

巧握手势	人们在发言过程中，需要精确表达某个观点时，经常会采用巧握的手势。
用拇指握住食指	这个手势像是哪位能工巧匠握住小巧的工具进行举世无双的艺术创作的，实际上演讲者只是借此强调自己的观点而已。
拇指与其他四指并拢	这表示演讲者想通过这个手势表达一种精确的观点
拇指与食指即将接触	演讲者对某个问题不太确定时，会做出这个手势。
捏握手势	演讲者在极力强调某个观点时，常会采用捏握的手势。
握拳	这是政治家常用的手势，他们通常会有意识地采取这种手势，来表达自己的信念和力量，但是在现实生活中，一般情况下人们不会用到这个手势。
拇指和其他手指向内弯曲	演讲者对某些观点不是很确定时，常会采用这种手势，表示自己并不十分坚定，但是尽管如此，依旧希望别人能够严肃对待自己的发言。
拇指和其他手指向内弯曲，好像握住一件东西	演讲者在做出这个手势时，表示他正努力在听众中树立威信。
打击手势	在发言过程中，假如演讲者遭到不合理的反驳或质疑，情急之下可能会配合打击手势。
用食指指向对方	演讲者在出言不逊、攻击别人的时候，常会伸出食指，直指对方。此时在演讲者眼里，这已经不再是单纯的手指了，而是一件攻击对方的武器，好像朝谁一指，就能穿透对方的身体似的。
用食指敲打	演讲者在情绪激动时，会伸出食指，迅速有力地上下敲打，好像在用木棍敲打对手一样，或者想用这个手势表明自己对刚才提到的现象深恶痛绝，希望尽快得到解决。
举起拳头猛击	演讲者在表达自己的进取精神或者发表某种倾向性言论时，如果他希望能感染听众，引起共鸣，便常会做出这种手势，即紧握拳头，对着空气向上猛击。

劈砍	演讲者在极力强调某个问题时，会做出这个极具挑衅性的手势，配合这个手势，嘴里会蹦出某个关键词，比如“事情就是这样！”，好像在向反对者发出“最后通牒”。这个手势表明演讲者在这件事情上有足够的发言权，他将坚决与反对者抗争到底。
剪刀动作	剪刀动作是指双手交叉于胸前，形状类似剪刀，双手向外劈砍。演讲者在做出这个手势时，表示他在批判某种观点或现象，并会反对到底。
双掌前推	人们在直接与人交谈时，如果自己不同意对方的观点或拒绝别人的馈赠时，经常会做出这个手势，可能嘴里还一直说着“不，不是”，好像要将其推出自己的视线一样。在演讲中，演讲者在拒绝或反驳某个观点时，也会使用这个手势。
展开双手	在演讲者想要与听众沟通感情，建立良好关系时，他会展开双手做出一些手势，这与摊开双手的手势有异曲同工之妙，都表示自己在与听众进行开诚布公的交流。
展开双手比画	在演讲过程中，演讲者经常会不自觉地展开双手，像是在比画什么东西的大小，这表明演讲者试图将自己的想法传到听众大脑中去。
展开手掌，五指分开	伸出一只展开的手掌，五指分开，演讲者在做出这个手势时，表示他想要与每位听众建立联系。
掌心向上	掌心向上，伸开双手，眼睛直面听众，这是个类似于乞讨的手势，最容易触动人们的软肋，进而对当事人生出同情。演讲者在使用这个手势时，是想从听众那里得到更多的鼓励和认同。
掌心向下	在嘈杂混乱的会场中，如果试图使大家安静下来，就会看见有人站在较高的位置，一边高声讲话，一边做出这种手势：伸出双手，掌心向下，还不时地上下摆动。当然在平息紧张激烈的气氛时，人们也会采用这种手势。
掌心向里	在演讲者企图让听众进一步接近、了解自己时，会做出这样的手势：展开双手，掌心朝向自己的身体，好像要包围自己似的。

了解发言时这些常见的手势，袁能够帮助自己更好地理解别人，袁也有助于发言时更好地表达自己。准确发挥手势的作用，会使你的发言更加精彩生动也更具说服力。

盘点各国手势语

"OK"手势

手势语起源于生产劳动，由于各地区地理、气候、历史、风俗等方面的差异，手势语具有明显的地域性、民族性，在不同国家和地区，可能同一手势表达迥然不同的含义，不同手势却代表同一种意思。在国际交往日益频繁的今天，广泛了解世界各国的手势语，对中外交流的顺利开展有积极的指导意义，不然，你可能要为一个小小的手势付出沉重代价。

有位美国人前往法国做葡萄酒生意，受到法国商人的热情款待，在宴会上，他品尝了对方专门为他准备的葡萄酒，只喝了一口就被酒的甘醇清香陶醉了，于是马上做出一个"OK"的手势，结果对方立刻变了脸色，他一脸无辜，不知道自己哪里冒犯对方了，直到后来趁他去洗手间的机会，助手提醒他在法国西部，"OK"的手势表示一钱不值，他这才恍然大悟，连忙向对方道歉。除此之外，这个手势在其他国家和地区还有许多含义，比如在俄罗斯、巴西、土耳其及地中海地区，表示有孔或洞，是一种侮辱性手势，有时还用来指同性恋，在日本则表示金钱。

所以在与外国朋友交往之前，及时准确地了解该国的手势语非常必要。这里我们就一些常用手势在世界各国的含义作简要说明。

同一手势在世界各国的含义

手势	在世界各国的含义
竖食指 	以此引起人们的注意，表示打扰。在演讲时，如果有人做出这个手势，表示他有话要说，如果你是演讲者，此时就要让出发言权。在餐厅吃饭时，也可以用这个手势招呼服务员。当然这也是数字“1”的表达法。一般在美国以此示意服务员或表示稍等。在英国、澳大利亚、新西兰等国表示数字“1”。
竖中指 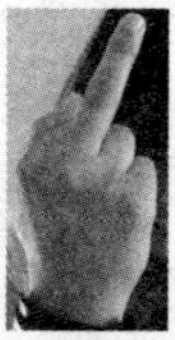	竖中指在大多数国家都是极令人讨厌的下流手势，因为中指在五指中最长，象征男性的阳具，对女性做出这种手势，更是一种挑逗和侮辱。在赛场上这个手势出现的频率颇高，在 2007 年的西甲联赛中，皇马以 1 比 0 的成绩力克萨拉戈萨，这本来是件好事，但是皇马队主教练卡佩罗竟向球迷竖中指，当被问及原因时，他说有两个球迷一直在辱骂他，还打出“罗纳尔多留下，卡佩罗滚蛋”的标语，他实在忍无可忍才做出这个手势回应对方。
朝上竖起拇指 	这几乎是世界通用语，表示“好”。在意大利表示数字“1”。在澳大利亚表示“好、行”。不过如果到了希腊，就千万不要再用了，不管要表达数字还是要搭便车，都要回避这个手势，因为在那里它表示：“够了！”
朝下伸出大拇指 	这个手势通用于很多国家，但是含义迥异。可以表示“下面”“下方”，比如中国。还有的国家表示“不能接受”“不同意”，或表示“对方输了”，像美国、菲律宾、英国等。墨西哥、法国用这一手势表示“没用”“死了”“运气差”等。与此相近，东南亚国家也用其来表示“失败”。而澳大利亚则用它来表示嘲笑讽刺。突尼斯则表示“倒水”“停止”等。
伸出弯曲的食指 	在欧美国家招呼某人到自己跟前来时，常用这个手势。也有些国家用它来表示数字，比如在中国表示“9”，在缅甸表示“5”，在斯里兰卡表示“一半”。在墨西哥表示“钱”，也有询问价格的意思。另外，弯曲的手指看上去可能有懦弱无能、躲闪及小气的意味，所以在日本它表示“小偷”“偷窃行为”，在印尼表示“居心叵测”，在朝鲜表示“小气”。东南亚国家则用它表示“死亡”“击倒”等。
伸出食指和小指 	这个手势看起来像牛角，有自我保护的意味，所以在欧洲大多数国家用来表示保护自己。在非洲国家，要教训某人时，会朝那个人做出这个手势。在地中海地区表示妻子有外遇，也表示要回避邪恶的眼神；在拉丁美洲许多国家，表示“好运”。当然在美国这也是“摇滚”的标志。

伸出拇指、食指和小指 	通常表示“I love you”。
竖起小指 	小指是最小的手指，在中国竖起小指表示“小”“差”“倒数第一”等，具有强烈的轻蔑意味。在日本表示“女人”。在朝鲜表示“妻子”。在美国表示“懦弱的男人”，有时也表示“打赌”。在缅甸、印度表示想去厕所。
食指刮下巴 	这个类似于刮胡子的手势，是法国特有的手势，常被女性用来拒绝自己不喜欢的追求者。因为在法语中剃刀和厌烦同义，所以人们常用刮胡子的手势告诉某人走开。

其他常见手势语

其他常见手势语一览表

手势	手势语
双臂支撑在桌子上，双手的食指和拇指支撑头部	当人们集中精力思考，不希望被外物打扰时，就会做出这个手势，好像这样就能够将分散注意力的外物排除在视线之外。
摘线头	头部下垂，眼睛盯着自己的衣服或地板，轻轻拉扯衣服，好像要摘掉多余的线头。人们在做这个手势时，表明不赞成发言者的观点或看法，尽管还没有开口，但是这一手势说明他有充足的理由。
手指太阳穴	表示脑袋有问题，言外之意是“简直是个疯子”。
下拉眼睑	这样好像会使眼睛变大，更有利于识破陷阱，这个手势在意大利和西班牙比较盛行，表示“小心，提防某人”等，但是同样的手势在南美洲则表示积极的含义。
用一只手拍打另一只手的肘部	在荷兰表示“不要指望他，不要相信他”。
用食指按鼻子的一侧	表示“两个人共享秘密，不要告诉其他人”。类似于挤眼，主要盛行于英国和意大利。
用食指摸喉咙	表示“从对方喉咙里冒出来的都是废话，自己绝对不相信”。
用食指指着另一只手掌	表示“绝对不相信”，这个手势好像在说：“如果你的话可信，那么我的手心里就能长出草来。”
用一只手提裤腿	美国男人在开玩笑时喜欢用这个手势，好像自己踩在粪便上了，言外之意是刚才某人说的话简直是一堆粪便。
拇指指甲对碰	这个手势类似于微型球拍，表示“鼓掌、喝彩或者预期的事情得到了应验”。盛行于拉丁美洲地区，西班牙、荷兰等国家。
五指并拢	五指并拢，意思是“你简直是个白痴”。
手指敲击	人们在烦躁不安时，就会用手指敲击桌子或者椅子扶手。
手背轻拍下巴	手掌朝下，用手背轻拍下巴，表示“已经忍无可忍”。盛行于西欧地区、美国等。
手掌在喉咙处“拉锯”	这是奥地利人常用的手势，表示“已经忍受到极限了”。

手掌拍头	在拉丁美洲地区，这个手势表示“受够了”。
用拇指循环打圈	两只手交叉在一起，拇指循环打圈，表示“无聊厌倦”。
测量想象中的胡须	面对别人的喋喋不休，人们在极度厌倦时，就会做出这个手势，表示“对方说话时间长得足以使自己长出长长的胡须”。这个手势在意大利、德国、荷兰较为常见。
抚摸脸颊	一只手的指背轻轻抚摸脸颊，表示“无聊厌倦”，好像在感受脸颊上的胡子茬似的，是法国人常用的手势。
一只手放在胸前	一只手掌手指朝下，置于胸前，拇指指向身体，表示“对某人的发言感到厌倦”。意大利人喜欢做这个手势，意思是对方的谈话令自己消化不良。
亲吻指尖	法国人以此赞美女性。
食指按住脸颊打转	意大利人以此赞美女性。
捻想象中的胡须	表示“对女人的爱慕”，流行于意大利。
手掌放在心脏上	当人们面对国旗宣誓时，常用这个手势表示“自己对国家的忠诚”。这个手势可以追溯到古罗马，那时奴隶经常用这个手势表示“效忠于奴隶主”。
双手紧握拳头	双手紧握拳头，拇指缩在拳头里面。这是德国独特的“好运”手势。
食指互指	伸出两只食指，相对运动，彼此接近，然后分开。这个手势表示“不同意”，在西班牙和拉丁美洲地区很常见。

第九章

腿脚透露的信息

基本的站姿

正如交叉双臂表示保守，开放双臂表示坦诚一样，站立时的腿部姿势也可以从这个角度来解读。只是双臂处于比较明显的位置，所传达的信息也比较明确，一般人们不会轻易做出出卖自己真实想法的姿势，除非想故意向对方发出某种信息。相对而言，腿部所处的位置比较隐蔽，人们经常忽略自己的腿部姿势，所以腿部传达出来的信息往往更可靠。

立正姿势是中立的信号，表示自己对眼前的事情持一种不置可否的中立态度。在中国传统文化中，素来有“站有站相，坐有坐相”的说法，其中“站如松”说的就是立正的姿势，在自己的上级或长辈面前做出立正姿势会得到赞许和肯定，给人留下一种很有修养的印象。

叉开双腿是一种支配性姿势，男性很喜欢摆出这个姿势，似乎要借此展示自己的雄性特征。同时这也是稳住重心的姿势，站在颠簸的公交车里，人们经常通过这个姿势稳住自己。另外人们在与人搏斗时，也会摆出这个姿势，一方面能站稳脚跟，另一方面能使自己看起来更强大。

稍息的姿势即将身体重心转移到一侧，另一只脚移到前方，指向某个方向。通过这个姿势人们很容易解读他人的意向，因为脚尖所指的方向，往往就是他真正想去的地方。比如在一次聚会上，如果有人摆出稍息的姿势，那么我们可以根

叉开双腿

这是一种支配性姿势，男性喜欢摆出这个姿势借此展示自己的雄性特征

据他脚尖的指向判断他对谁更感兴趣。如果对方是女性，可能气质优雅、端庄大方；如果是男性，对方的幽默诙谐更容易吸引他。还有一点需要注意，在与人交谈时，当你发现对方的脚尖指向了门口的方向，那表示对方已经不耐烦了，想要离开，这时你就应该及时刹车，不然很可能会被对方打断，那将是很尴尬的事情。

常见的坐姿

即使别人坐着，我们也能从坐姿中解读其内心的秘密。坐姿中传达出更多的是无意识的信息，也就是人们自然而然做出的动作，由此得出的信息往往更具真实性。虽然有时某个坐姿是无心插柳，但是这并不意味着别人不会对此作出回应，正所谓“说者无意，听者有心”。

常见的坐姿主要有“直腿式”坐姿，即双腿完全伸直；“阶梯式”坐姿，指双脚垂直放在膝下，类似于台阶；还有一种坐姿，双腿并拢，双脚蜷缩在椅子底下，被称为“蜷缩式”坐姿。

“直腿式”坐姿是一种典型的支配性姿势，因为伸直双腿能够增加身体占据的空间面积，这通常是支配性人物的标志。

“阶梯式”坐姿本身无法传达明确的信息，一般要与其他动作相结合。叉开双腿的“阶梯式”坐势是一种明显的支配性姿势，和叉开双腿的站姿传达相同的含义，即开放性和支配性。这种姿势给人一种飞扬跋扈的感觉，好像自己无所畏惧，可以将整个世界拥入怀中。

“蜷缩式”坐姿是一种明显的屈从性姿势。一方面，缩回双脚，拼命将双脚藏到椅子底下，以减少其占用的公共空间，表明自己底气不足，想通过这种方式逃避现实。另一方面，这也是和叉开双腿的“阶梯式”坐姿相对的一种姿势，这样能够保护自己的致命之处，同时表明自己无意挑战对方。

判断人们是否处于支配性地位，最主要的标志是对方是否处于轻松的状态，一般来说，越是具有支配性的人越会表现得轻松愉悦，他的一笑一颦，一举一动都透露出同样的信息。轻松的姿势主要表现在肌肉松弛、不规则摆放四肢等。同样不运动或慢运动也是放松的标志。仔细观察你周围的人，从这几条规则中即可轻松推断谁更具有支配性。

交谈中一举一动循规蹈矩，正襟危坐的人，可能想借此给人留下端庄贤淑或风度翩翩的印象，可惜这种僵在身上的动作只能带来适得其反的效果。同样频繁地移动四肢，反映出一个人内心深处的焦虑不安。处于支配性地位的人恰恰与此相反，他们表现出更多的是从容不迫，一举一动都那么自然，这就是在与老板的目光对视中，员工总是首先移开目光的原因。

“4字腿”姿势

“4字腿”姿势因腿部摆出姿势的形状像数字“4”而得名，即一条腿的脚脖子放在另一条腿的大腿上，摆出数字“4”的形状。这是一种支配性姿势，一般是属于男性的专利，好像这个动作更能显示男性的雄性特征，使自己看起来更具男子汉气概。

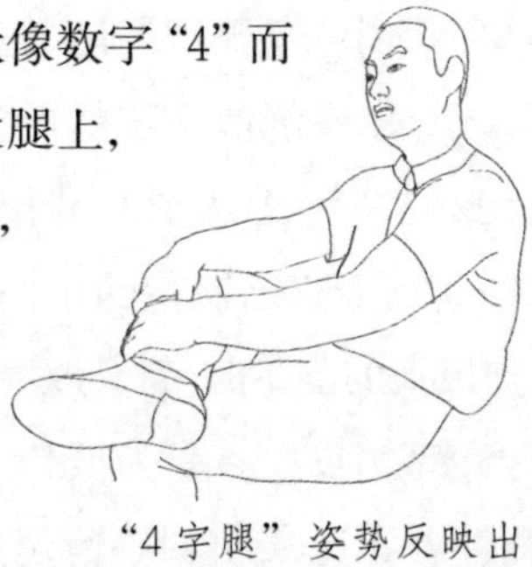

“4字腿”姿势反映出一种争胜态度

“4字腿”姿势反映出一种争胜态度。据研究发现，就连猴子和猩猩也会摆出这个姿势，它们通常借此向对方显示自己的生殖器，因为成功示威就可以避免争斗导致两败俱伤。这个姿势在美国男人中比较流行，他们似乎不习惯正襟危坐，好像这个姿势会让人感觉更舒服，而不在于它传达出的言外之意。据说在二战时期，纳粹曾凭借“4字腿”姿势判断美国间谍，可见这个姿势曾经是美国男人的典型标志。

当有人用手抱着跷起的腿做出这个姿势时，表明此人非常有主见，不会轻易改变自己的态度，如果你要说服的对象做出这个姿势，恐怕你就很难达到目的了。

随着传媒业的迅速发展，这个姿势已经从美国流传到世界很多国家，因为它不仅可以使人们更自信，也会使人变得更年轻。但是在亚洲和中东的某些地区，这却是个侮辱性姿势，因为这个姿势会使沾满秽物的鞋底呈现在人们的视线之内。

所以在中国最好不要做出这种姿势，尤其在一些严肃场合，比如面试时，面对一排的面试官，假如你做出这个姿势，想想会有什么后果？或许你的命运在你跷起腿的刹那就已成定局了，之后你的表现再怎么精彩，也只能是徒劳。

腿部颤抖的动作

面试时，面对一排的面试官摆出这个姿势，想想会有什么后果？

不知不觉中，双腿已经随着音乐的节拍动起来了，好像沉醉在美妙的音符中无法自拔。这是一种无意识的动作，当人们得到或即将得到自己期待的东西时，或者内心得到极大的满足时，常会双腿颤抖。

记得读高中时，有幸为低年级的同学监考，我怀着无比兴奋的心情走进考场，认真分发完试卷，并将考试的注意事项一一向同学讲明，这是监考者的职责。在考试接近尾声时，大部分同学都在为最后一道大题冥思苦想，我仔细观察每位同学，突然有位同学拿起笔，开始在答题处书写起来，好像他已经将其破解了，可是时间紧迫，他似乎来不及在脸上表露喜悦之情，但是仔细观察，会发现他的腿部开始不停地颤抖，并带动全身微微颤动，好像在为迎接胜利的曙光而欢呼雀跃。

其实这个动作在其他场合也很常见。比如在赌场中，当有人摸到好牌时，为了迷惑对手，常常抑制自己的面部表情，却往往忽视了藏在桌子底下的腿，因此腿部最容易泄露秘密。如果你足够细心，发现对方的腿部颤抖时，最好不要再从腰包里掏钱了，因为那将是肉包子打狗——有去无回。

在面试中及时捕捉人们的腿部信息，对于面试双方准确了解彼此的真实想法有积极意义。小李是一家外资企业的人事部主管，有一次他在面试一个求职者时，注意到了求职者的腿，并有不小的收获。他问对方是否愿意去海外任职？对方颤抖着双腿，做出了肯定的回答，当他问对方是否愿意去印度时，对方颤抖的双腿马上停了下来，小李接着问他为什么不愿去，他很奇怪，“我没有说不愿去，您怎么知道的？”小李只是笑笑，于是他接着说：“我确实不愿意去，我一直期待着去新加坡……”

在解读腿部颤抖透露的信息时，要结合具体的语境，有的人患有某种疾病，也会不停地颤抖腿部，此时这一举动不带任何感情色彩。还有一种情况，当人们在感觉厌烦时，比如在听冗长的演讲或者即将结束一项令人厌烦的工作时，人们也会颤抖双腿。

脚踝相扣的姿势

西班牙有句名言叫“马背上无智者”，意思是如果人们一味追求速度，受情绪驱使，就很难做一个明智的人，所以在感觉自己情绪冲动时，就要想方设法加以控制。林肯每次被人激怒，想要回击对方时，就给对方写信，将能找到的所有能羞辱对方的词汇全写上去，直到自己感觉舒服为止，发泄完了，就马上将信烧掉。

与林肯烧信有异曲同工之妙，脚踝相扣也是人们控制情绪的一种方式，只是这种方式更便捷，随时随地都可以采用，同时也是一种无意识的自控方式。懂得身体语言的人，会从对方脚踝相扣的姿势中读出对方焦躁不安的情绪。

男性摆出这个姿势时，通常会双手握拳置于膝盖之上，或者紧紧抓住椅子扶手，同时会叉开双腿，做出展示胯部的姿势；女性则会双手相搭或者双手交叉，双腿并拢

人们在做出脚踝相扣的姿势时，男女有一定差别。男性通常会双手握拳置于膝盖之上，或者紧紧抓住椅子扶手，同时会叉开双腿，做出展示胯部的姿势；女性则会双手相搭或者双手交叉，双腿并拢。

据调查，当人们做出这个姿势时，会产生紧闭嘴唇，保持缄默的意识，所以人在冲动时，常会通过这个姿势抑制自己的消极情绪,使自己不至于说出冒犯别人的话。

小王在一家销售公司负责为公司追回欠款的工作，当我们第一次见面时，我问他工作如何，进展顺利吗？他笑容满面地说：“还好，这份工作很有意思，我非常喜欢！”然后我们就去参观其他部门，当我们回来再次路过他的办公室时，本想跟他告别，结果发现他正在跟客户打电话，声音舒缓温和，彬彬有礼，但是我们突然发现一处破绽，他的双脚一直保持脚踝相扣的姿势，我们一下明白了，事情并不像表面看到的那样，然后我们又问他：“你真的很喜欢这份工作？”看着我们怀疑的眼神，他终于忍不住了，于是松开脚踝，敞开心扉，告诉我们：“事实上，我快要崩溃了！每天面对蛮横粗鲁的客户，还要和颜悦色地去和他们打交道，每次我都拼命控制自己的情绪，真不知道自己还能坚持多久。”

有人统计过，在法庭上等待宣判结果时，被告做出这个姿势的几率是原告的三倍，好像想通过这样的姿势，在听到宣判结果的刹那，控制自己的情绪。同时当人们感觉十分紧张时，也会做出脚踝相扣的姿势，比如在听老师公布考试成绩时、在牙医给自己拔牙时、在进行一项具有挑战性的活动时，都会做出这个姿势。

在面试过程中，如果发现求职者做出这种姿势，那表明对方很紧张，此时可以采取一些缓解气氛的措施，比如递上一杯水，或者在他旁边坐下，这样会缩短彼此之间的距离，有可能使他松开脚踝、敞开心扉。毕竟轻松愉悦的气氛，更有利于面试官对求职者的综合素质作出科学判断。

在谈判过程中，如果一方做出脚踝相扣的姿势，那么他很可能要作出让步，但是又非心甘情愿，所以迟迟无法作出决定，此时可以通过有技巧的提问，使对方松开脚踝，尽快作出决定。

双手抱头的坐姿

人们在春风得意时，喜欢摆出这种姿势，即背靠座椅，身体向后倾斜，双手抱头，给人一种轻松、自信的感觉。一般上级在下级面前喜欢摆出这种姿势，以显示自己的优越地位。当然人们在工作疲倦时，也会摆出这种姿势，或在电脑前，或朝向其他方向，此时这个动作只是缓解疲劳的一种方式。

摆出这种姿势的人，俨然一副胸有成竹的样子，容易给别人带来压力。比如在与人对弈时，假如对方举棋不定，你却摆出这种姿势，会使对方产生错觉，仿佛自己已经到了穷途末路，他一旦对自己失去信心，很快就会被打败。

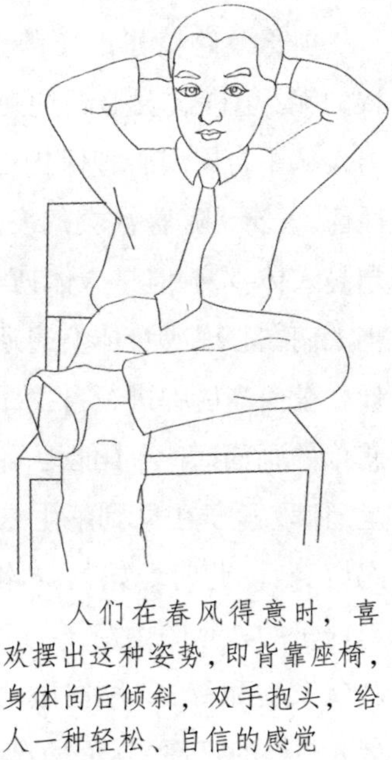

人们在春风得意时，喜欢摆出这种姿势，即背靠座椅，身体向后倾斜，双手抱头，给人一种轻松、自信的感觉

喜欢摆出这种姿势的人，多数自我感觉良好，有种心理上的优越感。在下级面前摆出这种姿势的上级，仿佛要借此告诉别人——“一切都在我的掌握之中”“我无所不知”等等。另外摆出这种姿势能够扩大自己的空间，使自己更有安全感。

此外，这个姿势还常常配合“4 字腿”姿势，在展示自信的同时，还具有一定支配性。假如有人在你面前摆出这种姿势，表示他想在这次谈话中获取主动权，你可以根据实际情况采取相应的策略。如果你是男士，可以摆出相同的姿势，以达到与其平起平坐的目的。如果是位女士，就不宜这么做了，因为那样会使自己的胸部展示出来。

当然，对此还可以采取其他措施，比如递给对方一本书，故意将距离拉得远一些，使对方不得不身体前倾或者站起来，这样你就能俯视着与其谈话，也就弥补了对方的坐姿给你带来的被动性。

骑跨椅子的姿势

当人们想要获取支配权时，通常会通过身体语言表达出来，正如人们想要说话时，会不时地摸嘴，需要休息时会不停打哈欠一样。骑跨椅子是人们想要获取支配权的信号之一。在聚会时，仔细观察人们的言谈举止，你会发现，做出骑跨椅子姿势的人多半是东道主，通常他也是席间说话最多的人。

那么骑跨椅子的姿势是如何使人获得支配权的呢？也许这要追溯到几个世纪以前，那时候男人从军打仗用盾牌保护自己，借以抵挡对方的弓箭、长矛。随着社会的发展，人类的战争已经超越人体本身，但是人体搏斗的痕迹仍然存在。当人们在心理或身体上遭遇危险时，会本能地拿什么东西当盾牌进行自我保护。比如当我们看到悲惨的画面时，会本能地闭上眼睛，此时眼皮就是盾牌；孩子在见到陌生人时，会不自觉地躲到妈妈身后，此时妈妈的身体充当了盾牌。所以骑跨椅子的人企图用椅子的靠背充当盾牌，帮助自己获取支配权。男性在做出这个姿势时，有利于展示自己的胯部，从而使自己看起来更具有阳刚

摆出这种姿势的人一方面有强烈的支配欲，企图借此控制别人，另一方面想借椅背保护自己

之气。同时也表示他有强烈的支配欲，企图借此控制别人，并想通过椅背保护自己。

那么如果有人在你面前摆出这种姿势，应该如何应对呢？有关专家为我们提供了良策。在这种情形下，你可以跑到他的背后去说话，这时他的后背就会暴露在你面前，心理上的不安会促使他尽快改变姿势。

如果对方骑跨在转椅上，无论你在哪里说话，他都会骑跨着椅子面向你，此时对付他最好的办法是站起来，这样他就必须仰视着和你谈话，心理上的不平衡感会促使他跟着站起来，这样就可以成功地扭转局势。

要想使这种姿势在你的办公室里彻底消失，最好的办法就是准备一把有扶手的椅子，这样再傲慢的人也不可能做出骑跨姿势了。

穿高跟鞋的姿势

有人说高跟鞋是女人美丽的梦魇，虽然穿上它会使女人看起来亭亭玉立，走起来摇曳生姿，但是它的危害也不容小觑。由于重心不稳，很容易崴脚，另外还会导致静脉曲张、拇指外翻等症状。尽管如此，女人对高跟鞋的青睐依旧有增无减，大概女人原本就是为美而生！

那么，小小的高跟鞋是如何增加女人魅力的呢？有人认为穿高跟鞋会增加女人腿部的视觉长度，而在男人眼里，腿部修长的女性更迷人。因为女孩子在青春期时会长个子，长腿意味着发育成熟，表示她们已经由女孩变成了女人。如果是年龄稍大的女性，在试图展示自己修长的腿时，可能是想回到自己年轻的时候。当然，穿高跟鞋是一种方式，穿泳装也会达到同样的效果，因为这会给人一种腿从胯部开始的错觉。最后女人踮着脚

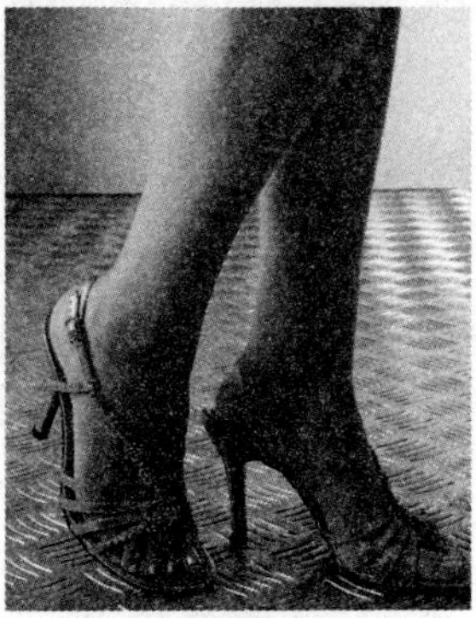

高跟鞋

高跟鞋——女人美丽的梦魇

尖走路，效果也很明显。在海边或游泳池等场所经常可以见到这种场景。记得有一次，一对夫妇在海边邂逅了一位男性朋友，大老远对方就向他们挥手致意，随着双方距离的拉近，妻子逐渐改变了姿势，当那位英俊的朋友走到跟前时，她已经踮起了脚尖，并有意避开有水的小坑，表面上看她似乎是想通过这个姿势避免滑倒，但是，其真实意图早已不言而喻。

另外穿上高跟鞋还有提臀的效果，这个姿势颇具诱惑力。在动物世界，这也是一个很性感的姿势，据说有种雌性老鼠常通过脊柱前倾的姿势告诉异性自己作好交配的准备了。所以在女性做出这个姿势时，会对异性造成极大的刺激，因此很多杂志选择这样的图片做封面。

女性一般只在自己喜欢的男士面前摆出这些姿势。假如某一天哪位女士在你面前做出这些姿势，那表示她在向你示爱，如果你对她没兴趣，最好趁早避开；如果你对此一无所知，热情依旧，那么很容易引起对方的误解，你可能要惹麻烦了。

恋爱时的腿脚姿势

人们在交谈进展十分融洽时，双方的身体语言也会变得一致起来，这就是所谓的趋同行为。一对恋人之间的关系是否融洽，看看他们的腿和脚即可，有时候表面上的彬彬有礼掩盖不了彼此间的暧昧关系，因为桌子底下纠缠在一起的腿和脚可以说明一切。

有位身体语言培训师谈到这样一个例子：那时候他正在为某销售部员工进行培训，中午和一位学员来到一家餐厅吃饭，当时餐厅的人不是很多，对面坐着一对情侣，边吃饭边谈论着什么，他们的目光不约而同地落在这对情侣身上。学员问他："据您分析，他们的关系如何？"他没说话，只是静静地观察，时间一分一秒过去，这对情侣的话渐渐少了，并且各自朝向一边，学员认为他们之间肯定出了什么问题，他却持相反的观点，"不要忽视桌子底下的脚。"果然学员发现，尽管他们上半身各自朝向一边，但是他们的脚却离得很近，而且在不断靠近，在他和学员即将离开餐厅时，双方的脚已经缠在了一起，然后男子果然搂着女友的腰离开了。

假如和自己喜欢的女孩子约会，你可以试着观察对方的脚部姿势，如果当你试图接近时，对方也作出同样的回应，那说明你们两情相悦；如果相反，对方在碰到你的脚时，急忙收回，那说明你的希望不大，因为这是最真实的拒绝信号，此时，知难而退是最明智的选择。

除此之外，从坐姿上也能判断男女双方的关系。男女双方在面对面交谈时，如果一方采取双腿交叉的姿势，那么看他上边一条腿的脚尖指向即可，在遇到自己不喜欢的人时，上边的这条腿，会朝向一边，这样会在自己和对方面前形成一道壁垒；相反如果对面坐着自己喜欢的人，那么，上面这条腿的脚尖会自动指向对方，壁垒随之消失。

桌子底下的脚

女孩脚踝相扣，男孩叉开双脚，或许男孩正在追求女孩，而女孩显得矜持拘谨，好像还没有下定决心

同样的道理，站姿中的脚尖指向也能传达同样的信息。如果是多人在场，从每个人脚尖指向上就能判断谁对谁更感兴趣，尽管有时连他们自己都没有意识到。

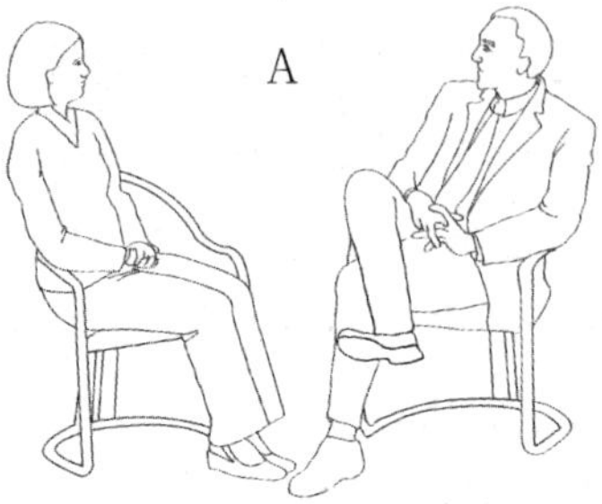

A：在不喜欢的人面前，上边的这条腿，会朝向一边，这样会在自己和对方面前形成一道壁垒

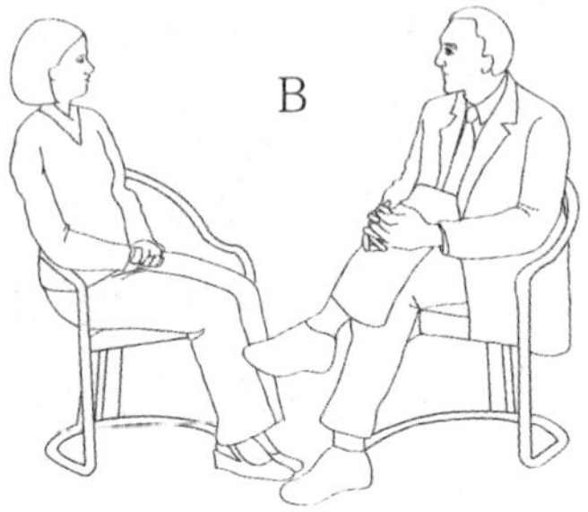

B：在喜欢的人面前，上面这条腿的脚尖会自动指向对方，壁垒随之消失

走路的姿势

像人的指纹一样，每个人都有自己独特的走路姿势，日久天长就会形成一种习惯，进而反映出各自的性格。因此要想了解一个人的性格，完全可以从他的走路姿势中作出判断，同时人们在情绪波动时，走路姿势也会发生相应变化，此外，走路姿势也是识别谎言的重要线索。

心理学家史诺嘉丝研究发现，不同性格的人走路姿势不同，甚至同一个人在不同情绪下走路姿势也有差别。一般情况下，走起路来大步流星，步履轻盈，手臂前后摆动，表明这个人乐观开朗、雄心勃勃；走起路来拖拖拉拉，步伐小，速度时快时慢，表示这个人谨小慎微、缺乏主见；喜欢低头快走的人，一般容易冲动；内心忧郁的人则一般喜欢拖着脚走路。

在人们突然情绪波动时，走路姿势会发生相应变化。比如在听到自己金榜题名的信息时，人们通常会连跑带跳回家向父母报喜；相反当听到哪位好友受伤时，人们也会不顾一切地赶到他身边去。这两种截然相反的情绪波动完全可以从各自的走路姿势中体现出来。

走路的姿势蕴含着丰富的信息，除了能够判断他人的性格和情绪外，还能判断他人的身份。记得看过一则报道，标题是“物业大妈成‘侦探’，根据走路姿势判断他人身份”，这位物业大妈年过六旬，做小区门房长达三年，在这三年里，她积累了丰富的经验，每当谈到这些经验，她都乐此不疲地向别人传授。“如果大摇大摆进小区，看起来有些风度的，有可能是领导，这样的人不用拦；如果来人眼睛直盯前方，朝一个方向往里走，可能是走错路了，等我追到一半的时候，人家已经返回来了；如果来人左顾右盼，走路较慢，还背一个包，很可能就是张贴小广告的。”

此外走路的姿势还能够帮助人们识别罪犯，一般情况下，马路上大部分人，都有特定的目的地，他们会一直朝目标走下去，并保持稳定的步伐，看上去从容自若。相反，犯罪分子在合适的作案目标出现之前，总是东张西望，神情慌张，走路速度时快时慢，如果感觉有这样一个人在你身边，最明智的选择就是“溜之大吉”。

政治家也喜欢通过调整走路姿势塑造自己年轻有为的形象，并且效果显著。美国前总统威尔逊在上飞机前，总是跑步上梯，好像试图通过这种方式向公众证明自己很健康；里根在走路方面堪称艺术家，他走起路来总是步伐坚定，并用力摆动双臂，显得果敢而自信，给人一种威严感。

里根凭借高超的表演才能，最终赢得公众的青睐。在一项民意调查中，里根成了美国有史以来仅次于华盛顿和林肯的第三位伟大总统，但是他在任期间政绩平平，最后还陷入伊朗门事件中。最后人们终于找出了答案，那就是里根懂得正确使用身体语言，要知道有时候一个简单的手势、一个亲切的微笑要比政治上的卓越贡献更容易让人铭记在心。

双腿交叉的站姿

这是一个高度舒适的姿势，如果看到谈话双方摆出这种姿势，这说明这两个人关系非比寻常。当人们独处，或者与亲朋好友在一起时，他们会毫无顾忌地摆出这种姿势，相反在公共场合，与一群陌生人在一起时，则绝不会出现这种姿势，甚至人们可能会变得局促不安，手足无措，感觉什么姿势都不舒服，其实这多半是心理作用。

乘火车时，或许每个人都有过这样的经历。由于火车上的座位一般相向排列，所以每次都要面对一张张陌生人的脸，有时甚至不知道该把目光投到哪里，寻找了一圈，最后停在窗户上，装出一副看风景的样子，其实自己早已经厌倦了这个姿势，但似乎又找不到比这更舒服的姿势。

双腿交叉的站姿

人们在轻松愉快地交谈时，喜欢摆出这个姿势，除了自己感觉舒服外，还因为这是一种趋同行为，当人们遇到自己喜欢或崇拜的人时，就会模仿他们的动作；这也告诉别人你们的关系很好，可以完全放松下来，是一种积极的交流方式

其实在公共场合经常会出现这种状况，由于在火车上人们无须站立，所以人们不太注意自己的腿部姿势，但是当与陌生人面对面站在一起时，此时身体所有部位都会暴露在别人的视线之内，因此人们内心的焦虑会从各个部位表现出来，或许自己习惯的某个姿势此时也开始变得很不舒服，包括双腿交叉的姿势，此时人们往往会选择一种看上去文雅规矩的姿势，直到陌生人离开。

通过观察电梯里的录像发现，一般当一个人乘电梯时，他多会摆出双腿交叉的姿势，显得轻松自在；如果半路突然有陌生人进来，他会迅速改变姿势，好像意识到有什么危险似的，立刻把抬起的脚牢牢地放在地上。

据专家分析，人们在进行轻松愉快地交谈时，之所以喜欢摆出这个姿势，除了自己感觉舒服外，还有其他原因。其一，这是一种趋同行为，当人们遇到自己喜欢或崇拜的人时，就会模仿他们的动作；其二，这也告诉别人你们的关系很好，可以完全放松下来，是一种积极的交流方式。

在人际交往中可以积极使用这种姿势，这样不仅会使双方感觉舒适，同时会营造一种积极的交际氛围。当然有时候人们在撒谎时，为了掩人耳目，也会做出这种假装舒适的姿势，显得很镇定，其实在有经验的人眼里，这只是欲盖弥彰的举动，因为身体语言无法撒谎。

第十章 身高扮演的角色

高个子的优势

研究表明：身高与社会地位有密切联系。据统计，身高越高的人往往越聪明，得到的薪水也越多，相应的社会地位也越高。普林斯顿大学的安妮·凯茜和克里斯蒂娜·帕克森在前人研究成果的基础上，进而研究得出结论并发表文章指出："个子较高的儿童在入学前，甚至从三岁一直到整个童年时期，他们在认知能力测试中的表现都比较突出。"

在择业与就业问题上，高个子比矮个子也更具优势。首先，高个子自尊心不像矮个子那么强，身体状况良好，相反，矮个子往往受到社会的歧视，难以从事高薪职业，这是他们收入偏低的主要原因。其次，高个子之所以从事高薪职业的概率大，除了优越自信的形象外，他们在语言、计算能力，以及智力方面的优势也是他们获取高薪的重要砝码。有人统计过，在英国和美国，拥有 4 英寸身高优势的人的薪水会比普通人平均高出 10 个百分点。

其实身高与寿命也有密切联系，早在几千年前的苏美尔文献中就有记载——权力越大的人身高越高、身体越健壮；同时从英国诺福克郡古墓中挖出的骨骸也表明，个子高的人更长寿。同样的结论也被现代科学家证实：老年人如果在 20 年内身高下降 3 厘米以上，就会比同龄人短寿。研究人员在得出这一结论之前，曾对 4213 名年龄在 40~59 岁之间的英国男性进行长达 20 年的跟踪调查，结果发现有 15% 的人，在 20 年内身高下降 3 厘米以上，在接下来的 6 年内，有 760 人死亡。通过对死亡人数的比较，研究人员最后得出结论：身高下降 3 厘米以上的男性与身高不变的男性相比，死亡率要高出 60%。

身高扮演着如此重要的角色，难怪人们常说"人往高处走"，无论在哪一方面，高处总是更具优势。古代军队打仗时，居高临下的军队具有绝对的战略优势，往往易守难攻。对于领导，我们习惯性地称他们"上级"，我们相应的就是"下级"。运动员领奖时，总是要站到比较高的领奖台上，而且冠军站得最高，获得银牌和铜牌的运动员需要仰视，才能看到金牌获得者。

高个子的优越性在恋爱中体现得也颇为明显。一般女性更喜欢找高个子的男朋友，可能这会使她们更有安全感，其实根本原因在于高个子男性比矮个子在生殖方面更成功，他们的雄性特征更明显，看上去更像男人。同时，高个子成就事业的概率也比较大。有人统计过，美国历史上只出现过三位身高低于平均水平的总统，同样在大学里，职称越高的人，平均身高也越高。

在社交场合，身高较高者容易吸引更多人的目光，但建议交谈时不要总站得太笔直，给人一种威严感。在《白鹿原》中，黑娃一直觉得“白嘉轩的腰挺得太直了”，给人一种压迫感，所以他从小就疏远白家人，尽管白家对鹿三一家照顾有加。相反鹿子霖从来不这样做，所以他对鹿家人颇有好感。

如果你的身高高于平均水平，那么在交际过程中要想博得别人的好感，最好不要摆出这种高人一等的姿势，这样会给人一种拒人千里之外的感觉。如果在你的上司面前摆出这种姿势，恐怕你的饭碗就很难保住了。

屈身的礼节

身高的确在生活中扮演着重要角色，除了上文提到的一些研究成果外，从一些成语的运用中也能体现出来。在谈论一个高傲自满的人时，我们会说他“趾高气扬”；当我们满怀斗志去做一件事时，会“昂首挺胸”；在形容战士的士气时，会说“斗志昂扬”；生活中谁也不愿意“低三下四”去求人；汉奸在侵略者面前总是“卑躬屈膝”“点头哈腰”。

在位高权重的大人物面前，我们总会不自觉地降低自己的身高，显得谦虚而恭敬，而对方会习惯性地摆出一种傲慢的姿势，用俯视的目光扫视我们，俨然一尊神像在安抚众生。总之，在人们的潜意识中，那些有身份、有地位的人总是高高在上，宛若神灵。所以在西方，女性在王室成员面前，要行屈膝礼；男性则鞠躬或颔首。这种礼节，会使自己显得卑微渺小，从而使对方显得高大威

在王室成员面前行屈膝礼，是为了使对方显得高大威武

武，更具有支配性，最终达到讨好对方的目的。

鞠躬礼也是自降身份的一种礼节，与屈膝礼、脱帽礼有异曲同工之妙。在韩国，这种礼节如家常便饭。据说韩国人举止优雅，风度翩翩，大概与此有关。另外，这也是日本人青睐的姿势，从前日本士兵在接到命令时，总会伴随铿锵有力的一声“嗨”，做出一个干脆利落的鞠躬姿势。如今有的日本公司已经将鞠躬礼引进了公司的管理体制中，公司规定对于不同目的的顾客，给予不同的礼节待遇：如果只是进来看看的顾客，只要行15度的鞠躬礼就够了，如果是付钱结账的顾客，则要行45度的鞠躬礼。

这类似于中国的一个典故，不过意味大不相同。据说有一天郑板桥去茶馆喝茶，店小二见来客人了，看上去不像什么达官贵人，于是随口说了句“坐”，掌柜的见有人也说了句“茶”；当郑板桥掏出银子时，店小二眼前一亮，连忙说了句“请坐”，掌柜的也改口说“上茶”；当有人认出郑板桥时，店小二吃了一惊，连忙鞠躬道歉，并热情地说了句“请上座”，掌柜的也提高嗓门喊：“上好茶。”最后掌柜的恳求郑板桥为茶馆写几个字，于是郑板桥挥毫写就一副对联：坐请坐请上座，茶好茶上好茶。这显然是对茶馆掌柜的趋炎附势的讽刺，不过现在人们称其为“管理策略”。

屈膝礼

放低姿态

葛拉西安在《智慧书》中提到“将荣誉的桂冠戴到他人头上”，意思是说要想赢得别人的好感，就要懂得谦让，即使某件事的成功是自己的功劳，也要将荣誉让给别人。这样的人才能够在社会上立足。

其实在现实生活中，没必要如此，只要自己稍微做出些抬高别人、降低自己身份的举动，一切就不至于太糟糕。

巧妙利用积极的身体语言放低姿态，抬高别人，从而使自己避免不必要的麻烦，这是轻而易举的事，只要具备这样的意识。

有位商业精英在谈到自己的成功之道时说，没有什么特别的经验，只是每次与客户谈判时，他都尽量放低姿态，从来不会因为对方来自小公司而有任何的不屑，也不会因为对方的飞扬跋扈而予以还击。相反，只要有机会他都尽可能地低头、弯腰，把优势和荣耀留给别人，从而赢得别人的好感和信任。

适当地放低姿态，往往会有意想不到的收获。不要觉得这样会有损尊严，事实上，越是有能力的人，越谦逊，越平易近人。反而是那些外强中干的人，总喜欢摆出盛气凌人的姿态，就像人们说的“你越拼命表现什么，就越缺少什么”。在人际交往和商业活动中，适当地放低姿态，不仅可以展现个人的胸襟气度，使自己的人际关系更加和谐，事业成功的概率也会大大提高。

女性偏爱高个子男士

未曾步入婚姻殿堂的青年人，喜欢用哲学家的深邃和艺术家的浪漫来诠释婚姻，他们认为真爱是结婚的全部理由，在感情之外附加任何条件，都是对爱情的亵渎。如果有人因为对方的身高、容貌、金钱、地位而结婚或分手，那么他就是众矢之的，总结出来就一个词——庸俗。其实，这样的观点多少有些偏激，在走进婚姻殿堂之前之所以要考虑很多问题，既是一种心理需求，也是负责任的表现，毕竟婚姻不是散文诗，而是漫长琐碎的柴米油盐。

那么，身高对婚姻到底有多重要呢？经常听朋友说，前不久去相亲了，对方各方面条件都好，就是个子不高，这是最大的问题，交这样的男友，心里没有安全感。还有的朋友，两个人进行了五六年的爱情长跑，到该结婚的时候了，男友的身高反而成了障碍，遭到家人极力反对。这样的事情在生活中比比皆是。对此科学家通过一项研究，证实了爱情和身高之间的确存在密切关系。

参与这项研究的是3000名男士，工作人员分别给他们测量身高，并进行归类，其中1.70米以下的属于矮个子，1.85米以上的属于高个子。然后调查他们的婚姻状况，结果显示，高个子爱情成功率比矮个子高出45个百分点。在对不同年龄段男性婚姻状况的调查中，也得出同样的结论。其中，在30~39岁年龄段，矮个子男士已婚或者恋爱中的占60%，高个子中的这个比例则要高出15个百分点；在40~49岁、50~59岁年龄段的人，高个子的婚姻成功率也远远高于矮个子。

身高是感情之外所有影响婚姻的因素中最重要的一个，波兰人类学家曾提出这个观点，一段幸福的婚姻，丈夫身高应该是妻子的1.09倍，这是夫妻身高的最佳比例。那些符合这个比例的夫妻一般比较美满，日本模范夫妻三浦友和与山口百惠的身高比例就接近这一比例（丈夫1.78米，妻子1.61米），他们一直是明星夫妻中的典范。

身高在婚姻中如此重要，并不是偶然现象，而是人们心理和生理上的一种本能需求。人们发现，早在远古时代，个子高大的原始人类更能适应环境的变化，具有较强的生存能力，在繁衍后代方面也表现出强大的优势。随着人类社会的进化，身体的外部特征在生活中扮演的角色逐渐淡化，但是原始人类的痕迹在人们身上仍然存在。女性之所以更喜欢高个子男性，首先出于心理安全考虑，与高个子男性在一起更有安全感。女性天生的柔弱造就了她们强烈的依赖心理，而这种依赖只有从能给自己带来安全感的男性那里得到满足；其次，无数研究表明，身高与健康是成正比的，高个子男性的雄性特征更明显，生殖能力也比较强；最后，高个子男性比较聪明，有更多从事高薪职业的机会。

电视使人看起来更高大

我们常说距离可以产生美，过分亲近容易产生轻蔑。这里主要指精神上的距离，如果对一个人过于了解，对他的优点和缺点了如指掌，那么你就很难对他产生敬畏，甚至会嗤之以鼻。相反，适当地保持距离，哪怕他身上有很多缺点，距离带来的神秘感依旧会使他魅力四射，电视也有这种作用。

前不久有位朋友兴奋地告诉我，“我见到某位主持人了！”一提到那个熟悉的名字，我的脑海中立即浮现出他在电视上英俊潇洒的形象，独具特色的主持风格，还有最有魅力的幽默感。我说：“一定很有气质吧！”他说：“很失望，他满脸痘痘，中等身高，举止粗鲁，和电视上简直判若两人。”其实这是很正常的，人们常说“台上一分钟，台下十年功”。我们看到的画面，除了演员的精心表演外，还要经过导演的层层筛选，有时候还有某种特技效果。将其呈现给观众是为了达到某种传播目的，具有明显的倾向性，所以画面与真实的生活还有一段距离。人们为了塑造完美形象，会将真实的自己掩藏起来，所以很多时候，电视上出

希特勒每次上镜头时，都表现出极度的傲慢、凶狠、残暴，简直是咄咄逼人，所以人们从他的银屏形象中，判断他的身高在1.85米以上，但实际上他还不到1.80米

现的都是假象。

尽管如此，人们还是喜欢凭直觉作出判断。如果一个人在电视上表现出权威和力量，那么人们会在潜意识里觉得他是个高大威猛的人，也许事实上他不过五短身材。比如希特勒，每次上镜头时，都表现出极度的傲慢、凶狠、残暴，简直是咄咄逼人，所以人们从他的银屏形象中，判断他的身高在 1.85 米以上，但实际上他还不到 1.80 米。相反，过于谨慎的银屏举止，也会降低他在人们心目中的身高。澳大利亚前总理约翰·霍华德每次上电视，都表现得温文尔雅，闲适低调，故此人们称他为“小约翰”。在一项问卷调查中，人们认为他的身高不足 1.68 米，而他的实际身高是 1.78 米。

看来一个人的性格、举止对他的身高的确有重要影响。此外，一个人的社会地位、头衔、声誉等对他在公众中的形象也有极大影响。可能在公众的潜意识中，一个普通演讲者的身高要低于他的实际水平，相反，一个极有影响力的演讲者在人们心目中的身高，可能要高于他的实际身高。

利用电视赢得选票

电视辩论是美国总统竞选过程中的重要环节，每到这个环节，竞选双方都会使出浑身解数，尽可能地将自己最好的一面展示给公众。据专家分析，在竞选过程中，选民可能记不住候选人的辩论题目，但却对他们的身体语言印象深刻，尤其是那些出彩或露丑之处。这对候选人的成败有决定性的作用，历史上通过电视辩论扭转乾坤的例子不胜枚举。

肯尼迪是美国历史上第一个利用电视辩论赢取选票的总统。在 1960 年美国总统竞选之前进行的民意调查中，尼克松曾一度领先，但是经过电视辩论后，肯尼迪凭借年轻自信的公众形象，最终战胜尼克松，一举赢得当年的总统竞选。无独有偶，演员出身的里根，凭借过人的表演才华，成为电视辩论的高手。在 1980 年的电视辩论中，里根以“咄咄逼人”的雄辩之才和风趣幽默的语言，最终征服了那些摇摆不定的选民。

1960 年肯尼迪与尼克松总统竞选前的电视辩论

当然凡事都具有两面性，有成功就有失败，如果在电视辩论中出了意外，也将要付出沉重代价。在 1976 年美国总统竞选前的电视辩论中，福特因为在东欧问题上的一个小小失误，大大降低了他在外交政策上的公众信任度。电视辩论在美国总统竞选中起着如此重要的作用，因此如何巧妙运用电视树立良好的公众形象，成为人们关注的热门话题。

在 2004 年布什与克里的首场电视辩论开始之前，候选人的准备工作都在紧锣密鼓地进行，双方无论是在语言还是在身高上都做足了文章，绝不会在任何细节上输给对方。当时媒体最关注的是布什的身高问题，因为有关资料表明，布什的身高是 1.80 米，而对手克里要比他高出十几厘米，这对他来说无疑是极大的劣势。而且有关媒体说，在电视辩论中，身高越高的人，赢得的选票越多，获胜的概率也越大，因为在公众眼里，高个子更能担当重任。

当然，布什是不会坐以待毙的，为了弥补自己的劣势，他采取了积极策略。在辩论开始前，布什主动走到十米外的红地毯的另一边与克里握手，显得积极主动，风度翩翩，这就抵消了克里的身高优势。另外，在辩论过程中，布什保持了自己一贯直截了当的风格，并且直面镜头，仿佛在直接面对国民讲话，这有利于增加自己的公信度，也是弥补身高劣势的一种策略。

在演讲过程中，弥补身高劣势的方式有很多，除了布什采取的积极主动的策略外，也可以调整演讲桌的高度，使从下巴到演讲桌的距离与高个子保持一致，这样会给观众一种错觉，仿佛你们没有身高差距。还有两人要尽量保持一段距离，这样身高差距也不至于太明显。

弥补身高劣势的技巧

就像无法左右天气一样，我们也无法选择自己的身高，但是在社交活动中，身高又确实起着举足轻重的作用。所以那些身材矮小的人，尽管无法改变自身的实际高度，但也要试着通过掌握一些技巧，改变别人的视觉效果，因为有时候决定我们身高的不是自己的身体，而是别人的感觉。

首先，可以调整位置和姿势。如果谈话在室内进行，可以让对方坐在较矮的位置上，这样对方的身高优势就没有发挥的余地了；倘若谈话在户外或者不方便落座的场合进行，要尽量和对方保持一定距离，千万不要并排站立，否则这种身高落差形成的自卑感会影响你的情绪。倘若对方故意利用自己的身高优势，在你面前表现得高傲自大，那么对付他最好的办法就是轻蔑，你可以把视线转移到其他地方，摆出一副不屑一顾的样子，这样他就无计可施了。

其次，调整自己的言谈举止。正如前边提到的，决定我们身高的往往是别人的感觉，一个说话强硬果断、掷地有声的人，即使个子不高，也会给人一种高大威猛的感觉。相反一个身材高大的人，说话软弱无力，唯唯诺诺，这本身就使他的形象大打折扣，身高也会跟着缩水。

再次，拥有涵养、渊博的知识及辉煌的事业。不管你的身材多么矮小，如果知识渊博堪比学者，富有涵养，气度不凡，那么你的形象自然会变得高大。又或者你功绩卓著，名扬四海，你的形象也会大大改观，谁能想象当年横扫欧洲、战功赫赫的拿破仑是个身高不足 1.70 米的矮个子？谁又能相信身高不足 1.60 米的邓小平，会成为中国改革开放的总设计师，开拓了中国发展新局面？

最后，凡事积极主动。身材高大的人会因为自己的消极被动、坐以待毙而变得渺小；身材矮小的人如果凡事争取主动，表现得积极向上，开朗大度，那么身高的劣势会被这些积极因素所弥补。所以不要因为自己先天的某种缺陷而消极沮丧，人无完人，那些成功人士之所以看起来完美，不是他们没有缺陷，

谁能想象当年横扫欧洲、战功赫赫的拿破仑是个身高不足1.70米的矮个子?

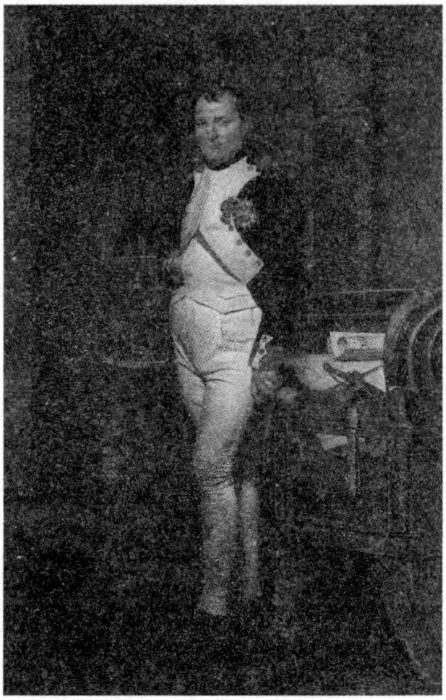

而是他们知道如何掩饰。一个人如果将自己能够做到的事情做到极致，那么脸上的黑痣也会变成美人痣。

如果条件允许的话，身材矮小的人应尽量保持站立姿势，这对于弥补自己的身高劣势颇有裨益。有位朋友为自己的发言经常被打断而烦恼，他说自己好不容易有了发言机会，但总是话说到一半时，就有人上来插话，都是一个单位的同事，不好意思对人发火，但是长此以往，严重影响了自己的信心，仿佛自己能力不足似的。后来他找人咨询，人家给他的建议是：发言时尽量保持站姿。后来每次发言之前，他就先去倒一杯水，回来后便站着发言。奇怪的是，此后他再也没被打断过。原来身高上小小的调整，提高了他的权威和公信度。

第十一章 领土与所有权

人类需要交际距离

人类为了获取心理安全感，不自觉地与他人保持一定距离，试图在自己周围划出一片私人领域，不希望任何人进入，这就是所谓的个人空间。每个人都需要个人空间，只有在这个空间里，我们才可能达到完全放松的状态，这就需要保持交际距离。

每个人都可能有过这样的经历，在图书馆阅览室，当有陌生人坐在自己身边时，会感觉浑身不舒服，所以为了避免这种情况，我们经常会拿自己的包或者其他物品，放在旁边的座位上，这样就等于为自己划定了交际距离，别人不会轻易闯进来。在拥挤的公交车上或者乘坐电梯时，与人摩肩擦背，甚至能够感觉到别人的鼻息，这是最令人难以忍受的时刻，除了闷热外，更多的是心理上的焦虑，因为别人没有与你保持舒适的交际距离。

人类作为万物之灵，大概是遗传了祖先的领地行为，具有强烈的个人空间需求。而动物的领地行为一方面是为了避免其他动物攻击，保障自身安全。另一方面是为了保证领地内有足够的食物供应，以免因为动物密度过大而造成食物匮乏，影响自己繁衍后代。与动物不同，人类对于交际距离的要求，更多是出于心理安全考虑，因为每个人都有自己的隐私。正如马克·吐温所说："人是唯一会脸红的动物，也是唯一该脸红的动物。"

人们都需要一定的交际距离，但是不同性别、不同年龄、不同性格的人对于个人空间的要求各不相同。一般男性比女性要求的空间大，成年人比孩子需要的空间大，性格内向的人比性格外向的人要求的空间大。

人们之间的亲疏程度对于交际距离也有所影响。一般在与自己关系密切的亲朋好友接触时，对于交际距离的要求比较小。你可能会和妈妈手挽手出去散步，但是和认识不久的室友出去时，就要保持一段距离。因为妈妈是可以绝对信任的人，而对于后者，你可能还怀有一定戒心。所以如果想知道谁和你的关系更亲密，从彼此的交际距离的需求上也能作出判断。

一般具有暴力倾向的男性，对个人空间的要求要比普通男性大，因此，大街上经常会发生因为身体的摩擦碰撞而大打出手的事件。对此美国精神科医生琴扎尔曾通过一项实验进行了证实。他分别对八名凶杀犯和八名普通罪犯进行了个人空间实验。实验过程中，实验者会向犯人所在方向靠近，直到被对方阻止住，实验者此时所在的位置就是犯人个人空间的边界。实验结果表明，凶杀犯的个人空间范围平均是 2.72 平方米，普通罪犯仅为 0.65 平方米，显而易见，凶杀犯所需要的个人空间范围是普通罪犯的 4 倍多，因此他们更容易因为别人的入侵而被激怒。还有个实验表明，有暴力倾向的人对身后的个人空间要求大，普通人对眼前的个人空间要求大。

日常生活中，在与有暴力倾向的人交往时，一定要与其保持一定的距离，否则对方会因为你的无意“入侵”而产生厌烦情绪，进而对你形成不好的印象。如果是这样，那么你接下来的路一定会走得很艰难，也许会头破血流，本来轻而易举的事情会变得很棘手，这是得不偿失的。

交际距离的划分

有位身体语言专家曾讲到他亲身经历的一个案例：在一次讲座的中途休息期间，有位学员前来向我咨询。他说自己是个房地产经纪人，对客户服务热情周到，然后他沮丧地叹了口气说：“我不知道为什么，我越热情，客户越讨厌我，越对我敬而远之……我越努力，事情反而越糟糕。”此时我发现他已经侵入了我的个人空间，并且还在试图前进。

后来我告诉他：“你看看自己的脚，这样很容易让人产生不安全感。”他解释说：“我只是为了表示我的热情。”我说：“你这么做很可能把客户逼到门外去，或者贴到墙上。”后来他接受了我的建议，三个月之后，他发了条短信给我：“没想到事情进行得如此顺利，真诚地谢谢你！”

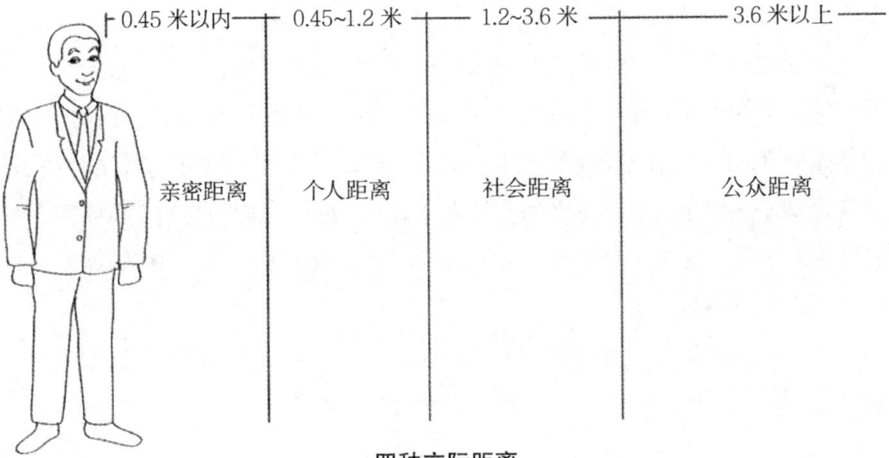

四种交际距离

从这个案例中可以看出，人们对交际距离的设置各不相同，我们不能拿自己的尺度去衡量别人。个人空间的大小取决于多种因素，不同国家有很大差异，同一国家中的不同地区也不尽相同，城市与农村还有一定差别。所以在与人初次见面时，适当地保持距离是比较明智的做法。

那么对于不同场合，如何把握交际距离的度呢？对此美国哈佛大学人类学家爱德华·霍尔进行了专门研究，并提出了四种交际距离。

1. 亲密距离。亲密距离为 0.45 米之内，以此距离为半径的区域是个人空间中最重要的区域，神圣不可侵犯。一般只有自己的恋人、亲人、密友、宠物等与自己感情最亲密的人或物才可以进入，如果外人进入这个区域，除非是无意识行为，否则将会被视为人身侵犯，人们可能会为此大打出手或者闹到法庭上去。在这个区域内还有一个更加私密的区域，就是半径小于 0.15 米的区域，这是只有需要接触自己身体的人才可以进入的区域，因此，在陌生人面前，千万不要尝试进入对方的这个区域，尤其是在异性面前，这不仅是礼貌问题，更关乎道德。

2. 个人距离。个人距离在 0.45~1.2 米，这是一个很微妙的距离，人们既不会与他人有过于亲密的接触，也不至于太疏远。人们在与比较熟悉的人谈话时，距离会保持在 0.45~0.75 米，谈话双方可以握手，亲密交谈，不必太拘束，谈话内容会涉及事业、家庭、情感等。如果谈话过程中突然冒出陌生人，那么，双方的距离会保持在1.2米左右，而且谈话会很快结束。

3. 社会距离。社会距离在1.2~3.6米。人们在与同事或关系不太亲密的朋友交谈时，距离多保持在1.2~2.1米，多聊一些生活琐事，或者时事要闻等；在和不太熟悉的人打交道时，距离基本保持在2.1~3.6米。此时，谈话双方的眼神交流似乎比语言更重要，比如在领导讲话时，你可以通过眼神告诉别人，自己持何种态度。当然在和初次见面的人，如餐厅里的服务员、门口的保安员谈话时，都可以保持这个距离。

4. 公众距离。公众距离在3.6米以上。在与陌生人交谈时，可以保持这个距离，另外演讲者和听众之间一般也会保持这个距离。

保持距离是一种礼仪

中庸之道历来为中国知识分子所推崇，所谓中庸，就是不偏不倚，无过之无不及。其实，人们对于距离的认识也与此有相似之处。在公共场合，如果与别人距离太近，别人会认为你有所企图，相反，如果距离别人太远，别人就会认为你很讨厌他，所以保持距离也要讲究中庸之道。

处于公共场合时，人们都喜欢与陌生人保持一定距离，这已经是不容置疑的事实了。但是保持距离也要讲究技巧，否则很容易使别人感觉不舒服。有人对医院候诊室中人们选择座椅位置的规律做过一项调查，结果发现，第一位入座的人一般会随便选择一个位置，第二位则选择与第一位间隔一个或几个座位的位置，接下来的人多会选择离自己最近的两个人中间的位置坐下，人们称这个普遍性规律为“中间原则”。

这样的例子比比皆是，在聚餐时，刚到的几个人一般会按照“中间原则”入座；在上公共卫生间时，一般人们会选择最里边的位置，如果已经有人，就会遵循“中间原则”。

从某种意义上说，保持距离也是一种礼仪，遵循“中间原则”既可以满足

保持个人空间的心理需求，也不会让旁边的人有什么想法。在聚会、谈判，或者出席会议时，如果没有自己特别亲密的朋友，在选择位置时，最好做个“好好先生”。

乘电梯的尴尬

自从高楼大厦一栋栋拔地而起，电梯便成了生活中不可或缺的部分，发生在电梯里的故事也成了人们津津乐道的话题。据说有位农村老汉，来城里第一次见到电梯，万分惊喜，一直站在电梯口，研究电梯到底是怎么一回事，此时有位老太太走进电梯，随着数字的升降，有一位年轻姑娘出来了。老汉惊呆了：“哦，原来电梯能把老太婆变成美女啊！”于是他决定回家把老伴接来，让她也坐一坐电梯。

这只是一则笑话，其实在现实生活中，乘坐电梯是一件很令人头痛的事，尤其在上下班高峰期，颇有挤公交车的感觉。在一次问卷调查中，有90%的人表示不喜欢乘电梯，当被问及原因时，虽然答案五花八门，但无非是因为乘电梯的人过多所带来的种种困扰。有人说：“每次上班时间，电梯口都是人山人海，每下来一班电梯，里边的人还没出来，外边的人就蜂拥而入，如果不拿出突出重围的勇气，很可能又会被带回原地。”还有人说：“最让人难受的是在电梯里面与陌生人的‘亲密接触’，那简直让人无地自容，好像自己干了坏事一样，有点手足无措，不知把目光放到哪里……”

电梯里焦躁不安的人们

其实人们之所以有此类问题，归根结底还是个人空间问题。每个人都有自己能够忍受的极限，如果超出这个极限，人们就会不自觉地产生焦躁不安的情绪。但是尽管如此，人们也绝对不会让自己的不良情绪任意蔓延下去，因为在公共场合暴跳如雷等于自讨无趣。大多数人在乘坐拥挤的电梯时，会伪装出一张面具脸，目光呆滞地盯住电梯上的数字，好像对眼前的一切无动于衷。

伪装似乎已经成为人们在拥挤场所发挥身体语言的法则，通行于不同文化背景的国家和地区。无论是在电梯、公交车中，还是在候诊室、电影院、火车里等等，人们的反应不外乎以下几种：不跟任何人讲话，包括自己的熟人；避免与他人有目光接触；假装一本正经地看报纸，尽管早已经因为身边的美女或帅哥而浮想联翩了；保持某种姿势，一直僵持到底。

伪装能够成为人们在拥挤场所不成文的法则，并不是偶然的。这样做是出于保护个人空间的目的。当别人不可避免地侵入自己的个人空间时，把他当作透明人，好像根本不存在一样，这样能够有效缓解因为别人入侵所产生的焦躁感。

当消极情况不可避免时，自欺欺人也是一种缓解压力的办法。在别人进入你的个人空间后，不妨尝试一下，至少它可以使你在心理上轻松很多！

交际距离的城乡差异

人们对于个人空间的需求，除了与本国的文化背景有关外，与其生活环境的人口密度也有很大关系，大部分农村地区地广人稀，人口密度小，人们有广阔的活动空间，所以农村居民对交际距离的要求也比较高，相反，从小生活在城市里的人，日常活动空间狭窄，随着城市人口的不断膨胀，城市居民对个人空间的标准也不断降低。

所以要想判断一个人是来自农村还是城市，除了一些外在特征外，他对交际距离的要求也是重要依据。大学刚入学时，同学们来自五湖四海，有农村的也有城市的，虽然还不怎么熟悉，但是，从彼此之间打招呼时所保持的距离，就能猜到谁是城市长大的，谁是农村长大的。一般城市长大的同学对个人空间要求比较小，他们喜欢拥抱别人。相反农村的同学，不喜欢与人有过于亲密的接触，如果别人主动伸出手来拥抱，他们开始会不习惯地后退，后来也只是敷衍。

偏远山区人们见面时，一般在较远距离打招呼

在见面问好时，农村居民喜欢站在原地，身体前倾去跟别人握手，城市居民则显得更具有主动性，他们会彼此走近对方握手。在一些偏远山区，人们通常站在几米之外相互打招呼，这大概与地理环境有关系，因为在偏远山区，虽然两个人之间可能只有一米之遥的直线距离，但走起路来可能要花上几小时，所以如果没有重要的事情，他们远远地打招呼就可以了。

相对城市而言，农村是有巨大消费潜力的市场，现在有关企业在推行“家电下乡”活动，并且国家对于购买指定品牌电器的农民还会有相应补贴，所以家电推销员下乡也是必然的事，那么在下乡过程中，推销员应该注意哪些问题呢？当然首先要把握好距离问题，与农村居民握手时，一定要保持适当的距离，如果忽视了这一点，那么对方会为自己的空间遭到入侵而不悦，卖出东西的机会也会大大降低。

交际距离的文化差异

不同地域的人们，对交际距离的要求有所不同。不同文化背景的人们，所需要的空间距离也有很大差别。在有的国家代表热情好客的亲密接触，在另一个国家可能会被视为对他人的侵犯或性骚扰，如果分别来自这两个国家的人们相遇，会怎么样呢?

有一对意大利情侣，一起去澳大利亚留学，不久他们应邀参加了一场舞会，参加这次舞会的大部分是本地人，大概是“物以稀为贵”的原因，他们简直成了舞会的焦点，很多人邀请他们一起跳舞。他们高兴地接受了邀请，可是不一会儿，他们的舞伴都借故走开了，后来两人各自换了好几个舞伴，都是同样的结果。这令他们很是困惑，简直是无法理解，后来他们偷偷叫来服务员询问，这才恍然大悟，原来如此。

其实误会就发生在彼此交际距离的文化差异上。在意大利等南欧国家，人们对亲密距离的要求只有 20 厘米左右，既人们保持 25 厘米的距离，双方也都会感觉舒适，但是如果他们与澳大利亚的朋友保持这个距离，这简直是开玩笑，因为澳大利亚人的亲密距离达到了46 厘米，这么做已经严重侵犯了舞伴，难怪舞伴会一个个走开，他们可能认为这对情侣有好色的毛病呢！后来这对意大利情侣连忙向刚才的舞伴说明原因，这才挽回了面子。

在求爱过程中，可以通过进入对方的亲密距离试探对方的态度，如果对方作出后退的反应，说明这只是一方的自作多情，相反如果对方留在原地不动，这表明两人心有灵犀，可能很快就会确立恋爱关系。

不同地域的文化发生碰撞时，很容易引起人们的误解，甚至会出现类似于这对意大利情侣的尴尬情况。在外交谈判、商业合作或者学术交流过程中，如果来自某个国家的一方对亲密距离的要求只有指尖到手腕的距离，另一方则要求一臂之长，那么两人可能会出现类似的尴尬场面，在交谈过程中，一方会不断努力地靠近另一方，后者则不停地后退，如果他站在里面则会被挤到墙上，如果他站在外边，则很可能会被挤出办公室。

异国商人相互问候时，一位拉丁美洲人可能会给合作伙伴一个拥抱，如果对方来自北美，那么他会慌乱不知所措；同样，一位阿拉伯人在与欧洲朋友同行时，会紧紧拉住朋友的手，就像小时候妈妈拉住孩子的手一样，这同样会使这位欧洲朋友困惑不解。

如果不想遇到上面这些麻烦，那么在出国之前，要充分了解该国的文化习惯，这对于顺利达成目标有重要意义。

私人领地

这位女士通过挽臂方式告诉别人：“身边这位英俊男士已经是有妇之夫了。”

动物都有领地行为，它们通常不必直接接触其他动物，就能发出信号，宣布自己的主权。蟋蟀和蚱蜢，以及鸟类常以声音为信号，宣布自己的主权；海豹会在自己的领地内立桩分界，用大声的咆哮来保卫它们的领地；狗会通过排泄产生某种气味，捍卫自己的领地。

人类也有类似的行为，他们会把自己的房间，以及经常使用的物品视为自己的“领地”，同时通过各种方式向外界发出信号，表示“这是我的，不容许任何人侵犯”。所以每次我们去别人家做客时，总感觉很拘束，虽然主人一再说“把这儿当作自己的家”、“不要拘束”等，但是与此同时，主人也在通过身体语言不动声色地宣布这是个人空间，试想谁还能做到轻松自如呢？

在外人面前，人们通常会运用多种姿势、动作表示对私人物品的占有，他们可能会倚靠，或者用手抚摸，或者把脚置于其上，表示自己对它们的所有权。

在男士较多的公共场合，丈夫多会用手臂抱住妻子的腰，以此提醒其他男士："这位漂亮的女士已经名花有主了，我才是她的合法丈夫。"当然，妻子如果感觉受到其他女士的威胁，也会通过挽臂方式告诉别人："身边这位英俊男士已经是有妇之夫了，你们最好躲远点儿！"

在自己钟爱的物品面前，人们也会有类似的占有行为，在与自己的新车合影时，你很可能会斜倚车身或者踩在车子的某个部位上，以此说明自己才是车子的主人。

当在自家门口与邻居聊天时，主人很喜欢倚靠在门上，以此宣布自己对这所房子的所有权。如果两家门口紧挨着，那么很可能双方各自倚靠在自家的门上交谈。

人们习惯性地通过多种姿势、动作宣布对私人物品的所有权

这种情况在办公室表现得也十分明显。我们每到一个陌生的地方，总会不自觉地紧张起来，伴随这种紧张情绪，我们的身体会明显收缩，似乎是想通过这种方式告诉主人，自己很弱小，不会给他带来威胁。相反，办公室的主人则显得悠闲自得，甚至有点不拘小节，他们可能会把脚放在办公桌上，以此表明自己对办公室物品的占有。当然，如果来到办公室的是上司，那么这种占有方式会变得更加隐蔽，可能他的脚会从桌子上放下来，踩在桌子腿上，以此来宣布自己对办公室物品的占有。

了解了人们对私人领地的主权意识，在日常生活中，我们就要注意尽量避免侵犯他人的私人领地，否则会给人留下不好的印象，甚至会激怒主人。当到别人家做客时，未经主人允许，尽量不要碰主人的东西，否则会让主人感觉到威胁。至于那些擅自动用主人的东西的行为，比如偷偷使用女主人的化妆品或者未经男主人许可，擅自开走对方汽车等都属于严重侵犯别人领地的行为，经常这么做，恐怕以后就很难得到主人的邀请了。

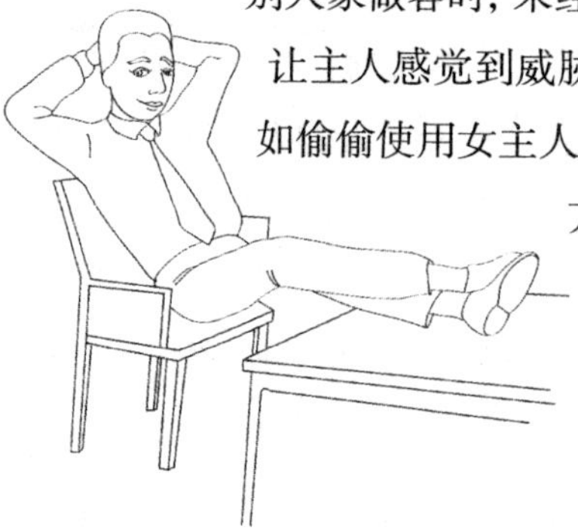

办公室的主人喜欢通过这种方式宣布自己对办公室物品的占有

选择座位的艺术

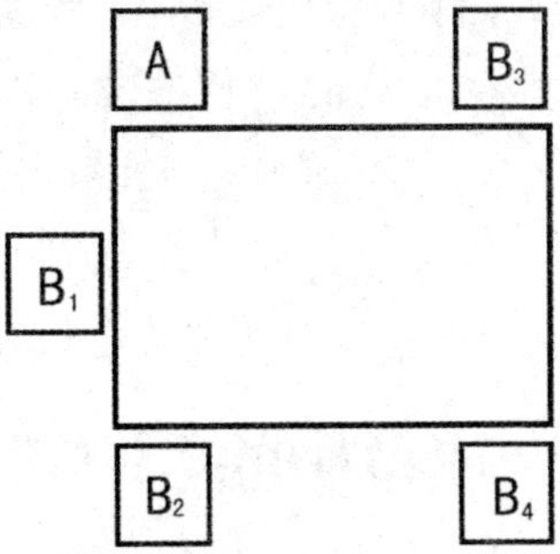

选择座位也是一门艺术。座位的布局暗示着人们彼此间的亲疏关系，一般来说，关系的亲疏决定着身体距离的远近，关系越亲密的人，彼此座位之间的距离越小，反之则越大。

以一张长方形桌子为例，假如你即将去参加某项活动，A为主人，其他四个位置（B1、B2、B3、B4）可供选择，选择不同位置代表不同的意义，适用于不同的场合。

假如你去一家公司面试，或许B1位置是不错的选择，这个位置既不会使人产生对立的负面情绪，也不会因为过于亲近而显得有失庄重。同时在这个位置，双方均可以轻松自如地运用身体语言进行交流，有助于双方尽快熟悉彼此，进而产生亲近感。同时这样的座位格局，不会产生桌面上的区域划分，即使感到有某种威胁，桌子角也能充当心理屏障，缓解心理压力，所以如果想和陌生人达成某种协议，促成双方的合作，那么应该首选这个位置。

如果你想选择B2位置，那表明你和对方之间可能是一种对立竞争关系，也许你们即将展开一场象棋对决，又或者你们正要开始一场激烈谈判，不管接下来是什么活动，都无法摆脱横在中间的桌子所形成的屏障，它的存在永远无法真正拉近彼此间的距离。在这种情况下，上半身要尽量减少小动作，因为此时你的一举一动，对方都能一目了然。在餐厅吃饭时，人们喜欢选择这样的位置，尤其是情侣，他们认为这样更有利于双方进行眼神交流。在上级与下属交谈时，这样的座位安排，更能显示上级的权威和地位，使其有一种心理优越感。

并排而坐有利于双方齐心协力完成一项任务。并排而坐就是选择图中B3

的位置，无数研究表明，这样的座位布局会使陈述者不遗余力地提出可行性方案，同时也更容易被别人接受。因为这样的位置更有利于双方进行身体语言的沟通，进而能够更好地理解彼此的观点。假如你与客户达成协议后，再与客户见面时，为了赢得客户的信任，你也许会带上公司的技术总监，那么此时怎样安排座位比较好呢？答案是你仍旧与客户并排而坐，让新来的技术总监坐在你们对面，这样能够在潜移默化中制造出一种假象，好像你是站在客户这边的，处处在为客户着想，这将更有利于双方达成协议。

座位中的“上座”

中国素来是礼仪之邦，宴请宾客时，主人非常重视座次的安排，如果稍有差池，就可能使客人不悦。从某种意义上讲，座次是身份地位的象征，也是区别尊卑的标志。

总体上看，我国传统的座次安排基本遵循“尚左尊东”“面朝大门为尊”的原则。如果是家宴，首席应该坐家里辈分最高的长者，末席为辈分最低的人；如果家里宴请客人，那么首席要坐最尊贵的客人，主人应居末席。一切都要从首席客人开始，首席落座，大家才能跟着落座，首席动手，其他人才可动手，巡酒也要从首席开始，依次进行。如果用圆桌，正对大门的作为首席，然后左边依次 2、4、6……席右边依次 3、5、7……席直到两边会合。如果是八仙桌，倘若有正对大门的座位，则正对大门一侧的右位为主客。不正对大门，则面东的一侧右席为首席。然后首席的左手边坐开去为 2、4、6、8(8 在对面) 席，右手边为 3、5、7(7 在正对面) 席。

这是我国传统的座次安排，那么在国际交流日益频繁的今天，有没有一种国际通用的座位安排法则呢？对此美国加利福尼亚心理学家斯塔豪迈尔经研究发现，尽管各国间存在着文化背景和风俗习惯方面上的差异，但是，人们仍然可以从座位的安排中，看出别人对自己的态度。

在谈判过程中，如果你被对方安排到他的对面，那么即使他表面上对你十分友好，但实际上内心并未真正接纳你，他在潜意识中始终把你当作对手看，并时刻保持防御心理，这样或许在整个谈判过程中，双方都会感觉很紧张，如果在此期间有争执处理不当，双方就很难达成协议。

如果对方把背对窗户的座位让给你，那说明他很尊重你。因为坐在背对窗户的位置，光线不会直接照射到脸上，容易掩藏你的面部表情。如果坐在面对窗户的位置，那么你面部的每个细节都会被别人察觉到，此时你就像个透明人，毫无秘密可言。

当谈判在一张大桌子上进行时，如果你被安排在对方的侧上方，这表明你受到了友好的待遇，或许在谈判之前对方就已经对你产生好感，这对于谈判来说，是一个良好的开端。同时这样的位置安排会使双方避开眼神的直接接触，容易消除彼此的紧张感，营造一种轻松愉悦的气氛，这更有助于谈判的成功。

假如你被安排与对方并肩而坐，这表明他不仅信任你，而且视你为知己。双方身体距离的缩小会迅速拉近彼此的心理距离。在这种情况下进行谈判，会收到事半功倍的效果。

不论是谈判中、恋爱中，还是其他场合中，选择合适的座位格局，对于接下来的活动都会产生重要影响。如果双方要进行一场激烈的辩论赛，那么选择面对面的座位格局，会最大限度地激发双方的潜能，提高比赛的整体水平。如果双方交谈是为了达成协议，迈向共同的目标，那么选择“友善”的座位格局更容易达到目的。如果双方是夫妇、恋人、知己，那么无疑并肩而坐是最佳选择。

座位中的左右优势

无数经验表明，谈判中绝大多数的争执乃至反目，均是在对抗性的座位格局中发生的，而合作性关系则多在双方并肩而坐时产生，而且位于右侧的成功率远远高于左侧。所以在想达成某种协议的谈判中，一定要选择好位置。那么为什么右侧会比左侧更具优势呢？

这还要从它的根源谈起。一般位于左侧的人，更容易用右手攻击其右侧的人，因为绝大多数人的右手比左手更发达。相对而言，位于右侧的人，用左手攻击左侧的人可能性会更小一些。所以一般位于左侧的人对于其右侧的人来说，往往更具威胁性，容易给对方造成心理压力，而位于右侧的人对于其左侧的来说，威胁性会大大减少，更容易使对方感觉轻松愉悦。所以在人们心目中右侧是尊贵身份的象征，在公共场合位于右侧的人往往地位更高，权力也更大。

座位与注意力

人们在上课、演讲、看演出或参加会议时，座位决定着他们的关注度。在借鉴前辈研究成果的基础上，有人通过对演讲时听众关注度的调查发现，坐在不同位置上的人，对演讲内容的记忆强度和参与度有很大差别。这一结论几乎适用于不同年龄、不同文化背景的所有人。

人们在选择研究对象时，更倾向于选择那些身份地位相同的人，这样得出的结论才更有说服力。最后人们得出一个被称为“漏斗效应”的结论。

“漏斗效应”本是流体力学中的概念，指当流体从管道截面面积较大的区域流到面积较小的区域时，速度会明显增大。后来这个概念被引进传播学，人们认为，如果信息传播者想要传达的信息是 100%，那么表达出来的可能就只有 80%，而听众能听进去的只有 60%，最后能够记住的只有 40%，照此去做的可能仅有 20%，这就是典型的“漏斗效应”。我们所说的演讲中听众注意力的“漏斗效应”是指听众在以“课堂格局”落座后，在听演讲过程中，会形成一个漏斗形状的注意力集中区，这个区域以包含了整个第一排的座位，然后按照倒

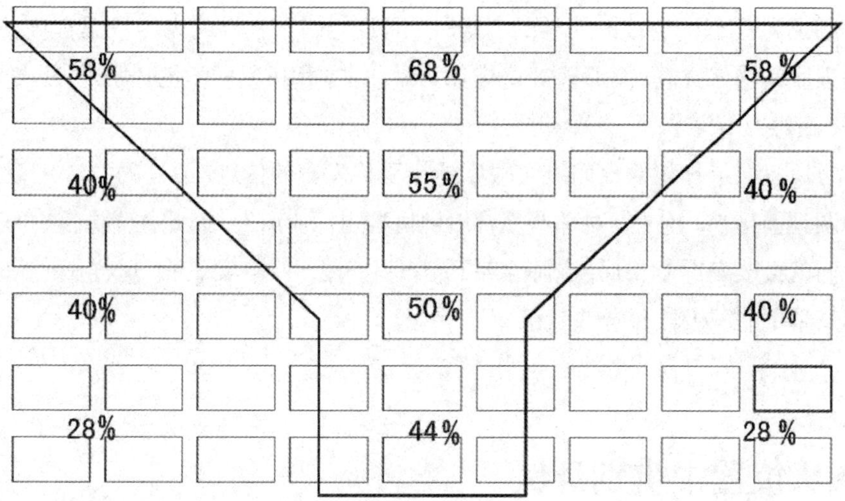

座位与注意力的分布

金字塔的形状呈递减趋势，最后到后排中间的某位观众处为止。其中在漏斗区域内就坐的观众，不仅能够认真听，而且会积极参与互动，效果也比较理想。而分布在后排或两侧的听众不仅注意力不集中，而且打瞌睡、做小动作，他们之中很少有人会主动参与互动，态度也极其消极，有时会质疑演讲者的演讲内容，甚至挑剔他的言谈举止或衣着外貌。他们之所以选择坐在后排或者两侧，是因为这些位置更方便他们打瞌睡，做小动作，甚至半道溜走。

在读大学期间，每次上课前，那些学习成绩好、态度积极的同学都会早早去占座，而且多会占据第一排。而那些学习成绩差、经常迟到或早退的同学，则多会选择后排某个角落的位置坐下，偶尔后排没有空位时，他们也只好委曲求全，硬着头皮坐在前面，不管有意无意，这节课的学习效率会明显提高。座位真有这么神奇的效果吗？对此我们在某个学校做了一次实验，学校请人为学生进行英语辅导。我们在每个座位上都贴上一张写有学号的纸条，学生进来后，必须对号入座，根据之前了解到的情况，我们这次故意把那些平时学习态度差、懒散、不思进取的学生安排在了中间或前几排，相反把那些平时学习积极性高、喜欢坐前排听课的学生安排在两侧或后排，结果发现，这一做法不仅提高了那些态度消极的同学的积极性，而且他们对辅导的内容掌握程度、理解程度都明显提高，而那些被安排在后排，原本积极的同学也开始走神、打瞌睡、注意力不集中，学习效率明显下降。

所以如果你想要人们最大限度地接受你发出的信息，最好的办法是把他们调到前排来。这一点对那些教育培训机构也深有启发，因此在学员较少时，他们就会改变课堂格局，老师会站到学生中间去讲，事实表明，这样做的确能提高学生的积极性和听课效果。

从位置中辨别身份

有人说位置即权力。不管人们身处什么场合，周围坐着什么样的人，也不管旁边的桌子是圆形、椭圆形、矩形，还是正方形，只要你的位置确定，那么即使是陌生人也能确定你的大致身份以及你与周围人的关系。

如果双方在一张正方形桌子前谈话，那么这两个人很可能是合作者，因为正方形桌子更能体现双方平等的地位，有利于双方进行开诚布公、直截了当的谈话。

倘若两人的谈话在一张椭圆形的桌子边进行，那么，这两个人应该是关系不错的朋友，因为这种情形表明双方对彼此都很信任，并且渴望进行更深入的沟通。

圆桌会议是亚瑟王为团结骑士所采取的策略。在每次打仗之前，亚瑟王都会召开圆桌会议，每次他都能将骑士们紧紧团结在自己周围。后来有人质疑为什么亚瑟王要召开“圆桌”会议，而不用其他形状的桌子，其实原因很简单，圆桌能够营造出一种轻松自在的氛围，可以缓解骑士紧绷的神经，最重要的是，这会使每位骑士都能感觉到公平、拥有同等的权力。与此同时，在亚瑟王进行战略部署时，每位骑士都能毫无顾忌地献计献策，有利于激发骑士的士气，使大家同仇敌忾，共同歼灭敌人。

圆桌能够营造一种轻松自由的气氛，给人一种看似平等的错觉。其实即使在圆桌上，亚瑟王仍然是最高决策者，权力和地位都无与伦比。而坐在他左右两边的人，很可能是他的心腹，拥有仅次于亚瑟王的权力，而且右边的骑士比左侧的拥有更大的权力。然后剩下的依据与亚瑟王距离的远近，拥有不同的权力。

懂得这些规则，将来无论人们参加什么样的活动，选对自己的位置，安排好别人的位置，对人对己都是件好事，不会因为小小的失误而付出得不偿失的代价。

第十二章 职场中的身体语言

面试中把握好第一印象

第一印象对他人的社会认知起着重要作用。人们常说的“新官上任三把火”“下马威”等都是对第一印象重要影响的具体运用。人们在首次交往过程中给人留下的第一印象，会在对方头脑中占据主导地位，并影响其以后的社会认知，在心理学上人们把这种现象称为“首因效应”。在日常生活中，第一印象是人们普遍存在的一种主观性心理倾向，对以后的一系列行为会产生直接影响。

第一印象往往具有主观性、片面性，它主要是通过一个人的性别、年龄、衣着、姿势、面部表情等外部特征作出判断。一般情况下，一个人的身份、性格、品位都可以从他的身体语言中表现出来，一个市井百姓再怎么伪装，也不可能给人留下文质彬彬的书生印象，他的一举一动都诠释着他的身份。

第一印象的 90% 是人们在见面后的 4 分钟内形成的，而其中 60%~80% 的信息是通过身体语言传达的，所以在初次与人交往时，一定要注意自己的身体语言。尤其在面试时，可能一个小小的动作会决定你面试的成败。正因为第一印象如此重要，所以在面试前，许多人会参加一些培训，希望能给面试官留下良好的第一印象。其实这也需要技巧，假如你迫切想树立良好的形象，那么不妨按照以下的建议去做。

在面试之前，公司多会在接待室设立专门的接待人员，当有人来面试时，接待人员首先会将其带到接待室，排队等候面试。实际上，面试从此时就已经开始了，你要开始注意自己的言谈举止，比如最好不要落座，除非接待人员坚持要求你坐下，否则你很容易从对方的视野中消失。然后一定要表现出很自信的样子，比如可以采取站姿的同时，拿出些王者风范来，学学麦克阿瑟将军，背起双手，表示自己信心十足，或者双手做出塔尖式姿势，表示自己在用心等待。你在进入正式面试的办公室之前，最好将手里的东西留在接待室，否则会显得凌乱拖沓，给人留下不好的印象。

在走进办公室时，一定要注意你的走路方式，不宜过急也不宜过慢，在得到允许后，要毫不犹豫地走进办公室，如果你表现得像小学生进入校长办公室时那样羞涩紧张，那么面试官可能会认为你无法胜任这份工作。

走进办公室后，不管面试官在做什么事情，你都应该自信大方地走进去与其亲切握手，然后迅速在相应的位置落座，由此证明你是个珍惜时间的人——尽管自己微不足道，但是仍旧不愿意把时间浪费在无聊的等待上。相反，如果对此你表现出无所谓的样子，进来时步伐缓慢，中规中矩，别人会认为你没有时间概念，或者对这次面试满不在乎，又或者你在关注其他的事情。即使你在其他各方面都表现得出类拔萃，但是仅凭这一点就足以将你拒之门外。

在与面试官握手时，最好把手掌伸直，并与对方保持相同的力度，把握手的主动权交给对方。另外要注意，不要隔着桌子与对方握手，这是不礼貌的。如果双方之间隔着桌子，最好移到桌子左侧与其握手。

落座时，如果你被安排在较矮的椅子上，最好的解决方法是转动椅子，坐在与对方保持 45 度角方向的位置上，这样便能避免矮椅子产生的压迫感。假如椅子是固定的，那么可以转动身体。如果可以自由选择座位，最好坐在面试官办公桌的右侧，以避免双方坐在对立位置上而产生对抗心理。

在面试过程中，尽量保持积极而节制的语言及身体语言。积极的身体语言代表积极的心态，在面试过程中，面试官总是喜欢关注细节，或许一个积极的手势、一个亲切的微笑、一个自信的眼神都会助你一臂之力。但是有时，一个双臂交叉的姿势也会使你功亏一篑。所以有人说，细节决定成败。同时，语言凝练而节制是一个人成熟稳重的表现，那些有身份的人，在谈判中大多喜欢沉默，他们极力节制自己的语言，身体语言也是少之又少。在面试过程中，你可以尽可能地模仿对方的身体语言，这样容易使对方对你产生好感。

每个人都有自己的个人空间，都会极力捍卫自己的个人空间。一般关系越亲近的人，彼此间对个人空间的要求越小，而在陌生人面前，双方会本能地保持距离。在一方进入另一方的个人空间时，对方会通过身体语言表示反抗，比如身体会往后靠，或者会做出击打手指的动作等。所以在面试过程中，一定要注意与对方保持一定距离，不要让对方因此而对你产生反感。

在面试结束准备离开办公室时，最好和面试官握手道别，然后轻轻带上办公室的门。同时，一定要留给面试官一个完美的背影，不要顾前不顾后，使自己的背影看上去衣衫不整，头发凌乱，这些同样会损害自己的形象。

用椅子显示权威

在开会或参加面试时，人们可能都有过类似的感受：别人高高在上、盛气凌人，而自己却渺小而卑微。除了身份上的悬殊外，也许对方在椅子上也作了精心安排，为的是提高自己的权威和声势，同时降低对方的身份。那么他们在椅子安排上到底有什么奥秘呢？

第一，椅子靠背的高度。一个人的身份地位与椅子靠背的高度有关，一般椅子的靠背越高，坐在椅子上的人的地位就越高。在古代作为九五之尊的帝王，他们的宝座靠背都在2米之上，有的甚至达到3米，借此显示他们高高在上的地位及无与伦比的权威。在现代企业中，一些领导也喜欢靠背高的椅子，而为来访者准备的却是沙发及靠背较低的座椅，想借此达到提高自己、贬低别人的目的。如果你想在别人面前提高自己的权威，也可以利用这种方法。

第二，椅子的高度。高度可以提高一个人的权威，椅子越高，坐在椅子上的人的身份和地位也会随之提高，与之相应，他的优越感也会随之增加。相反，坐在较低座位的人，在与高座位上的人说话时，会不自觉产生一种自卑感。所以在与高傲的顾客打交道时，最好为其安排较低的座位，而尽量将自己的座位调到最高处，这样你就不会因为对方的高傲而感到失落，而对方也会因为你在高度上的优越感而有所收敛。

第三，椅子的位置。当把对方安排在自己的对面时，对方感受到的威胁最大，此时你的权力也最大。但是这样做又会拉近彼此间的距离，从而降低自己的威信，要知道只有距离才会产生敬畏感，神之所以为神就是因为他们远离尘世。所以要想最大限度地突出自己的权威，最好的办法是拉大对方与自己办公桌之间的距离，借此降低对方的气势。

观办公桌知老板性格

俗话说“观友知其人”。其实了解一个人不一定要直接与其接触，有时候从其周围的环境中去解读，反而更容易找到答案。倘若你初到一家公司，起初可能对你的新老板一无所知，当然此时也不要期待有人会告诉你，但是这并不是什么大问题，只要仔细观察他的办公室，你就能对他的性格了解一二了。

假如你老板的办公桌看起来井井有条，给人一种温馨舒适的感觉，那么这表明他是一个有计划、有原则的人，喜欢把工作安排得有条不紊，做事讲究效率，喜欢精打细算。这种人习惯了稳定、单一的工作模式，一旦遇到意外情况，就会变得手足无措，缺少应变能力。给这样的老板打工，你一定要严格按照要求来做，不求有功，但求无过。否则一旦打破原来的模式，就会遭到他的斥责，即使是正确的意见，如果你因此而被炒鱿鱼，那是最不值得的事。

如果老板的办公桌杂乱无章，文件、报纸随处乱放，即使有文件夹和报纸夹也不用，这表明他是个不在乎形式、只看结果的人。在这种老板手下干活，即使很努力，但如果业绩不突出，同样不会受到青睐。如果你犯了什么错误，最好跟他解释清楚，否则他绝不会以宽容的态度对待你，反而会因此对你产生坏印象。这种人往往会冒出些创新的点子，但是又总是半途而废，注意力无法集中，所以他很难带领员工成就一番事业。

从身体语言中解读老板的内心

在日常生活中，那些懂得察言观色、见风使舵的人，更容易俘获人心。作为一名员工，适当把握老板的内心动态是十分重要的，只有这样才不至于在不恰当的时间和场合做不恰当的事，同时也能够及时为其排忧解难。这样的员工最受欢迎。

解读老板的身体语言可以从善于伪装的头部开始，如果老板总是把头部抬得很高，保持静止，这表示他对眼前的事情持中立态度；如果他对眼前的事很感兴趣，可能会把头转向一边，摆出一副津津有味，专心在听的样子；如果老板把头低下，表示他此时情绪低落，心情烦躁，对眼前的事持否定态度；如果他一边摇头，一边表示肯定，那说明他在敷衍，实际上他的真实想法正好与此相反。

手势是打开别人心锁的一把钥匙。如果老板在与你谈话时，手掌朝上，表示他对你很坦诚，在以开放的心态与你谈话。相反，如果在与你交谈时，他手掌朝下，那表示他在向你展示自己的权威，或者对你最近的工作表现很不满意，或者想以这种方式压制你。

老板在员工面前，喜欢背着手，以显示自己的权威，不过他们在撒谎时，也会背起手。虽然他们完全没必要在员工面前因为撒谎而恐慌，但是这似乎是人类的一种本能。

老板总喜欢对员工指指点点，尽管用食指指着别人是一种令人极其反感的手势，但是老板好像对此钟爱有加，不管别人能否接受，这实际上透露出一种强权，表示你必须接受他的指责和控制。即使老板对你出色的工作竖起大拇指，但那依旧是一种控制，是其优越感和自信的表现。

腿部也是透露老板真实内心的一面镜子。如果他与你谈话时，跷起“二郎腿”，那表示他对你的谈话不感兴趣或者表示不认同，还有可能感到他的权力和地位受到了威胁；如果在你面前摆出“4”字形姿势，表示他正在向你炫耀自己的权力和地位，尽管他嘴上对你的表现赞不绝口，但实际上内心并不认同。

手臂交叉是人们公认的消极姿势，表示防御、敌意等负面情绪，当老板对你做出这个姿势时，表示他对你怀有戒心，可能不会把重要任务交给你，或许你的能力和才华已经威胁到他。在领导会晤时，也会做出这个姿势，表示自我防卫，使自己的身体与对方隔离，似乎这样更有安全感。

及时迅速地解读老板的身体语言，对于工作的顺利开展很有帮助。只有按照老板的想法开展工作，你才算是好员工，也才能受到青睐。如果像杨修那样，自以为很聪明，却不懂得洞察老板内心的真实想法，最后也不会有什么好下场，这就叫作“聪明反被聪明误”，如果杨修稍懂得些心理学知识，相信他的历史一定会改写。

怎样作精彩的演讲

也许每个人都可以登台演讲，却并非每个人都能做到精彩。在当今社会，出色的演讲能力是不可或缺的，尤其身为领导。有人认为，一个人的演讲风格同演讲内容同等重要。如果因为自己的演讲水平欠佳而影响演讲质量，那将是很遗憾的事，不管怎么样，万事都可以未雨绸缪，遵循以下建议便足以使你的演讲变得生动起来。

一个人要想在演讲中完美地展现自己，首先要保持放松的心态。当然在众目睽睽之下这并非易事，但是如果按照我们的建议去做，或许会有意外收获。在走进演讲现场之前，可以试着做几次深呼吸，这会帮助你迅速消除紧张情绪，快速进入状态；在走上演讲台时，步伐要坚定而有力；站在演讲台前，要保持直立，将重心均匀地落在两条腿上；手里不要摆弄任何东西，保持自然放松。

在演讲进行过程中，一定要注意与听众进行目光交流，不懂得与听众互动的演讲者，他的演讲肯定称不上精彩。在演讲过程中，尽量从演讲台后面走出来，这样听众才可以看到你的全身，有利于双方更好地交流，否则被隐藏的双腿会成为彼此沟通的屏障。要注意将目光落在听众脸上，尤其在自己陈述完某个观点之后，一定要注意听众的反应，以便于自己及时调整，尽量作适合听众口味的演讲。

演讲的方式也很重要，一场精彩的演讲，不但要内容丰富，而且讲述方式也需轻松幽默，使人们在轻松愉悦的过程中获取更多的信息，最后还要有明确的观点，这是演讲的最终目的。所以最好以讲故事的方式开始演讲，千万不要说一些令人反感的空话、套话，这样的开头会从一开始就预示着一个失败的结果。当然也可以从闲谈琐事、幽默笑话开始，这样能快速抓住听众的注意力，引领听众进入状态。在结尾处要明确提出自己的观点，语言要简洁有力。之所以强调开头和结尾，原因在于，相对于中间内容而言，怕众对开头和结尾的印象最深。

精彩的演讲一定要配合恰当的身体语言，只有这样才会使其充满生机和感染力。具体来说：身体语言看起来要迅速有力；在演讲过程中，你要不断地四处走走，这样会使听众集中注意力；充分运用手势语，这会使你的陈述变得绘声绘色。当然，身体语言也要有节制地使用，避免动作过大。

最后，如果没有充分的把握，尽量不要随便开玩笑，以免弄巧成拙；即便在演讲过程中出现错误，也不必对此耿耿于怀，或者试图通过做鬼脸缓解尴尬，否则听众会认为你是个跳梁小丑；不要随意让听众提问，一旦碰到自己应付不了的问题，你在听众心目中的形象就会大打折扣，尽管你在前面的演讲中表现得博学多才、气度不凡。

调动别人的积极性

优秀的领导者不必事必躬亲，自会有人为其代劳，他们认为与其监视员工的一举一动，不如操纵他们的内心，使其积极主动地为自己效劳，这就是领导艺术。想练就这套本领，除了要具备其他必要条件外，积极的身体语言也能助你一臂之力，不管是想让员工加班还是帮忙，都会收到意想不到的效果。

要想达到最佳的说服效果，以下几种方式是最佳选择。第一，在说话方面，语速要快，音调须抑扬顿挫。这表示你不是在开玩笑，而是非常严肃认真，这样对方也会用严肃认真的态度对待这件事。第二，要充分表现自己的坦诚，比如将自己的全身暴露在他人的视线之内，而不是坐在办公桌后面；摊开手掌，表示自己非常真诚，工作确实已经急到需要加班的地步；与对方保持直接的视线接触，并且面带微笑。对方看到这些信号后，一定不忍心拒绝。第三，主动模仿对方的身体语言。一般人们在遇到自己喜欢的人时才会去模仿，所以你的这一举动一定会让你的员工心甘情愿地为你去加班。第四，眼睛也是不容忽视的元素，假如你提出的请求是情感上的，那么右眼眯成一条线，如果是智力上的，那么左眼眯成一条线。这有点类似于撒娇的样子，会使别人不忍心拒绝你。

那么如何具体操作呢？身体语言就像一个个的单词，只有串连成句，放到具体的语境中，才能真正发挥作用。在实施计划之前，首先要学会换位思考，准确了解对方的心理需求，这样才能做到说服别人。假如在说服一位员工之前，你首先应该知道，员工都希望得到领导的欣赏和肯定，被看作是公司不可替代的一员。同时他们希望有自己支配时间的权利，不希望被别人打扰。了解了这些，你在走进该员工的办公室之前，首先要委婉地说："能耽误你一会儿吗？"在得到允许后，可以礼貌地找座位坐下，坐姿最好保持身体前倾，两眼注视对方，手掌摊开，表示自己很坦城，说出自己的要求后，时刻留意对方的表情。一般作为一名员工，得到领导的如此礼遇，是不可能拒绝对方的，不仅会爽快地答应，还会充满成就感和满足感，仔细观察，你也许会发现，他的瞳孔变大，还一直在点头，表示自己一定会圆满完成任务，请领导放心。

这就是领导的艺术，用积极的身体语言调动员工的积极性，给予他们尊严，就是征服他们的秘诀，因为尊严是世界上最宝贵的财富。

高效的商务谈判

在商业社会，商务谈判堪称家常便饭，面对精明的推销员，顾客怎样才不至于落入圈套？这无疑是人们最关注的话题。商场如战场，兵不厌诈这一招在商场上被发挥得淋漓尽致。商家不厌其烦地研究顾客的心理，顾客也不遗余力地揣摩商家的意图，到底谁能在角逐中最终胜出，也许关键在于谁更有智慧，谁更善于洞察人心，而身体语言是重要的突破口。

作为优秀的推销员，娴熟地运用身体语言是他们的基本素质之一。尽管在推销过程中，交易大权握在顾客手中，但是不到几分钟，推销员就能变被动为主动——运用身体语言洞察顾客的心理，进而控制他们的心理。可能在你踏入商场的刹那，就已经有人开始注意你了，你的一颦一笑，你的走路姿势，你的目光走向，你的衣着打扮等，经过他们的解读，这些都会变成有用的信息，从而确定你是属于哪个类型的顾客，比较关注什么，性格如何，怎样才能说服你……然后就会出手，最终捕获觊觎已久的猎物。

所以在这种场合，你一定要控制自己的身体语言，谨慎地透露自己想透露信息，“当对手像山猫般敏锐地窥探你的想法时，你应该像墨鱼一样以障眼法掩饰自己”。比如你可以运用身体语言制造假象，迷惑对方，使其判断失误，这样你就不会轻易掉进对方的陷阱里。具体来说，首先要极力节制自己的身体语言，这是伪装自己的最好办法。其次，做出消极的防御姿势，比如紧闭双唇、双臂交叉、面无表情，装出一副无所谓的样子，这样对方就拿你没办法了。

那么在具体的情境中，该如何发挥这些身体语言的作用呢？当你走进一家商场时，一定要时刻谨记：保持冷漠，不能让对方看透你的心思；不断通过身体语言告诉对方，你并不满意他们当前的服务。总之，一定不要认为自己是在交朋友，最好把对方看成敌人，用挑剔和不屑的态度与之打交道，这样才不至于将自己置于被动地位。

如果在付价还价过程中，对方提出的价格与你的期待值越来越接近时，你可以稍微调整自己的身体语言，比如可以由消极变为中立等，但绝对不能表现得过于热情，那样的话，对方可能会感觉你已经对这个价格相当满意了，尽管他还有很大的降价空间，但是他可能会突然变得很坚决："就这个价，再降就赔钱了！"所以在这个调整过程中，你可以放下交叉的双臂，选择一只手抓住另一只手；松开紧锁的眉头，换一种更中性的表情。

当然，在付价还价过程中，你完全可以掌握主动权，假如这位推销员是个身体语言丰富的家伙，那么从他那里了解到商品的底价应该不成问题，通过旁敲侧击的方式，在了解到商品的大致价格之后，你可以继续砍价，只要他有所动摇，那么就还有还价的余地。最后你可以提出一个自认为合适的价格，如果对方表示难以接受，那么你可以发出要离开的信号，如果对方把你叫回来，那么你可以接受或者货比三家，看看其他店的同类商品，因为你心里已经有底了。如果对方不叫你，说明这有可能是最低价了，你可以回去买，或者以此价为基准到其他商家那里去买。

在你报价的过程中，也可以通过观察对方的身体语言了解对方的态度。假如听到你的报价，对方的小动作明显增加，出现"用手摸嘴""咬嘴唇""迅速瞟你几眼""踱步"等，这说明他已经彻底被你征服了，之所以还在犹豫，是因为这与他的预期还有一定距离。

打造一流的工作团队

一流的工作团队是现代企业真正的核心竞争力。一个成功的企业家在关注企业利润之前，更应关注自己的工作团队。一个团结协作的工作团队不仅能够事半功倍，而且能够积极为企业献计献策，对企业的发展有极大的推动作用。

在企业中，虽然人们一直信奉"压力即动力"的说法，竭力在企业中营造一种竞争氛围，试图以此激发员工的积极性。然而凡事都有两面性，尽管这种激烈竞争能够活跃气氛，也会提高工作效率，但是更容易引起内部员工之间的恶性竞争,那些通过正面竞争无法制胜的员工就会想方设法走歪路达到目的，长此以往，后果将不堪设想。记得读中学时，学校对老师的教学成绩要求非常严格，哪个老师所带班级的单科成绩在年级排名中落后，学校就会当着全校老师的面，点名批评，还要罚款。这给老师带来极大的精神压力，以至于影响到他们的日常教学，后来，我们的数学老师实在忍无可忍，便铤而走险，选择了“捷径”——在考试之前，给我们泄露了几道试题，这样我们的成绩轻轻松松就排到了榜首。

这就是恶性竞争的结果，比起这种激励方式，那些积极打造一流工作团队的企业则显得更加明智，他们不用刁难、罚款等强制无情的手段，而选择攻心策略，营造一种积极健康的企业文化，培养一个齐心协力、团结一致的工作团队。在这个过程中，身体语言的作用不容忽视，这表现在工作中的每个细节中。

比如在开会时，最好采取亚瑟王的圆桌形式，这样的座位安排会显得更加民主，使每个人都能感觉到公平；在会议进行时，老板最好与每位员工保持等量的目光接触，如果目光长时间盯在某位员工身上，其他员工不仅会对老板产生反感，而且会排斥那位“备受恩宠”的员工；在与员工沟通时，面带笑容会显得更加平易近人，比起那些喜欢摆架子的老板，员工更愿意向这样的人倾诉心声；老板在员工面前要举止得体，偶尔可以开开玩笑，但不宜太多，最好能够保持适当的距离；在公开场合，不能对某位员工有特殊待遇，要知道，即使多看某位员工几眼，都可能使其他员工感到失落；老板要给予每位员工充分的尊重，在听他们汇报工作时，身体要直面员工，并有适当的目光接触，表示自己在认真聆听；在员工面前，老板一定要表现得精神饱满，信心十足，尤其在公司陷入困境时，这会在无形中传达给员工一种信号——困境是暂时的，前途是光明的。

在运用这些身体语言时，一定要本着“一视同仁”的原则，不管在会议上还是在餐桌上，要充分调动每位员工的积极性，使他们参与进来，最好使每位员工都有表现的机会，营造一种各有千秋的氛围。这是老板需要思考的问题，他可以通过各种方式实现这个目标，比如提出大家比较感兴趣的话题，用目光与每位员工交流，保持微笑，营造轻松自由的气氛等，长期坚持下去，一定会收到不错的效果。

当大家的身体语言变得一致起来时，也就意味着良好团队精神的建立，此后，员工在工作时，可能就不再是“自扫门前雪”，而开始从企业的整体利益出发，这是一个企业走向成熟的标志。

改变办公室格局带来的影响

仔细观察会发现，那些彼此间可以滔滔不绝聊天的人，不管是情侣、密友，还是同事，多会选择并排而坐或并排站立的位置，他们总有说不完的话，每次聊得都十分尽兴。而另外一些人，他们喜欢坐在对抗性的位置上聊天，摆出一种谈判的架势，结果彼此间共同语言越来越少，大脑总是短路，这真是个奇怪的现象，后来人们就此做了实验，才发现原来问题产生在彼此的位置上。

实验是在一次面试中进行的，实验者想通过有无办公桌来观察求职者的紧张程度。结果发现，当把办公桌横在人力专员和求职者之间时，有 90% 的求职者会表现出明显的不安情绪。但是将办公桌移走后发现，只有 45% 的求职者感到紧张，显然人力专员和求职者之间的办公桌对求职者的情绪有很大的影响。

后来有人对某公司的管理者做了一项问卷调查，要求他们描述一下在新的办公楼中自己所期待的办公室格局，结果在 200 多名高级主管中，有 76% 的人希望在自己和下属之间摆放一张办公桌，而在 100 多名低级管理者中，只有 50% 的人希望这么做。并且，其中希望这么做的男性是女性的两倍。

其实这就是问题的关键所在，越是高级的管理者，尤其是男性，越喜欢这种办公格局，这就是他们不受下属欢迎的原因。因为在下属看来，这会使他们感觉很紧张，像是在和敌人谈判。而把办公桌放在其他位置后，问题马上就消失了，面对同样的上司，刚才还觉得他面目可憎、高深莫测，现在突然变得亲切起来，而且也变得比以前通情达理了，这就是位置的神奇作用。

所以无论是在生活还是工作中，一定要注意自己的位置，如果在说服某人时，双方处在对抗性的位置上，只能收到适得其反的效果。相反，假如在批评下属时，这样的位置会使你的批评显得更加严厉深刻，能够达到批评的目的。

对抗性位置容易使人产生对抗性心理，这种心理很可能使谈话双方在中途分道扬镳，很难达成协议。所以如果你热切地想达到某个目标，一定要端正自己的态度，选择合适的位置，学会换位思考，盲目的妄自尊大只能将好运拒之门外。如果感觉那些角落或并排的合作性位置更有利于自己，那么你应该毫不犹豫地去选，不要固执己见，位置确实重要。

如何布置办公室？

一家公司的老板，因为应付不了复杂的人际关系而面临困境，在他的团队中几位骨干的工作业绩直线下滑，客户大量流失，很多优秀员工也纷纷改换门庭，眼看工作难以为继，他不得不反思这个问题。后来有位朋友来访，一见面他就把对方引进办公室，然后向其倾诉了自己面临的困境，朋友在办公室里转了一圈，坐下来说："我看问题就出在这间办公室和你自身上。"

"办公室？你是说办公室的风水吗？我可不信这一套。"他果断地斥责。朋友笑着说："都什么年代了，还看风水？我是说你办公室的布局不合理。"他一脸疑惑，说："愿闻其详。"于是朋友娓娓道来：

"第一，你把客人的座位安排在自己对面，很容易使双方产生对抗性心理，可能在谈话开始前，你们就开始相互反感了。

第二，这间办公室能够观察到外界的地方只有门和这扇玻璃屏风，再和主客的位置联系起来，就会发现，此时你作为主人的身份和地位显然已经落到客人之下了。因为无论是谁，只要坐在客人的位置上，就等于把其他员工抛到身后，而他的表情动作也只有你一人能看见，这就在无形中将其提到凌驾于你之上的位置。

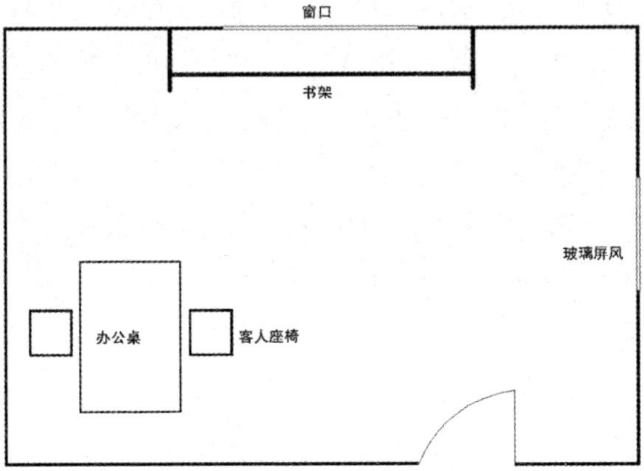

调整前的办公室布局

第三，你的办公桌是实心的，员工无法看见你的下半身，也就无法揣摩你的内心想法，更不可能按你的想法去做。

第四，客人的位置背对办公室大门，这样会使员工产生不安全感，所以不可能对你畅所欲言。

第五，在与员工谈话时，你经常做出双手抱住后脑勺的姿势，甚至还将腿置于桌子上，有时候还会两种动作同时出现。这种盛气凌人的姿势，最容易使人产生反感。

第六，你应该坐到客人的位置上感受一下，否则永远也找不到失败的原因。你的座椅不但靠背高，而且可以旋转，还有扶手，相对而言，客人的座椅太简陋了，靠背低，还什么都没有，难怪你的员工和客户全都跑掉了。”

经过朋友这一番分析，这位老板终于想明白了，原来问题出在这里。于是他痛下决心，重新布置办公室，还报了个身体语言学习班，现在他才意识到身体语言在人际交往中的重要性。在有关专家的指导下，他重新布置了自己的办公室。后来公司状况很快有了好转，他的人际关系也处理得相当融洽。对此他感到非常自豪，也很愿意与大家分享自己的经验，希望能帮助那些有类似麻烦的人。

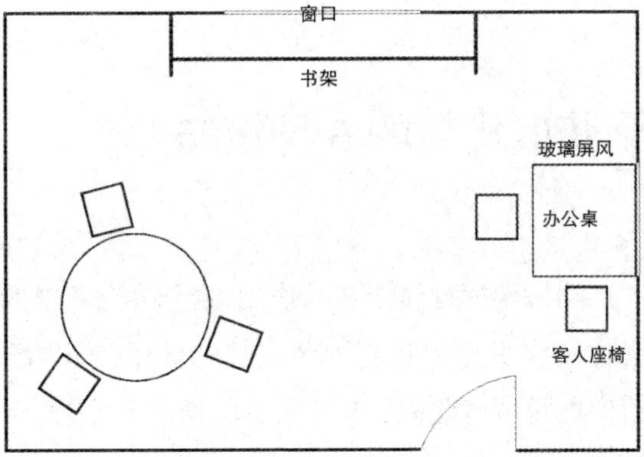

调整后的办公室布局

针对前面的问题，他在以下几个方面作了调整：

首先，把办公桌放到了玻璃屏风前。这会使办公室看上去更加宽敞，而且主人的位置也更加明显，员工走进办公室第一眼就能看见老板，听到他的亲切问候，相对以前一进门就看到办公桌而言，这种布局显得更加人性化。

其次，把以前没在老板正对面的客人的位置移到了办公桌一边。这就消除了主客之间因为所处位置而产生的对抗性心理，双方更容易产生亲近感，彼此的交谈也会更坦诚；同时，客人的位置由背对大门转移到角落，这会使其更有安全感，所以双方的交谈也会变得更加轻松愉悦。

第三，在办公室的左侧摆放一张圆桌和三把椅子，使原本严肃的办公室变得轻松活泼，当员工谈论较轻松的话题时，可以选择这样的位置。

第四，在原来的布局中，老板要与客人分享一半的办公桌，而在调整布局后，办公桌完全属于老板一人独有。

第五，经过一段时间的身体语言培训，老板现在很注意自己的言行举止，根据不同的情境，选择不同的身体语言，尽量发挥积极的身体语言的作用，避免使用消极的身体语言，结果他的人际关系有了很大好转，对此员工很是吃惊。

以上就是这位老板工作起死回生的全部秘诀，假如你也存在同样的困扰，不妨借鉴一下他的经验，如果这些还不能帮助你，那么你可以找有关专家进行咨询，具体问题具体分析。

获取优势的 5 种策略

巧妙发挥身体语言的作用，能够帮你在人际交往中轻松获胜。身体语言常常在潜移默化中起着画龙点睛的作用，有时候一个手势、一个眼神就有可能帮你取得意外收获，不管你是白领还是蓝领，不管你从事什么职业，身体语言都会助你一臂之力。

在人际交往中，以下 5 种策略会帮你在短时间内取得优势。

首先，保持站立姿势。在需要别人马上作出决定时，如果你能控制局面，最好使双方保持站姿。研究表明，站姿相对于坐姿而言会大大缩短谈话时间，从而促使对方尽快作出决定，而且比较而言，交谈中先站起来的一方在身份上，显然要高于另一方。此外，如果你很忙，不愿在谈话中浪费过多时间，那么在别人走来时，可以马上站起来迎上去，这样双方接下来的谈话就会在站姿中速战速决，你也不用为对方聊起来没完没了而烦恼了。

其次，在商务谈判中，如果你是东道主，那么在安排座位时，最好把自己安排在背对墙壁的封闭性位置上，而把对方安排在背对门的开放性位置。据研究，人们在背对开放性的位置时，身体会不自觉变得紧张起来，这会使他在谈判过程中出现呼吸急促、心跳加快、血压升高等状况，而对于你来说这将是极大的优势。

第三，交谈过程中要想有效发挥手势的作用，你就必须注意以下两点。其一，尽量将手置于下巴上方，保持五指并拢，这样最容易吸引别人的注意力。相反，效果就会大打折扣。其二，在交谈过程中，你要尽量将肘部暴露在对方的视线之内，可以放在桌子上或者放在椅子的扶手。

第四，注意说话时的措辞。研究表明，经常使用以下这些具有说服力的词语：保证、结果、节省、容易等，会使你得到更多的爱、健康和金钱。

第五，注意观察对方衣服上的纽扣。在谈判过程中，如果对方双臂摊开，敞开衣襟，这表示双方达成一致性意见的可能性很大，如果相反，对方衣襟紧扣，双臂交叉，一脸凝重，这表示双方在谈判过程中遭遇了寒流，可能很难达成一致性意见。当然，如果途中某一方突然解开或系上纽扣，这意味着对方态度发生了重大转变。

第十三章 两性身体语言

异性接触时的生理变化

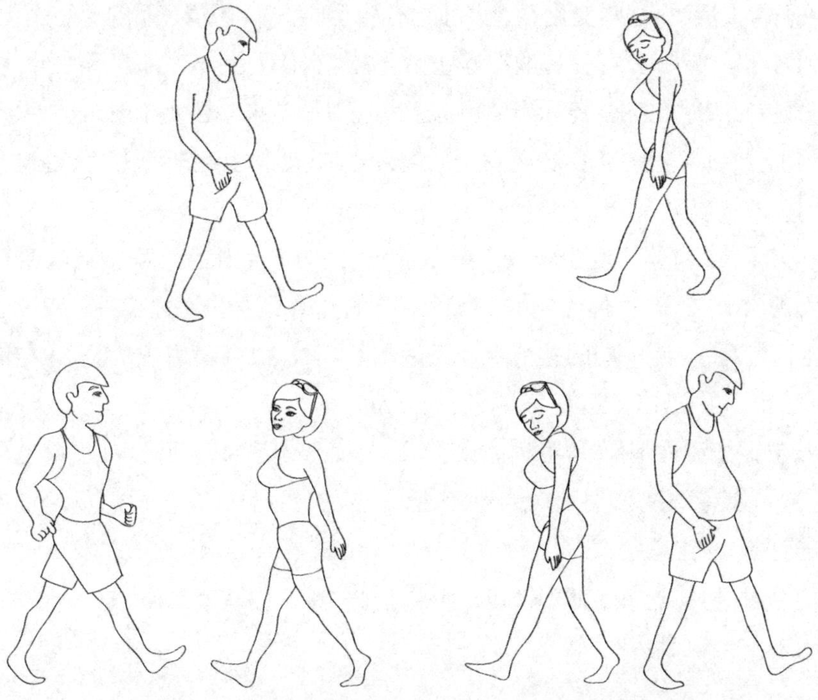

异性接触时的生理变化

与异性接触时，可能每个人都会有类似的感受：心跳加快、血压升高、脸红，甚至会手足无措等，尤其在初次接触时，这种生理变化会更加明显。那么如何从科学角度解释这种现象呢？精神病学家阿尔伯特·舍夫兰博士经研究发现，当一个人走进异性的圈子时，即使不说话，全身也会变得紧张起来，比如平时大腹便便的男士开始挺胸收腹，看上去显得挺拔威武；走起路来，轻盈矫健，充满活力。之所以出现这些变化，是因为在异性面前，每个人都希望把自己最好的一面展示给对方，以赢得异性的青睐。当然这种变化在不同性别之间也存在一定差别。一般男性喜欢挺直腰杆，展示自己高大的身躯、健壮的肌肉，以及霸气十足的男子汉气概；女性则喜欢在异性面前展示自己的胸部，用手抚弄头发，还喜欢把手放在男性的视线之内，以显示自己柔弱无力，勾起男性保护弱者的欲望。

在日常生活中，这些变化看上去可能不会太明显，要想清楚了解这些变化，可以到游泳馆或者海边去，一般在这些场合人们身体的大部分都裸露在外，可以很明显看到这些变化。比如当一位男士发现对面走来一位女士时，这一系列变化马上会在他身上上演，随着女士的离去，这些变化也逐渐消失。女性也会出现同样的状况。

在恋爱中，身体语言扮演着重要角色，人们的情绪和意愿都会通过身体语言表现出来。通过身体语言可以判断对方的性格、心情，对你是否感兴趣、自己能否追到手等，人们的感情十分微妙，通常语言很难表达清楚的东西，却能从身体语言中迅速找到答案。

要想在恋爱中有效利用身体语言，一方面要有意识地了解一些示爱信号，这样可以有效地识别别人的示爱信号，也能保证自己在合适的场合作出正确的选择。当然另一方面，还有部分身体语言是人类自发的，在发出这些身体信号时，可能连自己都不知道，但那却是你内心的真实想法，这种自发的信号从来不会说谎。

异性相吸的过程

人们常说“男女搭配，干活不累”。在外出游玩时，如果只约了同性朋友，可能玩得不会太尽兴，所以人们更喜欢约异性朋友外出游玩；男女同学在一起做功课时，效率也会更高……这就是异性相吸的结果，但这并非人类世界所独有，在动植物中也存在同样现象，那么为什么会存在这种现象呢？人们认为，这与阴阳能量的驱使有关。

一般人们在求爱过程中都会经历五个阶段，每个阶段都有标志性的身体语言。

第一阶段，目光接触。当女士遇到自己心仪的对象时，目光至少会在他身上停留5秒钟，当他觉察到时，女士的目光会迅速移开，这样做的目的是让对方注意到自己。如果他也同样对这位女士感兴趣，会不断朝她张望，直到她的目光又转到他那里，这样的目光接触通常要反复3次，男士才能真正了解她的意图。当然对某些人来说，想达到这个目的，目光接触可能要超过3次，这是男女爱情的开端。

第二阶段，微笑。当女士将目光转向心仪的男士时，经常会捎带着给对方一个甜美的微笑，这是在告诉对方自己对他很感兴趣，希望他走过来和自己攀谈。只可惜许多男士对此一无所知，也就不会对那位女士发出任何回应信号，而那位女士会认为是自己魅力不足，所以他才不予理睬。不知道这样的无知和误解到底要扼杀多少爱情的萌芽。

第三阶段，展示自己。如果这位女士坐着，她会坐得笔直，头部上扬，展示自己的胸部，同时脚踝相扣，双手交叉，看上去端庄文雅，魅力十足；倘若站着，女士会双腿并拢，翘起臀部，脑袋会偏向一侧，露出脖子，用手抚弄自己的头发等，想在心仪的男士面前展示自己最美的一面。男士则会站得笔直，昂首挺胸，有时候也会做一些小动作，比如把拇指插进裤兜、整理袖口、看手表等，借此缓解自己的紧张情绪。不过只要通过一点就能够判断双方的态度，就是人体最诚实的部位——脚，如果双方都将自己的脚尖指向对方，那么说明他们彼此爱慕，当然与此同时，整个身体也会靠近对方。

第四阶段，交谈。经过一段时间的身体语言交流后，如果双方感觉彼此情投意合，那么就可以进入交谈阶段，以便进一步了解对方，他们可以采取轻松的开场白，比如“我们好像在哪里见过”。

第五阶段，身体碰触。在经过进一步的交谈后，如果彼此欣赏对方，那双方就会进入身体碰触阶段，这是一种示爱信号。当然在一开始谁都不会贸然去触摸对方，否则很容易引起别人的反感，所以一般人们会假装意外碰触到对方的手或胳膊，看看对方的反应，如果对方面露喜色，那表示他喜欢你这么做，同时接受你的示爱。相对于牵手而言，拥抱、亲吻是更亲密的碰触，也代表彼此间关系的更进一步。

每一段恋爱的成功都要经历这几个阶段，不可逾越，否则你的爱情可能会因为你的鲁莽或她的轻浮而过早凋零。

女性的“性感广告”

在女性向你示爱时，你能否迅速敏锐地加以判断？在自己心仪已久的白马王子面前，腼腆的你是否知道如何通过身体语言向对方表白？假如你还不知道，那么你需要认真学习这一课，男士们能够学会解读女性的“性感广告”，女士们则可以学会为自己做“性感广告”。

假如被哪位异性所吸引，每个人都会不约而同地做出以下几个动作：脚和身体朝向心仪的人、整理头发、将拇指插进裤兜、抖动身体，这是男女通用的示爱信号，而对于女性而言，还有她们独特的示爱方式，她们喜欢借此来为自己做“性感广告”。

1. 甩头

在自己喜欢的男性面前，女性钟情于甩头，她们通常是先摆动几下，然后猛地将头发甩到后面，即使是短发女子，也经常在不经意间做出这种动作，她们这样做一方面说明很在意自己在对方眼里的形象，另一方面说明自己想通过这个动作引起对方的注意。

2. 嘴唇

经过青春期的发育，男性的面部骨骼会发生很大变化，可能几年不见，当一个小男孩长成小伙子后，就很难再把他认出来，而女孩则不同。她们依旧会保持着那张娃娃脸，均匀的皮下脂肪使她们的面部看上去饱满而有光泽，尤其是唇部，经过唇彩的修饰后，看上去更有魅力。有时候女性为了赢得男性的青睐，还会把玻尿酸注入嘴唇，从而使它看起来更加饱满迷人。还有的女性会有意识地微微张开湿润的嘴唇，显得更加性感妩媚。德斯蒙德·莫里斯曾把女性的这种行为称为“自我模仿”，因为嘴唇类似于女性的生殖器，男性在看到女性的这个动作后，很容易产生联想，进而引起他们的欲望。

3. 自我抚摸

女性在遇到自己喜欢的男性时，她们喜欢通过抚摸自己的大腿、脖子等部位来挑逗对方，意思是，如果对方表现好的话，就允许他这样抚摸自己。

暴露柔弱的腕部能勾出异性的爱怜之情

4. 暴露腕部

在遇到心仪的男性时，女性喜欢将腕部暴露在对方的视线之内，因为腕部一向被认为是女性最性感最有挑逗性的部位之一，它更容易激发男性呵护弱者的欲望。同时女性对男性的兴趣越大，在他们面前伸缩腕部的次数就越频繁，如果看见哪位女性在男士面前频繁地伸缩手腕，那表明她对他很感兴趣。对于吸烟的女性而言，展示腕部是再简单不过的事情了。她们只要将夹着烟的那只手伸出来即可，这样既能展示她们的女性特征，又显得优雅而有气质，无疑会吸引不少男士的目光。

5. 双腿交叉

双腿交叉是男性喜欢的姿势，这个姿势会使他们看起来更有男子汉气概。有时候女性也喜欢摆出这种姿势，不是为了表示自己好斗，而是为了将男性的目光吸引到自己的腿部，因为将一条腿放到另一条腿上，会使自己的肌肉看起来更结实。

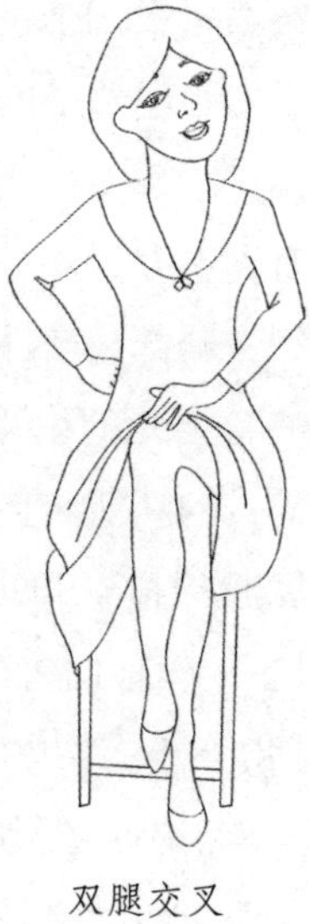

双腿交叉

6. 手提包

一般来说，男性不会轻易去动女性的包，因为这是女性比较私密的东西，是女性身体的延伸，轻易去动，就会使女性有被侵犯的感觉。不过在遇到自己喜欢的男性时，女性会故意将包放到他面前，她可能会摆弄自己的包，或者让他帮自己从包里拿东西，或者帮自己背包，这都是示爱的信号。如果女性直接将包放到这位男性面前，这表示她对他非常感兴趣，可能是一见钟情。

把手提包放在男性面前是明显的示爱信号

女性哪里最吸引男性？

在一项关于“女性哪个部位最吸引男性”的问卷调查中，人们的答案五花八门，几乎涵盖了女性的各个部位，但是经过统计后，大部分答案集中在三个部位，分别是胸部、臀部和腿部。后来心理学家也研究指出，一位女性是否吸引男性，主要取决于她们的胸部、臀部及腿部是否具有诱惑力。

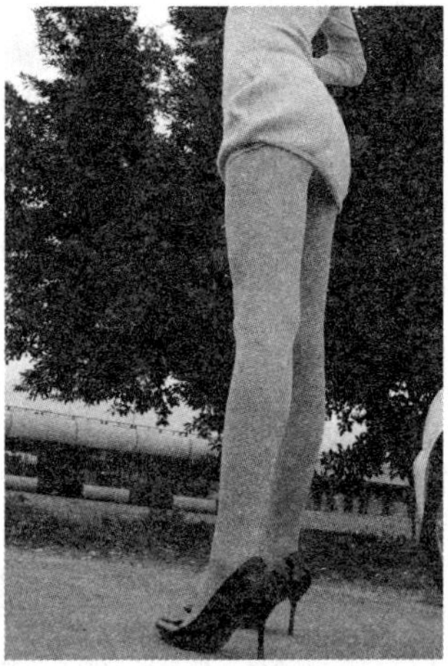

修长美丽的腿

胸部是女性性特征最明显的标志，它除了有哺育婴儿的生理功能外，还具有向异性发射性信号的功能。生理学家指出，女性的乳房是模仿屁股的样子长成的。后来他们通过实验证实了这一点。他们将两张照片——女性的胸部、臀部照片——交给志愿者，让他们加以区分，结果有 90% 的人都无法辨别。在关于乳房与性的一项调查中，人们发现，男性之所以钟爱乳房，主要是因为乳沟更容易使男性浮想联翩，至少有 60% 的人这么认为。当然乳房丰满的女性的乳沟更容易引起男性的幻想，不过那些“太平公主”也不必太担忧，只要当她们与男性打交道时，身体微微前倾，就会弥补不足。

在男性眼里，拥有浑圆上翘的臀部的女性看上去更加妩媚。在灵长目动物中，雌性只有在准备交配时，才会露出大而翘起的屁股。而人类则不同，女性时刻都保持这种状态，好像随时准备好接受性爱，所以男性更喜欢这样的女性。

生活中那些拥有修长美腿的女性，往往拥有众多追求者。究其原因，可以从生物学方面进行解释，女性在进入青春期后，荷尔蒙含量会明显增加，而且在体内活动频繁，这是促使她们腿部发育的主要原因，同时也标志着她们进入成熟期，所以在男人眼里，腿部修长的女人更性感迷人。这也是女性喜欢穿高跟鞋的原因，尽管感觉很不舒服，但是为了拥有修长的腿，也顾不了那么多了。

女性之所以喜欢穿有形胸衣，是为了更好地展示自己的乳房；牛仔裤备受女性推崇，是因为穿上它会使自己的臀部看起来圆润上翘；穿高跟鞋是为了使自己的腿显得纤细修长，走起路来婀娜多姿，风情万种。

男性的示爱信号

与女性相比，男性的示爱信号显得少而单调。在整个恋爱过程中，男性发出和接收示爱信号的能力极差，所以在恋爱中，女性才是真正的主宰者，决定着“游戏规则”。

见到心仪的女性时，男性会下意识地整理仪容

一般在喜欢的女性面前，男性会极力炫耀自己的权力、财富和地位，想借此赢得女性的青睐。他们喜欢通过向女性展示自己开的名车或者向女性发放名片的方式，让对方了解自己的权势和地位。对于那些没有权势的男性，他们会独辟蹊径，借助身体语言向女性展示自己的勇敢和力量。假

叉开双腿展示雄性特征，使自己看上去更具男子汉气概

如在某位女性面前，双方保持站姿，他会将整个身体转向对方，站得笔直，将拇指插进腰带，以此向眼前这位女性展示自己的魅力。如果双方保持坐姿，那么男士可能会朝女性座位的方向，叉开双腿，向对方展示自己的雄性特征，使自己看起来更具有支配性和男子气概。

和女性一样，在遇到自己喜欢的人时，男性也会下意识地整理仪容，比如整理衣领、紧紧领带、拍拍肩膀，或者假装系袖口扣子或调整手表等，这既是整理姿势，也是缓解紧张的方法。

当然在与女性初次交谈时，男性会同她聊一些生活细节方面的话题，而且持续时间较长，这样做并非是男性变得健谈了，而是他们追求女性的一种策略，这样做似乎更能促进双方相互了解，拉近彼此间的关系。我们对一些已婚女性进行了随机采访，结果大部分人表示，在与丈夫刚认识的时候，两人几乎天天见面，每次都会聊很长时间，好像彼此总有说不完的话。但是自从度蜜月回来之后，丈夫突然变得惜字如金，在讨论某件事时，他们只提出对这件事的看法，以及相应的解决方案，绝对不会多说一个字。

在公共场合，男性更喜欢向女性展示自己的雄性特征。他们经常以整理腰带上的饰品为由，将手伸向自己的下半身，抓挠自己的裆部，在女性看来这样不可思议的事情，他们竟然可以若无其事地去做。

当然，男性有时候还会故意将领带打歪，在遇到对他有意思的女性后，她会帮他整理好，这是恋爱的良好开端。

男性哪里最令女性沉醉?

据调查，男性最令女性沉醉的地方是他们低沉的嗓音，这是男性成熟的标志。在男性进入青春期后，生理上将发生很大变化，体内荷尔蒙的大量分泌，会使他们的声音发生质的转变。可能在一夜间昔日小男孩的“清脆”就变成了男人的“低沉”。所以在女性面前，有些男性为了证明自己已经是个男子汉了，会故意压低自己的声音，而女性则会提高嗓门，极力显示自己的女性特征。

除此之外，男性的某些身体部位也同样能引起女性的兴趣。即使在今天，大部分女性仍然喜欢那些身材高大、肌肉发达的男性，因为这会使她们更有安全感。所以在女性眼里，那些具有宽阔的肩膀、结实的臀部及肌肉发达的双腿的男性更有魅力。

在远古时期，男性外出打猎，要背负沉重的武器，结束后还要将猎物背回家，这不仅要求他们具有强健的体魄，也使他们形成今天这种“肩宽臀窄”的体型。因为在捕猎过程中，他们需要不停地奔跑，为了使他们在快速奔跑过程中吸入更多的氧气，他们的肺部面积逐渐增大，所以胸部也随之增大。所以在原始社会，胸部越大的男人，得到的尊重越多，权力也越大，这一点适用于大多数灵长目动物。而现代女性之所以喜欢这样的男性，更多是出于安全感的考虑。

最后，男性肌肉发达的双腿也是女性崇拜他们的地方。肌肉是在长期的运动中形成的，一般只有运动员和长期从事体力劳动的人才会练就一身肌肉，所以在女性眼里，肌肉是力量和耐力的象征，这样的双腿似乎充满了无穷力量，可以长时间快速奔跑。

第十四章 撒谎时的身体语言

一项谎言调查

当今社会是个谎言丛生的时代，尽管人们一直在倡导诚信为本的理念，但是在现实生活中，出于种种目的，人们或多或少都在撒着谎。

在国外有不少类似的谎言调查，其中心理学教授罗伯特·费尔德曼的调查很有代表性。他曾安排121对夫妇分别和第三个人交谈，他要求三分之一的调查对要表现得活泼开朗，三分之一的调查对象表现得精明强干，剩下的三分之一保持原来的样子。然后让所有的人看他们交谈场面的录像，并且要求他们一一指出交谈过程中所说的所有谎言，无论是善意的还是恶意的。根据调查结果，费尔德曼指出，62%的人在平均10分钟内会说出两到三个谎言。

可见谎言对于人们来说，如同家常便饭。在一些重要时刻，比如在审问罪犯时，在商务谈判时，在恋爱时等等，如何迅速有效地识破谎言，对人们来说非常重要，它关系到人们生活的方方面面。那么怎样才能做到这一点呢？无疑身体语言是重要的线索。要知道人们在撒谎时，谎言总是从最好控制的部位冒出来，而又被最难控制的部位所出卖，当然最重要的是读懂这些身体语言。

男性爱撒谎，女性善于撒谎

英国《每日邮报》曾有一项关于谎言的调查，结果显示，虽然男女都喜欢撒谎，但是无论是撒谎的数量、内容及成功率，男女都有一定差别：男人撒谎数量多，女性撒谎成功率高。

调查显示，男性平均每天说5句谎话，而女人只说3句。有20%的男性都曾有过对女友撒谎的历史，有25%的男性曾违心地说过某位女士长得漂亮，有29%的男性曾隐瞒自己的恋爱史。在女性中，有44%的人经常谎报衣服的价格，有30%的人在酒量上撒谎。而隐瞒自己的年龄和体重的谎言更是女性朋友的家常便饭。

虽然男性爱撒谎，但是常常被人看穿，他们的谎言大多漏洞百出，顾此失彼，再加上女性敏锐的感知能力，他们的谎言就更没有生存的余地了。相对而言，女性撒谎的成功率更高，她们更善于察言观色，通过谎言控制别人。这一点从一个几岁的小女孩身上就能明显看出来。比如明明是她自己犯了错，只要流几滴眼泪就能颠倒黑白。

在撒谎技巧上，女性更善于编织复杂细致的故事，而男性只能够说一些简单的谎话，这也是女性撒谎更容易成功的原因。比如男性在被妻子质问"为什么夜不归宿"时，只会说一句"昨晚加班"。妻子再问"为什么不接电话"，他可能会说"手机没电了，自动关机"。或许是心虚的原因，在说这些话的时候，他可能装出一副忙碌的样子，尽量避免与妻子有眼神接触。其实这样只会欲盖弥彰。相反女性在撒谎时，不仅故事编得合理可信，而且在撒谎时能够目不转睛地凝视对方，神情镇定自若。甚至有时候她们在撒谎时会反其道而行，主动出击。比如因为多次拒绝男友的约会、不接男友电话，男友突然质问"你是不是喜欢上别人了"时，即便真是如此，女性也会摆出一副得理不饶人的样子，"没有啊，我还要问你呢，你是不是心里有别人了？"等等，这种反客为主的撒谎方式可信度更高。

撒谎不容易

撒谎很容易，但是不露破绽地撒谎却不容易。很多人撒谎时，尽管会有意识地控制自己的行为举止，却左右不了自己的潜意识，嘴里冒出来的话常常和自己的身体语言不一致，甚至截然相反，这就是人们撒谎易露破绽的根本原因。

平时极少撒谎的人，偶尔撒一次谎，最容易被人戳穿。因为他们根本意识不到自己的身体语言正在告诉别人“我的嘴巴在撒谎”。一般撒谎的人很容易因为心虚而紧张，而人在精神紧张时最容易自乱阵脚。面对某一问题，尽管自己嘴里连连称是，但是他却意识不到自己一直在摇头。这么明显的矛盾，就算是傻瓜也能看得出来。

相对而言，那些职业撒谎者，比如演员、政治家、主持人等，他们在经过严格的专业训练之后，尽管撒谎，也能保持优雅自然的行为举止，使谎言无迹可循。一个好演员可以带领很多人不由自主地跳进“陷阱”，跟他一起哭一起笑。

那么这些职业撒谎者的秘诀是什么呢？其实并没有什么特别的方法，其一是训练，任何一门功夫都需要刻苦训练，那些手法出神入化的魔术师之所以能够瞒天过海，与他们的天分有关，但最主要的还是依靠他们平时的反复训练。职业撒谎者也能通过训练使谎言和自己的行为举止一致起来，这就是他们撒谎成功的原因之一。其二是有意识地节制自己的身体语言。不管他们的身体语言与谎言分歧有多大，只要不做任何动作，就不会露出破绽，这是一种很聪明的掩饰谎言的方法。

但是还有一个问题，就是尽管他们控制住了主要的身体语言，但是有些微妙的身体语言还是无法避免，比如眨眼、瞳孔变化、脸红、心跳等，当然这些微妙的信号不易被人发觉，只有通过专业的慢速摄像机人们才会意识到。在现实生活中，也只有那些专业人士才可能捕捉到。

撒谎不容易，没有人能够天衣无缝地撒谎，那些微妙的甚至连自己都意识不到的身体变化，无时无刻不在出卖你。有时候人们会通过减少自己的曝露程度来掩饰自己的身体语言，比如人们可能会选择坐在一张桌子后面与别人交谈，或者在自己与对方之间放些东西。人们在审问犯罪嫌疑人时，绝对不会让他们坐在角落或者其他任何可以隐藏自己的地方。相反，往往会把他们单独置于明亮的白炽灯下，而且还会用录像机记录他们的一举一动，所以犯罪嫌疑人撒谎是很难得逞的。

识破谎言的基本线索

身体语言是破解谎言的一条重要线索，主要表现在人的手、手臂、腿等部位，以及它们的各种动作，这些都会或多或少地泄露人们内心的秘密。很多人意识不到他们的身体也在喋喋不休，以至于在自己嘴巴拼命撒谎的时候，身体语言已经暗度陈仓，将真相告诉对方了。

人们在试图撒谎时，总是设法回避对方的眼睛，很少与对方进行目光交流，这是典型的撒谎信号。眼睛是心灵的窗户，人们最容易从一个人的眼睛里看穿他的心事。人们在撒谎后，自然会感到心虚，眼神总是飘忽不定，不知道把目光放到哪里好。相反，如果一个人问心无愧，或者被人冤枉了，那么他一定会睁大眼睛瞪着对方，直到事实澄清为止。

判断一个人是否撒谎，完全可以从他的身体语言中找到线索。

首先，一个撒谎的人，他的手部动作会明显减少，整个身体也会变得僵硬。坐着时，也许他会一动不动地将手放在大腿上，站着的时候，可能会两手紧贴裤腿，简直是僵在那里了。一般人们收到信息时，不管自己的态度如何，都会作出相应的回应，或积极，或消极，或高兴；或愤怒，或辩解；或认同，也只有在撒谎时，动作才会明显减小。

其次，撒谎者出于安全考虑，会有意识地缩小身体占据的空间。他可能会双臂交叉或双腿交叉，这是典型的自卫动作，撒谎者出于心虚，才会如此强烈地缺乏安全感。相反，一个充满自信、热情坦诚的人发言时，身体会不自觉地向外扩展，可能会摊开双手，张开双臂等等。总之，内心坦诚的人，身体语言也会表现出开放性，而封闭节制的身体语言则表明此人可能在撒谎，即便没有，至少可以说明他的话有所保留。

最后，撒谎者会变得僵硬，不自然。撒谎者本想利用身体语言掩饰自己，最终却被身体语言所出卖，因为他们的演技实在不敢恭维，看上去矫揉造作，机械僵硬。就像那些出道不久、演技青涩的演员或某些缺乏经验的政客，他们的一举一动都透露出一个“假”字，到头来只能事与愿违了。

一个人在撒谎时，他们的潜意识会不自觉地做出掩饰动作。比如在审问犯罪嫌疑人的过程中，如果犯罪嫌疑人回答某个问题时，做出摸脸的动作，那表示他可能在撒谎。如果用手捂嘴，那表示他自己也不相信自己所说的话。他们不断做出掩饰自己的动作，这表示他们潜意识里试图掩饰真相，而他们对自己的这些表现可能一无所知。人们在接受长辈的教导时，嘴里可能会对其恭敬有加，其实自己一点都不想听，此时他可能会做出双手掩面的动作，以此表达自己的真实想法，不管别人有没有意识到，反正他没有意识到。类似的小动作有很多，比如摸鼻子、摸耳朵、摸脖子等等，这都是识破谎言的线索。

当然凡事都有特殊情况，比如在吃东西时，如果突然有人与你说话，你可能出于对别人的尊重，会摸一下嘴，保证嘴上没有食物残渣；在人们专注于某件事时，也会做出用手触摸脸的动作，这也只是表示一个人陷入沉思而已，与谎言无关。

前面已经提到，耸肩表示“我不知道”“我不在乎”，人们通常用这个动作表示自己的清白。但是如果人们耸肩过快，那就有撒谎的嫌疑了，正如人们为了敷衍别人，会用假笑表示自己对某物非常感兴趣。

识别谎言的线索不胜枚举，但是要想真正掌握这些线索，除了要了解这些线索外，关键是要掌握它们背后的原理，只有这样才能够以不变应万变，成为名副其实的身体语言专家。

人类的安慰行为

为了使人类生存繁衍下去，边缘大脑能帮助人类趋利避害，保证其自身安全，从而使其获得安全感和舒适感。它还会使人类借鉴先前遭遇的经验，来指导眼前的行动。

人类的边缘大脑类似于计算机，具有记录和编程的功能。人们常说“一朝被蛇咬，十年怕井绳”，就是对边缘大脑这种功能的最好诠释。无论是痛苦还是快乐，边缘大脑都会做相应的记录。一个小时候曾被狗咬伤的男孩，即使长到足以驯服那条狗的年龄时，依旧会对其心怀畏惧，并会做出相应的防御动作。这是因为小时候的心理阴影一直留在记忆里，鉴于先前的经历，他才不自觉地作出这种反应。当然，假如在某段旋律下，你做了一件令你感觉愉快的事情，那么多年之后，再次听到这段旋律时，也会不自觉地面带喜悦。边缘大脑凭着良好的记忆力，对于与记忆有关的任何外界刺激都会作出相应回应，无非是为帮助人类更好地生存。

人们在感觉舒适时，他的身体语言会通过各种方式告诉别人。相反，人们在遭遇危险时，也会利用身体语言获取安慰。所以在社交场合，这种将人的内心外化了的身体语言，是了解他人真实想法的重要途径。正是如此，人类的安慰行为成为我们识破谎言的重要突破口，在审讯犯罪嫌疑人时，它始终起着重要作用。

安慰行为并不是人类所独有的，在其他动物中也同样存在着这种行为。小猫喜欢舔自己或同伴的毛，这是典型的安慰行为。在人类世界，安慰行为有多种方式，比如吮吸手指、嚼口香糖、咬铅笔等，这些都是基于婴儿在吮吸母乳时所获得的安全感的记忆而做出的行为，人们想借此获得安慰。

当人们对眼前的人或事感到反感或焦虑时，这种情绪会不自觉地从身体语言中表现出来，比如可能会出现双臂交叉、皱眉等不适行为。之后人们的双手会做出相应的安慰行为，如抚摸额头、鼻子或嘴，总之，这是看穿别人内心的关键时刻。

在一次审讯中，犯罪嫌疑人突然被问到一个人的名字，“你是否认识这个人？”听到这个名字，犯罪嫌疑人不假思索地说了一句“不知道！”但是随后的一个动作却把他出卖了，他在回答完这个问题后，突然用手摸了一下鼻子，这一动作引起了办案人员的怀疑。从以往的经验中可以判断，这个人在撒谎，他一定认识那个人，而且可能关系还很密切。事实证明这个判断完全正确。办案人员之所以能如此准确地作出判断，是因为他注意到在被问及那个名字后，犯罪疑人立刻变得紧张起来，并在撒谎后进行了自我安慰行为。

自我安慰是撒谎的重要标志，相对于测谎仪而言，它的准确度更高，甚至能够帮助人们找到问题的根源所在。

安慰行为的类型

安慰行为是一个人焦虑不安的标志。为了缓解压力，人们会不自觉地做出安慰行为，一般情况下，女性会通过哭泣释放压力，男性则选择吸烟或喝酒，所谓的“借酒浇愁”正是此意。日常生活中，人们在从事冗长沉闷的工作时，也会不自觉做出安慰行为，比如在办公室，许多人喜欢嚼口香糖，以缓解单调乏味地打字带来的压抑感；学生在遇到棘手的难题时，喜欢转笔来舒缓神经。在遇到某种消极的外界刺激时，比如遭遇尴尬场面或被问到棘手问题时，人们的小动作会明显增加，他们一会儿抚摸头发，一会儿整理领带，好像要拼命使自己忙碌起来，借此缓解令人不舒服的气氛。

安慰行为有多种类型，它们在日常生活中的使用因人而异，与个人的生活习惯有关。掌握常见的安慰行为，对于有效解读他人的身体语言，快速掌握他人的真实想法有重要意义。

自我抚摸是最常见的安慰行为，它源于婴儿时代从母亲那里得到的安慰，不管是吮吸奶头还是被母亲抱在怀里轻轻抚摸，这都是儿时最美好的经历。在长大后，尤其身陷困境、焦虑不安时，人们会不自觉做出与此类似的安慰动作，好像这样就能重温当年在母亲怀抱中的那种安慰感。像舔嘴唇、抚摸头发等均源于此。此外由于面部分布着许多末梢神经，所以脸部也是人们进行自我安慰的“重要场所”。常见的自我安慰方式有触摸前额、鼻子、嘴唇等。触摸颈部也是人类常用的安慰行为。据研究，颈部上分布着许多末梢神经，按摩颈部能够起到降低血压和心率的作用，进而达到镇定的目的。专家研究发现，男女按摩颈部的方式各不相同，男性的这一动作力度较大，可能会用整只手盖住下巴以下的部位，通过触摸颈部，达到使自己安静下来的目的。女性的颈部安慰行为，更多是通过玩弄她们的项链达到目的。有时候也会将手覆盖在锁骨的位置，借此缓解焦虑、烦躁和恐惧等。焦虑程度不同，女性的颈部安慰行为也不尽相同；把玩项链，表示她有点儿紧张；把手放到颈窝，表示她开始焦虑了。倘若女性感到焦虑时把右手放到颈窝处，左手托起右侧手肘，那么等压力消失后，右手会放下来抓住左手；如果再次感到焦虑，右手又会上升到原来的位置，直到压力再次消失。

发声也能起到安慰作用。在空旷的田野或高耸的山顶大吼几声，也是缓解压力的好方法，在压力大的时候，不妨试试这种方法，效果不错。与此相似，吹口哨也有异曲同工之妙，人们在下班回家的路上，可以尽情地吹几下口哨，很快就会使自己平静下来。另外，唱歌、自言自语也都可以达到放松的目的。

正如前面提到过的，打哈欠是缓解压力的重要方法。这就是那些长期处于压力之下的人喜欢打哈欠的原因。人们在焦虑的时候，常会感到口干，打哈欠能够把压力传递到唾液腺上，人们在打哈欠时，嘴巴的伸张会迫使唾液腺释放出水分，这样就能有效缓解口干，进而缓解焦虑。

最后还有一种常见的安慰行为——通气行为，即将自己的衣服拉离皮肤，使空气透进来，从而达到缓解压力的目的。女性的通气行为较为独特，她们只要抖动几下衬衫即可达到放松的目的。一般人们在没得到足够尊重的情况下会做出这种动作。

撒谎时常见的5种动作

在这个世界上除了婴儿和低能儿已经找不到一个完全没有撒过谎的人了。在短暂的一生中，人们或多或少，或善意或恶意，或被迫或故意，为了达到目的编织着无数的谎言。似乎社会文明越是提升，谎言就越流行，对此人们所付出的代价也越大。不管是感情上的欺骗、商业中的诈骗，还是政治上的伪装，这一切无时无刻不困扰着人们，热恋中那些信誓旦旦的约定竟是昙花一现，商务上的合约中潜藏着巨大的陷阱，政客言之凿凿、义正言辞的演说原来只是为拉选票……利用智慧识破谎言，才是引导人们走上真理之路的关键。

常见的撒谎动作主要有5种，在人际交往中，只要人们做出有关动作，就有可能在撒谎，此时一定要绷紧神经，定睛观察，以防落入谎言的圈套。

1. 用手捂嘴

一般只有孩子在撒谎后才会做出如此无知的动作以掩饰内心的矛盾。用手捂嘴是因为人们的潜意识告诉自己："千万不要把真话说出去！"好像捂住嘴就不会把真话说出去似的！当然成人撒谎一般不会做出明显的捂嘴动作，但是却无法避免瞬间的本能反应，只要仔细观察就会发现，他们在撒谎后偶尔也会做出这种动作。所以在与人交谈时，如果对方不时地捂嘴，那表明他可能在撒谎。反过来在没有特殊情况的条件下，如果你在别人面前做出这种动作，你也会成为被怀疑的对象。

用手捂嘴，以免自己把真话说出去

2. 揉眼睛

在人们拒绝看到某件东西时，会做出揉眼睛的动作。小时候当有人拿可怕的东西恐吓我们时，我们会用手遮住眼睛，表示自己不愿看到它。当然，成年后，在看到令人不悦的东西时，人们也会不自觉地揉眼睛，试图以这种方式逃避眼前的事实。比如人们在经过车祸现场、看到不幸的照片或者画面时，都会作出这样的反应。人类大脑试图通过这个动作回避眼前的东西，当然这样也能使撒谎者避开受骗者的眼睛，

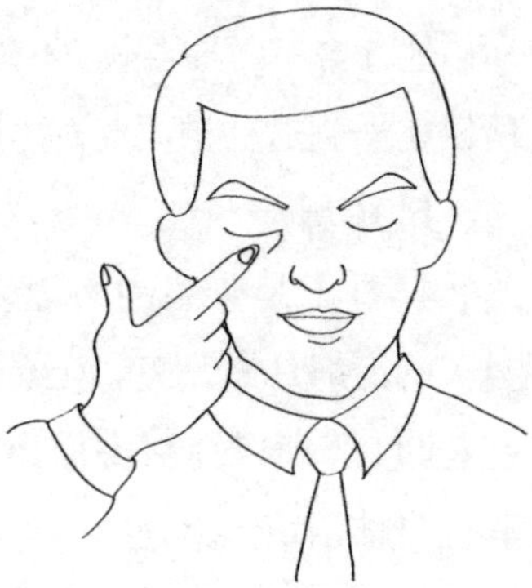

揉眼睛以避开自己不想看到的东西

以防泄露秘密。男人在撒谎时，往往会用力揉眼睛，如果撒了个弥天大谎，他会把脸转向一边。相对而言，女人在撒谎时，揉眼睛的动作要柔弱得多，一方面要维护淑女的形象，另一方面避免破坏自己的妆容。不过在女人撒下弥天大谎之后，也会把脸转向一边，这和男人是一致的，都是为了避开他人的目光。

3. 挠脖子

当人们用食指抓挠脖子时，通常会挠 5 次，表示他对某件事心存疑惑或者不确定。当你问某人对你的文章有什么看法时，如果对方嘴里说好，却做出这种动作，那表示他在撒谎，其实他对你的文章存有看法。

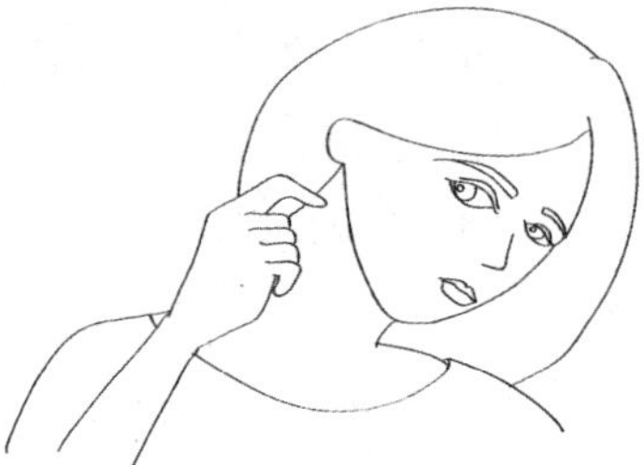

挠脖子表示不确定

4. 拽衣领

德斯蒙德·莫里斯发现人们在撒谎时，面部和颈部会感觉刺痒，所以他们会不自觉地用手抓挠或摩擦这些部位，直到感觉舒适为止。一旦撒谎者发现自己的谎言即将被戳穿，他们会不断地拉衣领，好像感觉很热，尽管当时气温并不高。那么该如何解释这种现象呢？其实这是因为撒谎者在受到别人的质疑后，脖子不断冒汗，所以他才会不断拽衣领。不过当人们感觉十分愤怒的时候也会做出这一动作，所以在遇到这种情况时，一定要结合具体的语境。

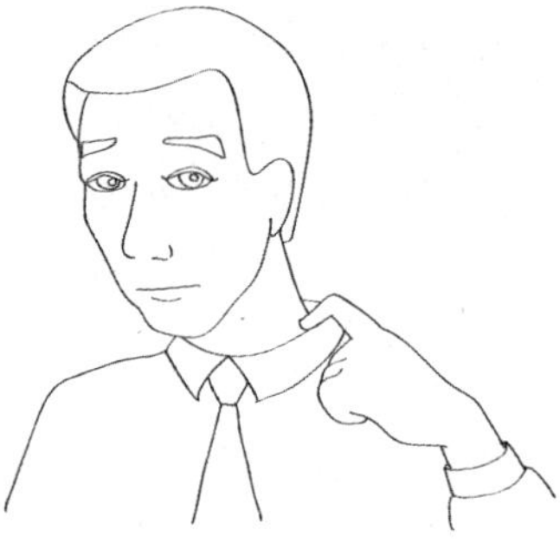

拽衣领

5. 摸鼻子

摸鼻子是典型的撒谎动作，不过并不是所有摸鼻子的人都是撒谎者。摸鼻子有时候是因为感冒或者花粉过敏，所以在对方做出这个动作时，一定要结合其他身体语言作出判断。

据研究发现，人们在撒谎时，会有一种能够引发鼻腔肿胀的物质——儿茶酚胺——产生。另外人们在

摸鼻子

撒谎时，血压也会升高，这会使人们的鼻子在撒谎过程中随着充血量增加而变得肿胀，从而使其产生刺痒的感觉，所以人们才会频繁地摸鼻子。

不过撒谎者摸鼻子只是轻轻触摸，有时候甚至只是下意识地在鼻尖上晃一下，而那些因为感冒或者花粉过敏才摸鼻子的人，一般会用力摩擦或者用指甲挠。

刑事审讯中巧用身体语言

刑事审讯是办案人员与犯罪嫌疑人面对面直接进行交流的过程，从中获取的信息将作为侦破案件的重要依据，所以如何在这个过程中及时准确地捕捉信息，对于案件的进展有重要意义。

那么如何才能做到这一点呢？无疑身体语言发挥着重要作用。美国弗雷德·英博教授在《审讯与供述》一书中指出："口头语言的真实含义可以由很多行动的暗示加以扩充和修正，如姿势、手势、面部表情和其他身体动作等。"他还指出，审讯过程中犯罪嫌疑人与办案人员的目光接触程度是重要的信号之一。面对面坐着的两个人，即使相对无言，但是他们的身体语言却无时无刻不在进行交流。在审讯过程中，犯罪嫌疑人的一个躲闪的眼神，就可能使他精心编造的谎言功亏一篑。可见身体语言在信息传递中的重要作用。

同时，人的身体语言是受心理活动支配的，存在有意识和无意识的差别。无意识的身体语言是人们在直接受外部刺激的情况下作出的本能反应，通常是人们的真情流露。一般身体语言都是人类无意识的产物，有很高的可信度。所以在审讯过程中，在鉴别犯罪嫌疑人的证词时，充分发挥身体语言的作用，能够大大提高办案效率。

为了鉴别犯罪嫌疑人所提供的证词是否属实，办案人员可以从以下几个主要方面入手。

首先，可以从面部表情入手。表情是最容易被人察觉的部分，也最容易撒谎，但是那些无意识的动作往往会在不经意间闪现在脸上，这就是需要办案人员迅速捕捉的信号。

在无意识的状态下，人们的喜怒哀乐都会表现在脸上，脸是人们传递情绪的重要部位，也是捕获信息的源头。在审讯过程中可以根据犯罪嫌疑人面部表情的变化，对他的内心活动作出相应推断。假如在提到某个证据时，他顿时面色苍白，大汗淋漓，这表明这份证据的分量很重，很有可能可以将其定罪；在突然被问到某个问题时，他可能会面色慌张，眼睛盯住某处发呆，这说明他在进行激烈的思想斗争，不知道该不该说实话。嘴部的细微动作也是人们内心活动的真实写照。不管是努嘴还是嘴角上扬，都真实地反映着人们情绪的变化，或轻蔑，或后悔，或高兴，或悲伤等。

1. 眼睛

眼睛是人类最具灵性的部位，有时一双眼睛传递的信息，胜过千言万语。眼睛是心灵的窗户，书写着人们思想感情的千变万化，每个眼神都代表着不同的含义。在审讯过程中，巧妙解读犯罪嫌疑人的眼神，能够准确把握其情绪变化。假如在审讯过程中，犯罪嫌疑人自始至终注视着办案人员，这表示他态度端正，愿意配合；如果他目光游离不定，不敢直视对方的眼睛，这是心虚的表现，很可能参与了作案；斜视、瞟、眼睛半睁半闭，这说明他目中无人；眼睛不时看表，表示不耐烦，希望对方马上结束审讯；眼睛低垂，心神不定，表示紧张，也是心虚的表现。

人类的眼睛是受大脑交叉支配的。人类大脑由左右两部分组成，左半脑处理空间、形象和整体等信息；右半脑处理语言、数学和理性等信息，因此人们在思考问题时，眼睛会左右移动。在被问到需要思考的问题时，如果犯罪嫌疑人眼珠不动、不假思索地回答，那表示他事先准备好了答案，或许早就猜到了对方想问的问题；假如在被问到一个不需要思考的问题时，犯罪嫌疑人反而眼珠左右移动，思考了半天，这表示他不想说实话，或者在掩饰什么。当然眼睛左顾右盼，不敢正视办案人员，或者不停地揉眼睛，这都是撒谎的重要信号。

2. 眉毛

从眉毛上也能看出犯罪嫌疑人的心理状态，一般情绪稳定时，眉毛平直；焦虑不安时，眉毛紧锁。横眉表示轻蔑，皱眉代表痛苦，竖眉代表愤怒，锁眉表示哀愁，扬眉表示喜悦。用心捕捉这些信号，对于把握犯罪嫌疑人的情绪有很大帮助。

3. 鼻子

摸鼻子是撒谎的重要信号。因为撒谎会使人的鼻子发生一定的生理变化，使人产生某种不适，所以会下意识地去摸鼻子。在给出某个问题的答案后，如果犯罪嫌疑人突然摸了一下鼻子，那么很可能他刚才说了谎。

4. 嘴唇

舔嘴唇是撒谎的信号。人们在撒谎时，会刺激舌下神经，抑制对嘴唇黏膜细胞的唾液分泌，因此会出现口干舌燥的感觉。在审讯过程中，如果犯罪嫌疑人不停地舔嘴唇，这表示他可能在撒谎。

其次，可以从手势上解读犯罪嫌疑人的内心，尽管他的语言听上去天衣无缝，但是他的手势与语言出现了明显的矛盾，所以他极有可能在撒谎。手势语是比有声语言更丰富的语言，在悄然无声中反映着人们真实的内心世界。

在审讯过程中，犯罪嫌疑人不会主动供出事实，他们总是想方设法为自己辩护，但是又担心自己的谎言被拆穿，所以大部分人会陷入焦虑紧张的情绪中。在身体语言上，可能会双臂交叉、用一只手抓住另一只手、双手相握背在身后等等。其中双臂交叉是典型的防御性姿势，表示自卫、拒绝和抗议，反映出犯罪嫌疑人内心的矛盾、紧张、焦虑。其他手势则表示犯罪嫌疑人在极力控制自己的情绪，反映出其内心始终处于挣扎状态。

在审判过程中，一定要结合其他身体语言来理解犯罪嫌疑人的手势。一个人在情绪低落时，会变得目光呆滞、双眉紧锁，双手重复着同一个动作，身体移动速度较慢。另外，人们在紧张焦虑时，常见的小动作还有腿脚颤抖、搓手、摸头发、摆弄衣服等。

在一次审讯中，一名犯罪嫌疑人在被问到是否参与此案时，他说："没有。"但是随后他的身体语言表现出明显的焦虑挣扎。他一会儿搓手，一会儿摸鼻子，脚部不停颤抖，这说明他一直在交代与否间徘徊，最后在事实和证据面前，他终于认罪，同时所有不自然的动作也都随之消失了。

最后，犯罪嫌疑人的触摸行为也是他们出卖自己的重要信号，主要表现在摸鼻子、捂嘴、摸耳朵等，在前文已有详细论述，这里不再赘述。

当然，每个动作所代表的含义都没有绝对性，需要结合具体的语境和其他身体语言，同时在实际生活中，有些人会刻意伪装自己的身体语言，如果一味按图索骥，可能会被误导，所以利用身体语言时要注意以下两点：第一，注意把握无意识的身体语言。尽管人们刻意伪装，但是也仅局限在那微小的有意识领域，在无意识领域人们是无法伪装的。第二，把握细微的身体语言。犯罪嫌疑人尽管能够伪装明显的身体语言，但是不可能细致入微，他始终无法做到"天衣无缝"，所以说关注细节能把握一个人的心理。

附录　身体语言归类

支配信号

身高　个子越高越具有支配性

站姿　双腿伸直，双足叉开

坐姿　叉开双腿的坐姿

骑跨椅子的坐姿

双手抱头的坐姿

握手　握手时掌心朝下

握手时位于左侧

手臂　单手叉腰

双手叉腰

手势　塔尖式手势

方位　位于特定位置

谈话　频繁打断别人

音量变大，喜欢对别人指手画脚

语言风格上让别人适应自己

音高　声音低沉

碰触　单向“垂直”碰触，一般是支配性人物碰触屈从性人物

面部　大下巴

　　　小眼睛或眯眼睛

　　　薄嘴唇

　　　压低眉毛

　　　从眼镜上方看人

微笑　封闭式微笑，即双唇紧闭，嘴角展开

　　　拘谨式微笑，有笑的冲动，但有意识地控制

屈从信号

站姿　平行站姿即双腿直立且平行

　　　重心转移到一条腿上

坐姿　“蜷缩式”坐姿，即缩回双足，减少身体所占空间

触摸　抚摸自己的头发

　　　十指相扣

头部　点头

　　　低头

　　　歪头

眼睛　低垂

　　　游离不定

　　　睁大

　　　戴墨镜

眉毛　抬高眉毛

微笑　笑得更多

面部　脸红

躯干　耸肩

目光　屈从性人物花更多时间凝视支配性人物

在四目相对时，屈从性人物首先移开目光

焦虑信号

腿部

脚踝相扣

双腿并拢

手部　（在焦虑不安时，人们会寻找一系列替代行为，以排除多余能量。）

拉耳垂

摸下巴（脸、鼻子、眼睛等）

双手抱头

挠头

掐眼皮

捂嘴

掩面

捂耳朵

面部　减少目光接触时间

眼睛盯着墙角的某个点

眨眼频率明显增加

嘴干

咳嗽

吞咽

咬嘴唇
咬指甲
其他 心跳加快，呼吸急促语速较快
口吃
踱步、用手敲击椅子
用脚敲击地板
吸烟、嚼口香糖、吮吸手指等

放松信号

手臂 松开双臂
腿部 放开双腿
双腿颤抖
跷二郎腿
脚部 向前伸出一只脚
衣服 松开纽扣
面部 自然微笑

积极肯定

点头
微笑
模仿对方
竖拇指

瞳孔变大

歪头

手托下巴

脚或膝盖指向对方

身体前倾

摊开双手

消极否定

摇头（摇手、仰头等）

竖食指

拇指朝下

皱鼻子

瞳孔缩小

减少注视时间

身体向后倾斜

用手支撑头

头转向一侧

晃脚

手指敲击

摘线头

双臂交叉

真诚信号

摊开双手

挥手

握手

宣誓

发誓

欺骗信号

自我触摸	摸鼻子
	捂嘴
	揉眼睛
	摸下巴、脖子
面部表情	瞬间表情
	伪装表情
	假笑
手势	与语言不一致
	有意抑制自己的手势
目光	减少目光接触时间
	目光游离不定
	眼球转动方向
其他	脸红
	心跳加快

示爱信号

女性

注视对方, 目光相遇后迅速移开

越过肩膀侧视对方

抚弄头发

润湿嘴唇

露出腕部

摆弄小东西

走路扭动臀部

双腿分开

自我抚摸

男性

整理头发

打理领带

掸灰尘

整理衣领

长时间注视对方

瞳孔扩大

叉开双腿

拇指插进腰带

侮辱信号

手势　五指分开，掌心向外，在希腊表示“去死吧！”

　　　掌心朝内的“V”形手势，在英国表示“去你的！”

手臂　右手握拳上举，左手猛拍右上臂，在欧洲南部表示“滚开！”

面部　吐舌头，表示拒绝、侮辱

　　　食指叩头，表示脑袋有毛病

　　　食指指向太阳穴转圈，表示脑袋坏了